Adiós, Hong Kong

MANUEL LEGUINECHE

Adiós, Hong Kong

PLAZA & JANES EDITORES, S. A.

Diseño de la portada: Judit Commeleran
Fotografía de la portada: The Image Bank

Primera edición: mayo, 1997

Editado por Plaza & Janés Editores, S. A.
Enric Granados, 86-88. 08008 Barcelona

Printed in Spain – Impreso en España

ISBN: 84-01-37587-8
Depósito legal: B. 15.989 - 1997

Fotocomposición: Alfonso Lozano

Impreso en Hurope, S. L.
Recared, 2-4. Barcelona

L 375878

ÍNDICE

Un gigantesco, desaforado bazar permanente... en el cual la vida y el amor, el alma, la sangre y todo lo que nace o crece bajo el sol encuentran comprador, vendedor, contrabandista o despilfarrador.

HAN SUYIN, novelista china.

Si volviera a Hong Kong me subiría a los tejados con una ametralladora y mataría a demasiada gente. Odio a los chinos: son cobardes, engreídos y autosuficientes.

TIMOTHY MO, novelista chino de Hong Kong,
residente en Londres.

Sabes, este sitio tiene algo especial. No es fácil abandonarlo. Diecisiete por ciento de impuestos, apartamento gratis, un *amah* («doméstica») filipina. Una empresa que se encarga del mantenimiento del piso. Un sueldo entre cinco y diez veces superior al que te pagan en el Reino Unido. Una vida fabulosa. Por eso los *gwailos* («fantasmas, los extranjeros») no quieren volver a casa.

GEORGES a Pico Iyer en
Video night in Kathmandu.

Quizá no os guste, no os pedimos que os guste. Ni siquiera esperamos que os guste, pero al menos admitiréis que funciona.

Una veterana guía de Hong Kong
a Jan Morris en *Among the cities.*

Ésta es una ciudad para ganar dinero, no para vivir.

Declaraciones de un residente inglés
a los periódicos.

Un pulcro y rico peñón británico dirigido por un atajo de comerciantes de delicado cuello cuyos horizontes no iban más allá de sus vientres.

JOHN LE CARRÉ,
El honorable colegial.

PRÓLOGO

Nunca me había ocurrido nada parecido: en la primavera de 1987, en uno de los hoteles de cinco estrellas de Hong Kong, me ofrecieron una reserva de habitación para la noche del 30 de junio al 1 de julio de 1997. Es el año del Buey de fuego, un buen año, según el horóscopo chino, para poner la casa en orden, la fecha del adiós a la última gran colonia británica. El precio que me pidieron para asistir al último gran acontecimiento del siglo XX desde el conocido hotel fue de 1.997 dólares de Hong Kong, que se cotiza más o menos a 7,8 dólares norteamericanos. Con diez años de anticipación Hong Kong, el «puerto perfumado», vendía entradas para su propio funeral, para su último tango.

Hice mal en no aceptar, y bien que lo lamento, porque en diciembre de 1996 llamé a Kowloon para comprobar que el precio había subido por las nubes. Me pidieron 78.000 pesetas por habitación individual y noche, más de lo que un chino de las aldeas gana en un año. Ésta era, según los estereotipos, la forma, un tanto cínica, abusona, oportunista hasta el fin de entender la vida. Hong Kong volvía a China si es que alguna vez dejó de pertenecer a ella. Son muchos los que temen que como en el cuento de la Cenicienta las lujosas carrozas se transformen en calaba-

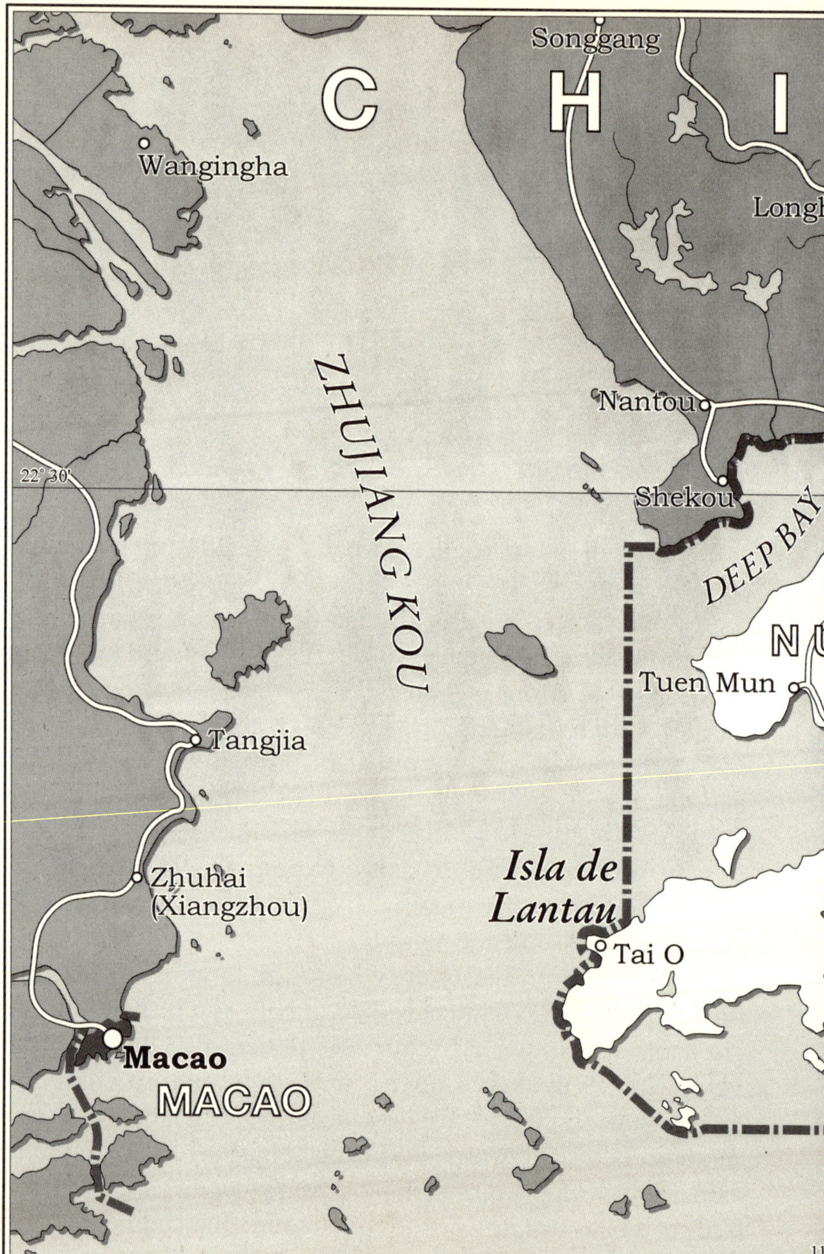
Songgang
C
H
I
Wangingha
Longh
ZHUJIANG KOU
Nantou
22° 30'
Shekou
DEEP BAY
N U
Tuen Mun
Tangjia
Isla de Lantau
Zhuhai (Xiangzhou)
Tai O
Macao
MACAO
11

N
A
Pinghu
Ringshanxu
Aotou
Dapeng
enzhen
Sham Chun
MIRS BAY
n Long
VOS TERRITORIOS
Sha Tin
Tai Mong Tsai
Tsuen Wan
Aeropuerto Kai Tai
New Kowloon
Kwun Tong
Kowloon
North Point
Pico de Victoria
Victoria
Aberdeen
Isla de Hong Kong
REPULSE BAY
Stanley
I. de Lamma
MAR DE LA CHINA MERIDIONAL

zas y los corceles en ratones cuando llegue la hora de la Región Administrativa Especial, la hora de la verdad.

Todos los días el cañón de grueso calibre de la John Company, marca Hotchkiss, inmortalizado por Noel Coward en su canción *Ingleses y perros locos,* evocaba los recuerdos de las guerras del opio al disparar un proyectil. Era la forma de indicar a la colonia que llegaban las doce del mediodía. En realidad ese cañonazo hacia la bahía Causeway fue una idea de los Jardine-Matheson, la primera firma de la colonia, la que desencadenó en provecho propio las guerras del opio, para dar la bienvenida a los *taipans,* los jefes de las *hong,* las grandes compañías comerciales. «En Hong Kong –decía la canción de Coward–, tocan el gong y disparan un cañón al mediodía.» Ahora lo pueden disparar los turistas con permiso de Jardine y previo pago de cinco mil dólares de Hong Kong que la empresa destina a obras de caridad. ¿Qué harán los chinos rojos con el cañón imperialista a partir de la transferencia de soberanía, en la medianoche del 1-J? ¿Podrá el dragón digerir los nombres de las calles, las estatuas de la reina, el estado de derecho, la libertad de expresión, la independencia de los jueces y los clubes exclusivos en los cincuenta años que quedan de tregua? «Es una ciudad extraña», le decía Ronald Reagan, protagonista de la película *Hong Kong* a su redentora pelirroja Rondha Fleming. Y añadía, cerrando la cremallera de su pelliza de cuero, tipo *Espíritu de San Luis:* «Querida, ahórrate los besos para cuando encuentres al tipo adecuado.»

El 1/7/97 es una combinación de buen agüero. El 1 es el símbolo del nacimiento, el 7 el de la suerte y el 9 el de la plenitud y la longevidad.

La aldea tecnoglobal

Hong Kong es la maravilla póstuma del Imperio británico, el «epílogo del Imperio», a igual distancia entre el Asia del norte y del sur, en una costa que tiene forma de dragón danzante, la diosa de veinte cabezas y 144 brazos de ojos ávidos y manos que palpan dólares. Dejará de ser Heung Gong en dialecto cantonés para llamarse, signo de los tiempos, Xiangang en mandarín, el idioma centralista. Son 6.200.000 habitantes, chinos el 196 por ciento de ellos, que serán más de 8 millones en el año 2011, apiñados en un exiguo territorio de 1.070 kilómetros cuadrados, como la mitad de Guipúzcoa. Hong Kong es el imperio del superlativo. Cuenta con algunos de los primeros bancos del mundo; 1.800 grandes empresas extranjeras; 9 universidades; unos 70 periódicos; 20 revistas de apuestas hípicas; el precio más alto por metro cuadrado del planeta; el mayor número de Rolls-Royce de la tierra, 600; una de las primeras y mejores compañías aéreas, la Cathay Pacific; el mayor consumo de electricidad por habitante; algunos de los más exquisitos hoteles y restaurantes (el hotel Mandarin consume 25 kilos de caviar a la semana); las apuestas anuales en el hipódromo del Valle Feliz se elevan a seis mil millones de dólares, cantidad superior al PIB de muchos países del Tercer Mundo. Hong Kong, que con 24.500 dólares superó a Gran Bretaña en renta media (650 dólares es la renta per cápita de China), ocupa el primer lugar del mundo si se considera el número de multimillonarios en relación con el de habitantes. Exporta el 90 por ciento de lo que fabrica, importa el 80 por ciento de lo que come y casi el ciento por ciento del agua que bebe. Cinco de las personas más ricas del planeta están en Asia; entre ellas, los *taipans*, los magnates de Hong Kong, Li Ka Shing y Lec Shau Kee. Ya no es sólo el mercado de transistores y vídeos, sino la metrópoli de la aldea tecnoglobal rendida a la teología y la tecnología de la globalización. Disputa a Tokio el título de capital asiática de Internet.

Era el paraíso capitalista, uno de los principales motores de la economía mundial, al lado de la China roja de los herederos de Mao Zedong y Deng Xiaoping. Todo eso, roto el telón de Bambú, pasaría a formar parte para siempre de lo que en tiempos se llamó el Imperio del Centro. *Kung heifa choy* (disfruta y hazte rico) es el grito de guerra en el año nuevo lunar. El opio fue el opio del pueblo, ahora lo era el dinero. La mitad de los pacientes de los psiquiatras confesaban su mal, la *affluence depression*, la *depre* de la riqueza. Hong Kong era rico hasta en ironías.

Esta semidemocracia, una de las zonas más densamente pobladas del mundo, a 145 kilómetros de Cantón y 65 de Macao, con un crecimiento medio de entre el 6 y el 8 por ciento durante los últimos veinte años, es el primer puerto de contenedores, su aeropuerto es uno de los más congestionados del mundo, recibe cinco millones de turistas anuales atraídos por la excitación y la energía mercantilista que libera el primer emporio comercial. Es el Hong Kong de los estereotipos, de los actores Bruce Lee y Jackie Chan, de la adorable prostituta Suzie Wong, que venció a la hija del director de un banco en la batalla por el corazón de William Holden, de los *taipans*, los grandes empresarios, del té del hotel Península; todo esto será China, si ya no lo era, para siempre. Una sola nación con dos sistemas para 50 años, el socialista y el capitalista. Hong Kong pasará a ser un «asunto interno» de China.

Al ceder la colonia la señora Thatcher habló de «responsabilidades morales». En realidad lo que a Londres le interesaba eran sus relaciones con China, la gran potencia del XXI, y sus estrategias comerciales con el inmenso imperio.

El año 1997 se convirtió para lo bueno o para lo malo en el emblema de la ciudad-Estado, en el fetiche de lo que llaman «memo-Rabilia». Vendían camisetas, casetes, insignias con las dos banderas, bolsos, chisqueros, bolígrafos con la fecha, novelistas de acción como *Los últimos seis millones de segundos, Tríadas, Nueve dragones, Kowloon Tong*, de Paul Theroux o *China White*, de Peter Maas relacionadas con el acontecimiento. Y una nueva marca de cigarrillos llamada, ¡oh sorpresa!, «1997». Mientras unos huían hacia aguas más templadas, Estados Unidos, Canadá, Australia, Bermudas o el sur de Francia, sesenta mil hongkoneses abandonaron la colonia en 1989 y otros tantos en 1990. Algunos volvieron para descubrir con horror que el piso que habían vendido al irse valía ahora tres veces más. Los menos nerviosos prefirieron la espera. Al fin y al cabo quedaban cincuenta años de transición hasta el 2047, de adaptación en un período en que los chinos de Beijing se comprometieron a respetar una cierta autonomía, el modelo británico, su sistema socioeconómico. Y pensar que en 1841, cuando el pabellón del Reino Unido, la *Union Jack,* ondeó sobre la bahía más hermosa del mundo, el ministro de Asuntos Exteriores, lord Palmerston, dijo a la reina Victoria que «era una isla desnuda, sin apenas una casa en ella»... Dos guerras del opio hicieron que los grandes comerciantes, los *taipans* de la Noble Casa, a los que James Clavell dedicó dos novelas, y los soldados de Su Graciosa Majestad ocuparan, tras injustos tratados, aquella isla estéril de 76 kilómetros cuadrados a la que llamaron Victoria, luego un trozo de continente, Kowloon, de 10 kilómetros cuadrados, y más tarde por alquiler los Nuevos Territorios. Ésos son los tres Hong Kong, junto con dos centenares de islas colindantes. A Victoria hoy todo el mundo la llama Central.

¿Qué harán los chinos de Beijing, cuando el general Liu Zenwu entre en cabeza de sus tropas, con este emporio de la furiosa competencia, de la tecnología punta, el *shopping,* mil millones en ventas callejeras al año, en esas calles a las que no llega el sol, ofuscadas por los rascacielos, las floristerías (a los chinos les encantan las flores), los kilómetros de anuncios luminosos entre ropa tendida, la industria ligera, electrónica, y toda clase de tesoros, toda clase de placeres, los caprichos gastronómicos, la sopa de serpiente festoneada de hojas de tilo y pétalos de crisantemo, las perversiones, las mafias todopoderosas, Suzie Wong, las bodas por Internet, los parques tecnológicos y autopistas de la información, la geomancia, los perfumes, joyas y visones, las masajerías, las alfombras, lacas y jades más valiosos, 156 años, cinco meses y diez días después? El dragón chino vencía, por fin, al león británico. Los nuevos amos han confirmado que reescribirán la historia, modificarán los libros de texto escritos por los vencedores. A las guerras del opio las llamaban «las dos guerras anglo-chinas». El nuevo jefe del ejecutivo Tung Chee Hwa, educado en universidades británicas y residente durante diez años en EE.UU. habla y no acaba de los «valores asiáticos», o sea, «respeto a la familia y a los ancianos, integridad, honradez y lealtad hacia todos, compromiso con la educación, confianza en el orden y la estabilidad, mayor énfasis en las obligaciones para con la comunidad que en los derechos individuales». Albert Cheng, un popular presentador radiofónico, le respondía así: «No podemos vivir en el pasado, señor Tung, quédese en China. Hong Kong ha triunfado por el espíritu de empresa de sus individuos. Nosotros somos distintos de los chinos continentales, de Taiwan o Singapur, somos chinos occidentalizados.»

A medida que se acerca la hora aumenta la presión sanguínea, la ansiedad y el número de los pesimistas. Un segundo después de la medianoche del 30 de junio de 1997, en el caluroso, húmedo, sofocante verano, bajo el monzón del suroeste, Hong Kong pasará a llamarse Región Administrativa Especial de la República Popular de China. El prestigioso Real Jockey Club de Hong Kong y el Real Club Náutico ya se han desprendido en silencio y con discreción de sus símbolos monárquicos del prefijo real, han descolgado el retrato de la reina. Hay que prepararse para el cambio de guardia cuando la colonia anglochina, más tarde reconocida con el eufemismo de «territorio», vuelva a fundirse con la madre patria. *Ni hao,* hola, Beijing, la tercera nación más grande del mundo después de Estados Unidos y Rusia, unas veinte veces España.

FANGO EXTRANJERO

La isla árida y rocosa, ganada en dos guerras del opio, el «fango extranjero» lo llamaban los chinos, dio pronto muestras de su vitalidad. En 1893 la *Hong Kong Guide* escribía que «ningún viajero, por muchos prejuicios que tenga, puede pasar por las calles y plazas de Hong Kong o Hongkong, la ciudad hoy más visitada de Asia, sin rendirse con admiración a la maravilla, a esa influencia casi mágica que en tan pocos años ha transformado las montañas de granito de la isla en una de las más placenteras ciudades del mundo». Para los redactores de la guía turística de la colonia en el siglo pasado era «un monumento al esfuerzo y a la capacidad empresarial de los británicos, el enclave más oriental del Imperio, el punto de cita de barcos llegados de todo el mundo». Como un oasis en los límites del desierto, para los occidentales Hong Kong ha sido «el último puesto civilizado antes de entrar en la extensa y misteriosa China». ¿Un oasis? Hace tiempo que dejó de serlo, deshumanizada, paroxística, devorada por el ruido, el oleaje del tumulto, el neón, las muchedumbres. Cuando sales a la calle te abofetea durante el verano un calor húmedo y te sientes como arrastrado por un tifón. No es una ciudad simpática, taladra los oídos, embota los sentidos. Una olla a presión. Mis amigos de la *All Asia Guide* opinan que esa antipatía es cosa del pasado. «Hoy –escriben– [los habitantes de Hong Kong] se comportan con más cortesía. En un entorno tan superpoblado es natural que haya empujones. La gente no es inamistosa. La falta de confianza en el inglés que hablan se puede malinterpretar como grosería.» Cuesta creerlo.

Los ciudadanos de Hong Kong, que han vivido con más rapidez que los de otras megalópolis, fueron los convidados de piedra de las negociaciones entre la China de Deng Xiaoping, el sucesor de Mao, y la señora Thatcher. Las conversaciones empezaron en 1982, bajo la maligna influencia de Saturno. Una mañana en las postrimerías de 1984 se desayunaron con la noticia de que no sólo los Nuevos Territorios, que les fueron concedidos en alquiler por 99 años, sino la isla Victoria y la península de Kowloon, que al menos en teoría por derechos de conquista les fueron entregados de por vida, pasarían a formar parte de la República Popular China. Muchos, casi todos sus ciudadanos, son exiliados de la China roja, sobre todo de Shanghai o Cantón. «Nunca en la historia colonial británica se hizo tanto daño a los intereses de tanta gente en tan breve lapso de tiempo por una sola persona», escribió el corresponsal del *Times* David Bonavia al referirse a la Dama de Hierro y su pacto con el diablo.

Claro que esa China de la que huyeron los chinos de Shanghai para levantar un altar a la economía de libre mercado tampoco era ya la misma. Seguía siendo Hong Kong un microcosmos de China, una ciudad híbrida con su cordón umbilical extendido hacia el otro lado, sus vasos comunicantes, su cultura, la primera cocina de la tierra. La propia China, la del difunto abuelo Deng, se dejaba ganar mientras tanto por los cantos de sirena del capitalismo, de la Disneylandia del liberalismo económico.

En 1938, el poeta Auden escribió en Hong Kong:

Los protagonistas son astutos e ingeniosos,
hombres preparados por educación y nacimiento
con amplia experiencia en administración,
conocen las maneras de una ciudad moderna;
sólo el silencio de los siervos es dramático.
Aquí en Oriente los banqueros
han erigido un noble templo a la musa cósmica.

La ciudad más cosmopolita del orbe, como la definen los folletos turísticos, tiene su anverso, sus pobres, sus marginados, sus refugiados vietnamitas, sus mafias, sus corruptelas, calles hediondas y áreas inseguras, sus *narcos*, sus rufianes, sus derrotados, sus desheredados. Muchos de ellos viven en jaulas. El número de los mendigos se eleva a 2.000. Según la organización británica Oxfam más de medio millón de personas viven por debajo del nivel de pobreza. Miles de ancianos se han quedado solos: como la nostalgia, la piedad filial ya no es lo que era. Hong Kong es la séptima nación en reservas de divisas, la octava potencia comercial, su tasa de mortalidad infantil es inferior a la de EE.UU., Alemania y Australia, controla el ocho por ciento de la marina mundial, su puerto es el primero en tráfico de contenedores, su aeropuerto el tercero en tráfico internacional de pasajeros, su Bolsa es la octava en volumen de negocio, pero en gastos sociales, que el gobernador Patten aumentó en un 86 por ciento para irritación de los rojos, figura aún muy por debajo de Nueva York. Eso demuestra que los paraísos no existen, surgen tan sólo de la imaginación de quienes los sueñan. Pero los defensores del *laissez passer*, de la «mano invisible» de Adam Smith, entonarán un «réquiem» cuando el batallón de soldados británicos desfile con faldas escocesas por la calle Connaught al son de las gaitas y los

36.000 británicos canten el *Dios salve a la reina*, el himno que un día retiraron del final de películas y obras de teatro porque nadie le hacía caso. Dirán así adiós a su modelo, a la ciudad que hizo realidad sus teorías, sus sudores y sus sueños. ¿Estará condenada al ocaso como la República de Venecia?

A FAVOR Y EN CONTRA

Hong Kong, la tercera ciudad china después de Beijing y Shanghai, es también, sin olvidar Gibraltar y otras posesiones menores, la última gran colonia de Europa, que estuvo a punto de morir de éxito. Los profetas de la catástrofe anunciaban la ruina de todo eso, el final de Babilonia, la destrucción de Cartago a manos de los rojos:

«Hong Kong –me decía un veterano comerciante, Jeremy Gloward, quien formó parte del Consejo Urbano–, no sobrevivirá a la falta de oxígeno, al asedio de esa libertad que nos hizo grandes, que ha hecho de Hong Kong la capital del mundo. Algunos de los mejores cerebros, hombres y mujeres que labraron el milagro de esta colonia, fueran chinos o extranjeros, se han ido. Hay fuga de capitales y de cerebros, sobre todo desde la matanza de Tiananmen. Una hemorragia de los talentos, de las profesiones liberales, técnicos informáticos, en contabilidad, en banca, médicos, abogados... ¿Qué quieren decir con eso de "un alto grado de autonomía"? Quieren decir un país, un sistema o sistema y medio. Se enfrentan a graves problemas, la corrupción, el enchufismo, la inflación, las tensiones separatistas, los desajustes de nivel de vida, entre la costa y el interior, la lucha por el poder tras la muerte de Deng, la quiebra de las empresas estatales, los crecientes gastos en defensa, sólo 120 millones de personas ganan más de 1.000 dólares al año, una economía recalentada, la reducción en las inversiones, un crecimiento más lento del PIB, el pánico a que Hong Kong se convierta en base de subversión. Nos atarán o les atarán de manos. Es posible que durante los primeros meses, un año, dos, no cambie demasiado el panorama, pero luego... Si los chinos tienen fama de ser arrogantes y creídos, los chinos comunistas lo son doblemente. No serán capaces de desarrollar la imaginación necesaria para mantener pujante esta que fue pequeña pero preciosa joya de la Corona. Pondrán trabas, se vengarán de los que llaman "contrarrevolucionarios", que son los que no piensan como ellos, prohibirán las manifestaciones, restringirán la libertad de expresión, ya han anunciado que "prohibirán los rumores" y los "ataques personales a las autoridades chinas", se sentirán inseguros, no podrán conceder a Hong Kong una libertad que niegan a China. Hace ya tiempo que funciona la autocensura. Yo creo que expulsarán a los disidentes. Han impuesto el mandarín como primera lengua, el cantonés será la segunda y el inglés la tercera. Desconocen los mecanismos que han convertido a Hong Kong en el más resonante éxito económico y financiero después del Japón de los últimos treinta años, fruto de la libertad de iniciativa individual, de la propiedad privada de los medios de producción y la asignación de recursos por el mercado. Los comunistas tienen una concepción absolutista del poder que no ha cambiado con su nueva política económica. No. Esto no funcionará del mismo modo con la República Popular y su monserga de los «valores chinos» frente al individualismo occidental y su obsesión por los derechos humanos. Ya han anunciado que nombrarán a dedo a los legisladores del Consejo. Temen el contagio democrático. Una encuesta de 1982 demostró que el 92 por ciento de los ciudadanos de Hong Kong deseaba que las cosas siguieran como estaban. Con eso está dicho todo: no ha cambiado la tendencia.»

«Exageraciones –disentía un hombre de negocios chino, entregado como casi todos ellos a la causa patriótica, el señor Huang–, la fiesta continúa. Es el fin de un anacronismo. La República Popular –me decía– no puede permitirse el lujo de perder esta inagotable fuente de divisas, los cuatro o cinco millones de turistas anuales, la energía de seis millones de ciudadanos con una de las productividades más altas de la tierra, con tantos números uno en el libro *Guinness* de los récords. China se juega aquí su crédito, la pacífica reconquista de Taiwan. ¿Cómo echar por tierra todos estos logros, esa función de estímulo, de dinamo, esas estadísticas radiantes, la infraestructura, las comunicaciones, esos triunfos económicos, tanta belleza? Los chinos son realistas. Nunca piden lo imposible. Además, ¿quién le ha dicho a usted que Hong Kong ha sido un espejo de democracia? Yo creo que habrá una *hongkonización* de China y una *chinización* de Hong Kong. Ya sabe lo que afirmaba el camarada Deng, que da igual que el gato sea blanco o negro con tal de que cace ratones. Beijing demostrará con orgullo que es capaz de gobernar Hong Kong sin necesidad de los británicos. Hoy la economía importa más que la ideología. Los chinos creemos que es más divertido hacer dinero que hacer política. Ésta es la segunda nación más rica de Asia después de Japón, de ese Japón que da muestras de agotamiento, que pierde fuelle, al igual que algunos de los "dragones" asiáticos. Beijing (el Pekín de antes del cambio ortográfico) necesita de esta ventana, de estos escaparates, de estos gloriosos rascacielos, del supermercado, de la capacidad financiera para su desarrollo y su modernización. Esto no va a ser el Tíbet. No se acaba el Estado de derecho. Es, sobre todo, el final de una injusticia. Mire, Hong Kong era indefendible militarmente, esto no es las Malvinas, dependía de China no sólo para el agua y los víveres, sino para la mano de obra barata. Hong Kong ha sido siempre la válvula de escape de la China roja. Hong Kong es el mayor inversor en China y China en Hong Kong. Yo soy de los que creen –concluía el señor Huang su tranquilizador parlamento– que el lema "un país, dos sistemas", pensado en principio para Taiwan que le ofreció Deng a la señora Thatcher, funcionará bien a partir de 1997. Hong Kong seguirá siendo puerto franco, territorio aduanero separado, el flujo de capitales seguirá como hasta ahora y las finanzas de la RAE (Región Administrativa Especial) serán independientes del gobierno central, podrá firmar acuerdos internacionales y extenderá sus propios pasaportes. Del orden público se encargará la policía local. El ejército chino no está autorizado a intervenir en los asuntos internos de la RAE. Se garantiza la libertad de expresión, de manifestación o de huelga. Se mantendrán el 16,7 por ciento tan sólo de impuestos, el sistema económico, financiero y educativo, incluida la enseñanza religiosa. No es un salto al vacío. Puede leerlo –añadió sonriente– hasta en las hojas de té.» Según una reciente encuesta el 60 por ciento se muestra confiado en el porvenir económico, pero sólo el 42 por ciento cree en un futuro político con las libertades cívicas de ahora.

Uno de los más respetados sinólogos, el jesuita padre Ladany, afirmaba ya hace unos cuantos años: «Sólo estoy seguro de una cosa: Hong Kong será muy distinta a la que es hoy.» Una forma muy jesuítica de salir del paso.

La Bolsa abre el día 3

Poco antes de la medianoche, la hora cero, del 1 de julio un destacamento de tropas británicas habrá desfilado, saludado con todas sus reservas de marcialidad al son de las cornamusas a esa bandera que tremoló 156 años atrás sobre la isla desnuda en Possesion Point. El gobernador Chris Patten, el último mohicano, que tantas refriegas ha mantenido con el gobierno de Beijing en defensa de su tardía democracia desmantelada por los comunistas, irá, tal vez (no le gusta la opereta), vestido de blanco. Con su penacho de plumas de avestruz acariciado por la brisa, se dirigirá con paso seguro hacia el estrado. Será la ceremonia del adiós. Nacerán los hijos de la medianoche en la latitud de Hawai y Ciudad de México como los que describió en su novela un ilustre y perseguido hijo de Bombay, Salman Rushdie. Los cronistas echarán mano del archivo para recordar al elegante lord Mountbatten, asesinado por el IRA en Irlanda del Norte, el último virrey de la India, vizconde de Birmania, bisnieto de la reina Victoria, primo de Ena, que casó con Alfonso XIII. Su esposa Edwina, a la que conoció en el quinto vals de una fiesta ofrecida al príncipe de Gales en febrero de 1922, tuvo amores con el primer ministro Nehru, el padre de Indira, el de la rosa en el ojal. El 15 de agosto de 1947 el lord partió en dos el subcontinente y entregó la independencia a la India y Pakistán. «Se fueron como se va el humo. Sin que se notara», escribió Kipling. Así lo harán también esta vez, pero sin las alfombras rojas, el toque de trompetas de plata, veintiuna salvas de cañón, jinetes con lanzas enhiestas, escoltas de recargados uniformes, tronos dorados, carrozas de oro, guardia montada de botas negras, guerreras blancas, y turbantes de seda azul. Mountbatten imprimió a la ceremonia del adiós a la India su afición a la fastuosidad. «Será la última explosión de pompa», le dijo el vizconde a su esposa vestida de lamé plateado y los cabellos castaños sujetos con una diadema.

«Queremos que la transición se haga con dignidad y honor», afirmó el gobernador Patten, ex presidente del Partido Conservador y amigo personal de John Major, tachado de «prostituto», «payaso», «político fracasado», «traidor», «hombre condenado por un millar de generaciones» por los comunistas. «Hong Kong –afirmó el gobernador– sólo puede prosperar en libertad.»

Será una ceremonia a la medida de los realizadores de televisión. Lo tienen todo a mano para lucirse en la puesta en escena: el colosalismo del escenario, el Palacio de Congresos y Exposiciones; el derroche de luces galácticas que derrotan a las estrellas; los soldados en formación con sus mejores galas; a la señora Thatcher en la tribuna; una bandera que arriar y otra que izar; el himno *Auld Lang Syne;* la historia al instante; las emociones de la despedida; algún rostro lloroso que buscarán en primer plano las cámaras entre la multitud; las uves chinas de la victoria, las pancartas de «Hong Kong vuelve a casa»; el punto de orgullo y expiación en los ojos de Liu, el general de los chinos de Beijing, 53 años y 28.000 pesetas de sueldo al mes, del jefe del ejecutivo, del naviero C. A. Tung. Estarán presentes seis mil, ocho mil periodistas. Las ceremonias costarán 233 millones de dólares. Los británicos no harán un despliegue exagerado de sus fuerzas, al contrario. Se trata de retirarse de puntillas para no irritar al dragón. Puede que Martin Lee, el abogado católico y los demócratas procedan a un entierro simbólico de la democracia. En el programa que nos envió Felix Cheng, el jefe de prensa de la Oficina de Coordinación, a los periodistas acreditados para la ceremonia de transferencia de soberanía constaba la salida antes de las 18 horas del vigésimo octavo gobernador de la casa de Gobierno en Upper Albert Road, Central, la despedida a las 18 horas que marcará el fin de la administración británica en Tamar Este, Harcourt Road, el banquete a las 21 horas con 4.000 invitados en la sala 2 del Centro de Exposiciones y Congresos y a partir de las 23.30 en el Gran Salón.

Temperatura, 29 grados, un 81 por ciento de humedad. En el reloj de la neogótica catedral de San Juan, en su imponente torre normanda, sonarán las doce campanadas. El reloj electrónico de la plaza de Tiananmen indicará la hora 0. Sonarán bocinas, iluminarán el cielo los fuegos artificiales, brillará la estrella roja sobre los rascacielos, al menos subliminalmente. Un marino de la Royal Navy tirará con suavidad y sin prisas de la cuerda y la *Union Jack*, la bandera del Reino Unido, descenderá del mástil. Un soldado de la unidad 927 del Ejército Popular izará la nueva bandera de la Región, roja y blanca. Se oirá un redoble de tambor y quizá los gritos y susurros de la muchedumbre apiñada en torno. Deng Xiaoping, el padre del *one country, two systems,* no vivió para verlo pero quiso que sus cenizas fueran esparcidas entre Taiwan y Hong Kong. El alto funcionario chino, puede que el propio Tung, el multimillonario y hombre de Beijing, seducido por el modelo autoritario de Singapur, saldrá de las sombras vestido con un modesto terno marrón oscuro, estrechará la mano del gobernador. El presidente Zemin y el primer ministro Li Peng pondrán la mano a la altura del corazón. Esta noche, la libertad. Saldrá la Casa de Windsor y entrarán los proletarios y las legiones, los nueve mil soldados de la guarnición de la República Popular, con su jefe el general Liu en un jeep por Queens Road. El gobernador de Su Graciosa Majestad tomará entonces el camino de las sombras en dirección al yate real *Britannia,* en compañía de un miembro de la familia real, quizá el príncipe Carlos, de su mujer Lavanda y sus perros *Whisky* y *Soda.* Atención, la Bolsa abre el día 3. *Bye bye,* Hong Kong. Bienvenida la Región Administrativa Especial de Hong Kong, República Popular de China.

I

EL NEGOCIO ES EL NEGOCIO

–*Gaye doa chin?*

–¿Cómo dice?

–*Geye dua chan?* –corregí el tono.

–Perdone, pero no le comprendo –respondió en inglés el vendedor hongkonés de artefactos.

A mi lado Pamela Choy sonreía divertida. Sus clases de chino cantonés no habían servido para nada. Algo tan sencillo sobre el papel como la pregunta «¿Cuánto cuesta esto?», o sea *Gaye doa chin?*, no pasó la prueba en mi primer viaje a Hong Kong. Dice un refrán chino que si tu problema tiene solución ¿por qué te preocupas? Y si no lo tiene ¿para qué preocuparse?

Corría el año 1966. Venía yo de Tailandia, donde durante un tiempo vendí píldoras de vitaminas por las aldeas y alquerías a orillas del Mekong al servicio de mercaderes chinos que hacían buena la máxima «engañar como a un chino». En las horas muertas, siempre que no jugara al *mayong*, tan parecido al *gin rummy*, o yaciera con amores mercenarios, míster Chang me daba lecciones de fonética china. Mi oído era muy duro, incapaz de asimilar tantas sílabas y nueve o más acentos. Las lecciones de chino cantonés cayeron por lo que se ve en el vacío. El lenguaje chino da testimonio de la agudeza del oído mogol: la percepción auditiva y los órganos vocales europeos pueden hacer que digas «bestia» en lugar de «señor». El sonido *Ma* significa «madre», pero mal pronunciado puede ser «caballo», «cáñamo», «insensible» o «regañar». Intentas saludar a la madre y lo que te sale es: «¿Has dado de comer al caballo?»

Las píldoras Andrex PTI fabricadas en Australia lo curaban todo como auténtico bálsamo de Fierabrás. Me hacían pasar por un ingeniero alemán recién llegado de Hamburgo con tan milagroso producto capaz de curar migrañas, dolores de estómago, lumbagos, conjuntivitis y otros males mayores o menores. La devoción de los chinos por todo lo alemán era de tal naturaleza que sucumbían a mis laudatorios discursos en inglés. «A ver, míster Manuel, ¿para qué es bueno Andrex PTI?» Yo lo explicaba en inglés, mis chinos lo traducían a su idioma y los botes de grageas vitamínicas se vendían muy bien.

Después de repetir miles de veces el discurso en inglés sobre las bondades de la Andrex PTI decidí pasar al chino. Pregunté a míster Chang cómo se decía «curar el dolor de estómago». Me respondió que *«kata u bolak»*, o algo así. Hice que repitiera una y otra vez en su idioma *«kata u bolak»* para que, sabedor de la dificultad en la captación de sonidos exactos, decisivos en esta lengua, pudiera presentarme ante los clientes con la lección bien aprendida y los tonos en su punto. No hubo manera. Cada vez que llegaba a una granja habitada por chinos, ufano de mis ensayos, y decía *«kata u bolak»* con voz nítida y profunda el estupor era la respuesta de mis clientes. «Déjelo, Manuel –me decía míster Chang compungido–. Es inútil. Eso no quiere decir "cura el dolor de estómago", sino la "cochiquera está muy sucia".»

Decidí olvidarlo no fuera que mis palabras mal pronunciadas o confundidas irritaran a tan buenas y crédulas familias chinas. Sin embargo, herido en mi amor propio no cejé en el empeño. Provisto de un diccionario inglés-cantonés repasé en voz alta frases coloquiales. Mi prueba de fuego llegaría en Hong Kong. Las últimas lecciones las recibí de la dulce, hermosa, risueña Pamela Choy, triunfadora en un mundo de hombres, que Lao Tse o Confucio pusieron en mi camino cuando acudí a una agencia de prensa. Pamela se ofreció a impartir las últimas clases antes de entrar en una de las tiendas de transistores y vídeos de la calle Nathan.

Gaye doa chin?

Allí se estrellaron mis sueños de conquista de un lenguaje tan enrevesado. Hong Kong, devoradora, arracimada, artificial, *workalcoholic,* alcohólica del trabajo, empírica, insaciable, cruel, cibernética, acabó con ellos. Durante unos días pensé en dedicarme al aprendizaje del mandarín, el idioma oficial de los nuevos dueños, que hoy en 1997 se estudia con fruición, pero Pamela me disuadió como sólo ella sabía hacerlo, con miradas de comprensión más que con argumentos decisivos y tonantes, con insinuaciones en lugar de con sarcasmos. A los chinos como a los árabes les cuesta decir no, de ahí que por tacto recurran a la esquiva, la elusión, el circunloquio. «Es una cuestión de oído», dijo para zanjar tan embarazoso asunto.

Del error se regresa, del ridículo nunca. Además, el inglés era el otro idioma de la colonia británica. ¿Para qué perderme en los laberintos de los tonos secretos, indescifrables para mí, del cantonés o el mandarín?

–*How much?* –pregunté ahora, rendido a la evidencia.

«¿Cuánto cuesta esto?» era la pregunta más veces repetida en aquel supermercado de los cachivaches, de las tiendas de rótulos multicolores, del bazar de la electrónica que empezaba a despegar hacia la meca soñada. Con los años Hong Kong, el puerto fragante, se convertiría en uno de los dragones o tigres de la economía asiática. Geometría en las formas y aritmética de las cajas fuertes...

Bangkok, la capital tailandesa de donde procedía, se me antojó una versión rústica del Hong Kong bullente, cosmopolita, con sus orgullosos rascacielos, sus Rolls-Royce y sus hoteles de ensueño. Me chocó la vivacidad, el estruendo, la prisa de los transeúntes, la astucia, la rapacidad, egoísmo y malas maneras de muchos de sus mercaderes, la rapidez de reflejos y la aspereza de los comerciantes. «Esta ciudad –me dijo Pamela–, no está hecha a la medida del hombre. Ha nacido para hacer dinero, vender, traficar y saldar a las puertas de la espartana China comunista de Mao Zedong.» «Si me pierdo –repuse–, espero que no me busquen aquí.» En la China de los mandarines y en la biblia de Confucio el comercio era un oficio menor, como la milicia, algo propio de gentes plebeyas. Yo soy yo y mi tarjeta de crédito. Hong Kong había convertido el negocio, el trato, la transacción, la especulación, la orgía consumista en una de las bellas artes. La energía primaba sobre la imaginación; el movimiento, sobre la meditación. La isla, la península de Kowloon, la de los nueve dragones y los Nuevos Territorios, eran la mejor escuela y laboratorio del ultraliberalismo moderno, el mejor trampolín para los elegidos, para que algunos de los refugiados chinos, campesinos de los arrozales o pastores de búfalos de agua ascendieran un día, rotos los baluartes del *know how*, del conocimiento técnico, al cielo de los *taipans*, los grandes jefes de empresa, los muy ricos, los multimillonarios.

Para ellos el salto desde las austeras comunas de Mao hasta las delicias de Capua de la isla debió de ser tan brusco como para mí lo fue pasar de la dulce Camboya, donde el poeta escuchaba la voz suave e inteligente de la pereza, o del Bangkok, aún provinciano y recatado, al estrépito y la aceleración de la metrópoli británica en Asia. Dejé que mis neuronas reposaran durante unos días, hasta que me entregué a la mejor maestra que pude hallar en mi camino. Pamela Choy se prestó desde el primer momento a hacer de guía en la ciudad embarullada de gentes trabajadoras y supersticiosas. ¿Cómo hacer compatible la alta tecnología, el sonido de las máquinas registradoras, de las calculadoras, de los últimos inventos de la electrónica con el código omnipresente de la magia y la hechicería? Por mucho que navegue en Internet no cambia el espíritu primitivo del hombre, apenas si afecta a su naturaleza íntima, a sus instintos y pasiones.

Los signos del cielo

Algo de eso aprendí en Bangkok, en mis excursiones por el río Mekong, cerca de la frontera birmana o laosiana, con aquellos chinos adoradores de sus antepasados que se jugaban las pestañas en los hipódromos, que abrían jaulas de canarios para obtener a cambio de la libertad del pájaro el éxito en sus negocios, que comían a todas horas esos tallarines que Marco Polo llevó a Italia de regreso de la corte del Gran Kan. Mis chinos de las píldoras australianas lo interpretaban todo: la hora de salida para vender, los signos del cielo y la naturaleza, y de sus seiscientos dioses y diosecillos, la menor señal extraña en las aldeas, algún gesto equívoco, algún toque de atención del organismo, la leve avería del coche a la luz de ese código que venía de siglos atrás. Como es natural, al principio se me escapaban las claves de tan insólitos, chocantes comportamientos. Un día, sin explicar por qué ni por qué no, decidían suspender la venta ambulante de pastillas vitaminadas.

Era frecuente que nuestros chinos, paganos y eclécticos, que creían en Buda, seguían las enseñanzas de Confucio y el camino de Tao y hasta entraban alguna vez en un templo cristiano, se desviaran de la ruta prevista para visitar un monasterio, cargar las baterías de la espiritualidad y la buena fortuna o inclinarse ante un monje anciano cuyas facultades proféticas eran conocidas en la región. El ejercicio más curioso, al que nos invitaban también los comerciantes chinos, pagando ellos, claro está, era la liberación de pájaros enjaulados. A las puertas de los templos se amontonaban jaulas llenas de aves; poner una en libertad tras haberla comprado es en esa cultura una de las formas de hacer méritos. Después, en el interior del templo, los chinos con míster Chuang a la cabeza, por ser, creo, el de más edad, pronunciaban no sé qué salmodias cabalísticas o lanzaban palillos para, según su posición y número en la caída bajo el altar, conocer el décimo que saldría premiado en la lotería o el nombre del caballo ganador en las carreras del hipódromo. Así de fácil y así de utópico.

El español, el chino y el filipino son los tres grandes pueblos ludópatas del mundo. Las entrevistas de los chinos con los monjes agoreros duraban largo rato. En las provincias a las que viajaban por primera vez indagaban sobre el monasterio de la buena suerte y la existencia de algún *biku* (monje tradicional) capaz de orientarles en la compra de las participaciones de lotería o sobre la región en que se nos daría mejor la venta de grageas.

Chuang dejaba un óbolo en la bolsa de los monjes. No parecía que aquél fuera un negocio para el monje sabio. Una vez en el curso de una de estas descubiertas a los templos pregunté a bonzos de túnica color azafrán por sus posesiones: «Somos pobres de solemnidad si es eso lo que quiere saber. Todas mis propiedades se reducen a un juego de túnicas, al bolso de algodón, los paraguas de palma encerada para protegerme de la lluvia o del sol, las navajas con que nos rasuramos la cabeza y la cara y un trozo de tela que sirve para colar el agua o el té y evitar así que podamos tragar un insecto.»

No lo hacen por razones de higiene, sino porque su religión les dicta la defensa a ultranza de todos los seres vivos. Son incapaces de matar una mosca. En las tierras de Tailandia, como en otras naciones de Asia, los chinos dominaban el comercio del arroz o de las maderas preciosas, la teca entre ellas, el azúcar o el caucho. El modelo de casa en que vivían podía describirse así: una larga lonja, con una mesa en el vestíbulo y algunas sillas, y hasta un sofá en el zaguán para el *pater familias*. El eterno respeto a los ancianos, que descubrí en estos primeros escarceos con la civilización china.

En la mesa, moviendo con rapidez las bolas del ábaco, se sentaba el ama de casa, el auténtico cerebro del negocio, y de un lado a otro deambulaba el padre de familia, al cuidado de los criados o de las faenas de la cercana fábrica. Los niños bullían en el exterior, entre las pirámides de arroz. Al fondo de la lonja una sala de estar con las fotografías de los antepasados, sobre el altar máximas caligráficas de Confucio y Lao Tse, las personas mayores de la familia, los venerables ancianos, silenciosos, muy discretos. También ellos ponían su granito de arroz. Sentados en las mesas camilla vigilaban la carga y descarga de los sacos, el ir y venir de los peones, las evoluciones de los niños o depositaban las preceptivas ofrendas de arroz, flores o varillas de incienso en los templos en miniatura en que habitan los *fi*, los espíritus situados en el jardín o a la puerta de las casas. Estas escenas campestres desprendían para mí un aire de misterio, panteísmo, de paz familiar, sosiego y espiritismo, dulce silencio.

Fueron los primeros chinos que conocí, en general herméticos, como a la defensiva, corteses sin excesos. Los chinos de China me parecerían según en qué regiones más abiertos y comunicativos. Los chinos de la ciudad-Estado, Hong Kong, la colonia británica, eran muchos de ellos de extracción rural. Unos cuantos años antes conducían por sus huertos y granjas tropillas de patos o piaras de cerdos. Al llegar a Hong Kong se impregnaron de esa vocación emprendedora, de ese espíritu calvinista-confuciano de la ética del trabajo. Si el budismo predica la pasividad, la estoica extinción de los anhelos, estos chinos aspiraban a escalar a los nirvanas del negocio. El *business is business*. Era el cruce, el compromiso teológico-industrial entre el estilo británico, el orden y la organización, con la persistencia, la fuerza y la dedicación a la tarea de los hijos del Imperio del Centro. La colonia hervía de aspirantes al éxito.

«Debes acostumbrarte a olvidar el término "colonia" *(colony)* por el de "territorio" *(territory)*», me corrigió Pamela, atenta a todos los detalles en el adoctrinamiento del viajero primerizo.

II

EL AÑO DEL BUEY DE FUEGO

Hong Kong vivía en los que la novelista china Han Suyin llamó «un sitio prestado y un tiempo prestado».

Al acercarse la fecha del 1 de julio los ciudadanos deshojaban la margarita. Me voy, me quedo, me quedo, me voy. Por sólo 16.000 dólares, después de Tiananmen, alguien ofreció la oportunidad de comprar pasaportes de la tropical República de Coltewa, situada entre Hawai y Tahití. Sólo había un problema: Coltewa no existe, es un país imaginario, creado por un estafador para hacer negocio. Los timoratos se adelantaron a los acontecimientos para asegurarse un pasaporte de salida, un futuro en otros lugares en que no ondeara la bandera roja con las cinco estrellas amarillas. Los chinos tienen fama de acudir al médico diez minutos antes de morirse. En mis seis o siete estancias en Hong Kong desde 1966 descubrí que los que menos tenían que perder contemplaban con mayor tranquilidad la fecha decisiva. A otros el 1 de julio de 1997, en el año del Buey de fuego, les estimulaba el *carpe diem,* el aprovechamiento de los días, para vender más rápido, para disfrutar de los hoteles y los mejores restaurantes del mundo. Ocurrió un curioso fenómeno: meses antes del adiós creció el número de los ciudadanos británicos en su colonia. ¿Era una atracción fatal, final, por el año del Buey?

Pamela me inició en los secretos del horóscopo chino, en los doce signos de animales. Éste de 1997 sería del Buey:

Mía es la fuerza estabilizadora
que perpetúa el ciclo de la vida,
inmóvil permanezco ante
las pruebas de la adversidad,
resuelto e intachable.
Procuro servir a la integridad
y sobrellevar la carga de la honradez.
Me atengo a las leyes de la naturaleza;
pacientemente, impulso las ruedas del destino.
Tejeré, así, la trama de la vida.
Soy el Buey.

El emperador Hiro Hito, Walt Disney, Richard Nixon, Willy Brandt, Margaret Thatcher, Robert Redford, Dustin Hoffman, Adolfo Hitler, Charlie Chaplin, nacieron en el año del Buey. La dirección de Niu, el signo del Buey, es nor-noroeste; la estación y mes principal, invierno-enero, y corresponde al signo occidental de Capricornio. Su elemento fijo es el agua.

Hacía tiempo que los chinos de Hong Kong analizaron con lupa las características del año del Buey para tratar de extraer de ellas una visión de futuro. «Este año –advertía Theodora Lau– sentiremos que pesa sobre nosotros el yugo de la responsabilidad. No se podrá lograr éxito alguno sin concienzudos esfuerzos. Las dificultades y tribulaciones que trae consigo el año del Buey se darán sobre todo en el ámbito hogareño. Es buena época para arreglar asuntos domésticos y poner la casa en orden. El flemático Buey mirará impasible las modas exageradas, las formas del arte abstracto y las invenciones estrafalarias, en tanto que la política y la diplomacia le inspirarán, simplemente, indiferencia. Mejor atenerse a la rutina y apoyar las políticas conservadoras. ¡Nada de frivolidades!»

¿Era una invitación a aceptar las reglas de la ortodoxia china que tomaría las riendas de la colonia, perdón, del territorio?

Pamela me confesó que había venido al mundo bajo el signo del Tigre, o sea, en el Acuario de nuestro Zodiaco:

Soy la deleitable paradoja.
El mundo todo es mi escenario.
Con mi fuego abro sendas nuevas;
lo inalcanzable busco
e intento lo nunca intentado.
Con gozoso abandono
bailo la música de la vida.
Ved las miríadas de colores,
y las luces destellantes del tiovivo.
Todos saludan en mí
al sin par comediante.
Soy el Tigre.

Pamela parecía satisfecha con las torturas y bendiciones, el tormento y el éxtasis de su signo en el calendario lunar.

«Soy como De Gaulle, Beethoven, Groucho Marx, la princesa Ana de Inglaterra, Stevie Wonder, Pierre Balmain, Isabel II, Marilyn Monroe o Rudolf Nureyev –recitó de corrido, pizpireta y orgullosa–. ¿No crees que tengo algo de todos ellos?»

Tenía, y supongo que sigue teniendo porque se fue a trabajar a Shanghai en plena euforia económica china, las tres condiciones que sugiere la personalidad de los nacidos bajo el signo del Tigre: poder, pasión y osadía. El «tigre» es rebelde, pintoresco e impredecible; impone en todas partes reverencia y respeto. Este luchador o luchadora, intrépida y orgullosa, es honrada como el signo que defiende la casa y la familia de los tres desastres principales: el fuego, los ladrones y los fantasmas.

Hong Kong ya no volvió a ser el mismo sin Pamela, criatura hecha con rabos de lagartija, expresiva, delgada casi hasta las fronteras de la anorexia, con sus ojos llenos de vida, su donaire, su parla inacabable y sus mohínes que tanto chocaban con el comportamiento de una raza que nos pintan rígida, hierática. De acuerdo con los «tigres», Pamela estaba siempre impaciente por entrar en acción, era sincera, afectuosa y hacía gala de un agudo sentido del humor. Nunca asumía a medias una empresa, sino que se entregaba por completo, optimista, generosa, solícita, vibrante. «Es una suerte tener cerca a una persona de este signo, siempre que uno esté preparado –decía Theodora Lau– para toda la actividad que acompaña a su dinámica personalidad. La impulsividad y vivacidad del Tigre son contagiosas; su energía y amor por la vida, estimulantes. Removerá en la gente toda clase de emociones, salvo la indiferencia. En una palabra: que al cautivador Tigre le encanta ser el centro de la atención.»

Yo la comparaba con la Audrey Hepburn del mar de la China en perpetuo y gozoso desayuno con diamantes. Su plan para enseñarme Hong Kong respondía punto por punto a los perfiles de su forma de ser: fue una inmersión, como dicen los profesores de idiomas, un tratamiento de choque.

PEOR GENIO

La primera lección la impartió en un restaurante donde aún servían, y no de forma clandestina, las delicias y perversiones de la cocina cantonesa fresca, pura, libre de las más enojosas salsas. Después, con el estómago lleno, me llevó a paso de carga a los estudios de cine donde brincaba el rey del kárate, Bruce Lee. Viajamos a los arcanos del *feng shui,* aire y agua, al catálogo de las defensas arquitectónicas y domésticas contra los malos espíritus, al aeropuerto de Kai Tak. Haraganeamos entre los grandes barcos, el zoo, el jardín botánico, el templo de los diez mil budas, el mercado de jade o de los pájaros, hoteles y edificios coloniales, calles concurridas, millas de oro, mercados, etc. En mi itinerario particular incluí la visita al espíritu de Suzie Wong, la protagonista de la famosa novela de Richard Mason, la historia de la chica alegre y cándida, de buen corazón, que enamoró a William Holden.

–¿Iremos a saludar a Suzie en Wanchai? –pregunté a Pamela.

–Mira, rico, eso es cosa tuya y sólo tuya –respondió con mucho temperamento.

Al cabo de una breve tregua regada con té verde y aromático volvimos al repaso del año del Buey. «Este año será fructífero, pero su lema es: "Si no hay trabajo ¡no hay sueldo!" El tiempo no espera a nadie, y si somos demasiado holgazanes para sembrar, no podemos culpar a nadie de no tener nada que cosechar. Encontraremos muchísimas cosas que reclamen nuestra atención, y la lista de lo que hay que hacer parecerá interminable. La influencia espartana del Buey será como un látigo que restalle sobre nuestras cabezas. Más vale ponerse con diligencia al trabajo que perder el tiempo discutiendo con las autoridades, que finalmente saldrán triunfantes, ya que el año del Buey favorece la disciplina.»

¿Presagiaba lo de «influencia espartana» o «discutir con las autoridades que saldrían triunfantes» o el impulso a la disciplina el advenimiento de los chinos de Beijing? Como las sibilas griegas auscultaban en las entrañas de los animales para adivinar el futuro, así también los ciudadanos de Hong Kong leían entre líneas: «La mayor parte de los conflictos de este año se originarán, sobre todo, en la falta de comunicación y el negarse a ceder ante minucias y sutilezas. Pero hay que aguantar y ser paciente. Todo se arreglará y obtendremos la justa recompensa a nuestros esfuerzos... siempre que no nos hayamos olvidado de hacer las cosas a la manera tradicional. Ésta no es época de estratagemas ni atajos. Tal vez valga la pena advertir a los rebeldes de que aunque el estoico Buey es dulce en el hablar, carga consigo un buen garrote y éste es su año.»

El nacido bajo el signo del Buey es modesto, pulcro, de mentalidad resuelta y lógica. Es introvertido, se adhiere a pautas fijas y tiene un gran respeto por la tradición. Lo que otros consiguen mediante el ingenio o la insidia «el Buey lo logra a fuerza de tenacidad y dedicación. La opinión pública no significa mucho para él. Es difícil hacerle cambiar de opinión, porque es obstinado y suele tener fuertes prejuicios. El signo del Buey, o del Búfalo, simboliza la prosperidad alcanzada gracias a la fortaleza y al trabajo. Es paciente y metódico, de carácter firme y digno de confianza».

–Pero no olvides que hay cinco tipos de «bueyes». El que corresponde a 1997 es el Buey de fuego. Tiene peor genio. Puede ser más enérgico –explicó Pamela– y más orgulloso que los otros, excepción hecha del silencioso Buey de metal. Es materialista, presumido, con cierto complejo de superioridad.

–Eso significa, si lo aplicamos a los nuevos amos que vienen en son de guerra, que van a imponer sus leyes y costumbres, su autoridad y sus dogmas.

–No lo sé. Pero lo que el carácter del signo del fuego indica es que tiende a eliminar a las personas o cosas que considera inútiles o inadecuadas, sin detenerse a estimar su verdadero valor. Puede desatar una pelea total contra los que se le oponen. Al mismo tiempo el Buey de fuego es justo y protege a sus seres queridos.

Novatada en un restaurante

Así quedaron las cosas en cuanto a horóscopos del calendario lunar. Estas y otras consideraciones sobre «bueyes» y «búfalos» nos abrieron el apetito. Pamela me tenía preparada una sorpresa, con un punto de malicia, de sadismo o de venganza, en un restaurante del distrito de Wanchai. Los chinos almuerzan pronto, a las once y media o doce, y cenan hacia las seis. El número óptimo en torno a una mesa es de doce comensales. Se dice que se comen todas las criaturas cuyo espinazo apunta al sol. Me dirigí en cantonés al camarero para pedirle un vaso de agua. Nada. Hube de recurrir de nuevo a la *lingua franca,* el inglés, para hacerme entender. Pamela en cambio conversó con el *maître* durante un buen rato. Era su territorio gastronómico. Sólo me quedaba decir *dodie* («gracias») y *ray* («sí»). La cena fue exquisita, desde sopa de los mejores nidos de golondrina hasta filetes de sofritos con pimientos y semillas de loto, y oreja marina estofada. Pamela me hizo beber vino de pollo. «Es bueno –dijo– para las enfermedades del pecho.»

Pero no terminó ahí el menú, que superó los doce platos. La pícara Pamela, enterada de mis peripecias, me anunció que aterrizaría en el centro de la mesa un mono vivo que me recordaría al que se comió mi pasaporte en el hostal Thai Song Greet de Bangkok y que un zoólogo francés llamado Paul había traído atado a una cuerda desde los montes y valles del Nepal. Un camarero de cara de piedra cortaría con navaja barbera la parte superior del cráneo del animal y nos ofrecería satisfecho de su precisión el palpitante cerebro del pobre animal. Luego nos invitaría a meter la cuchara de porcelana china en la sesera. Al ver en mí un cierto gesto de repugnancia o conmiseración (era como merendarse a un antepasado) me animó con esta frase antológica para *gourmets:*

–Manu, no seas remilgado, ésta es la cocina más antigua y refinada del mundo. Los sesos hay que comérselos de la misma cabeza del mono y en caliente. Dentro de unos minutos se habrán enfriado y sabrán a rayos.

Era una broma, la novatada que gastan a los incautos. Lo que vino en lugar del mono fue pato laqueado de Beijing. Pamela me contó otra anécdota que circula con profusión en China: llega un matrimonio extranjero a un restaurante. Traen un perro. No hablan una palabra de chino, se entienden por señas para pedir el menú. Muy atento, el camarero se ofrece a hacerse cargo del chucho. El almuerzo ha sido espléndido y barato. Muchas gracias. Nos vamos. Falta el perro. La pareja pregunta por él ante el desconcierto del camarero que al cabo de un rato señala los restos del plato. *Paf,* la señora se desmaya.

Lo regamos con licor de víbora, de reptil macerado dentro de una vasija, con cerveza Qingtao y con varios *mao tais.*

–Esto te dará valor y ligereza –dijo ahora Pamela.

Los chinos han sido especialistas en zamparse todo tipo de animales, de los que esperan obtener sus beneficios y virtudes. Si se comen un búho heredarán su vista penetrante; si un estofado de tigre, las cualidades (pasión y osadía) del animal, y si lo espolvorean con esencia de cuerno de rinoceronte reforzarán su virilidad. Hong Kong, entre otros títulos discutibles, es el mercado central del cuerno de rinoceronte, tan apreciado por sus propiedades afrodisíacas. Es lo que en nuestra jerga aventurera llamábamos un «afroasiático».

–¿Qué tal? –se interesó Pamela, algo intrigada por mi silencio después del atracón.

–Donde se cuida demasiado la comida se cuida demasiado poco la virtud –dije para salir del paso. Ya hablaba como Confucio.

Pasión por la comida

Hong Kong es un festival gastronómico. Se calcula que cuenta con más de treinta mil establecimientos de comidas, uno por cada doscientos ciudadanos, y ocho mil platos. Aquí se puede encontrar de todo, desde la *haute cuisine* o paella y ragú hasta esa comida rápida que tanto desentona con una cocina refinada y tan antigua. Hong Kong es el rompeolas culinario de China, desde Mongolia a Cantón o Sichuan, el país de la comida picante, Shanghai, Fukien, Chiu Chow, Hakka y Hunan. Pamela mencionó el nombre de un restaurante en que servían vesícula biliar de cobra de Cantón, pitones de Fukian y filetes de oso. Me negué en redondo porque el oso, al que sólo he visto tras los barrotes de los zoos y bailando al son del pandero del zíngaro frente al hotel Pera Palace de Estambul, es un animal por el que siento especial predilección.

–Basta por hoy –le dije–, con tu lista de *esquisitessen* y *delicatessen*. Hasta ahí podíamos llegar, un oso...

–Olvidas –repuso– que además de saber a un trozo del edén cura el reumatismo.

Más que los restaurantes escogidos con menús tan esotéricos, yo prefiero las tascas, boliches y figones populares en los que estalla, sobre todo al mediodía de los sábados, toda la voluptuosa pasión de los chinos por la comida. Es un espectáculo reconfortante comprobar con qué alegría y entusiasmo, sean de donde sean, se entregan al placer de engullir, cómo las bandejas desfilan cargadas, desaparecen en un santiamén, vuelven vacías y regresan a la mesa con nuevos manjares. Pronto se explica uno por qué muchos chinos con posibles se han arruinado dando banquetes a sus amigos. El ballet de camareros y camareras parece no tener fin. Hay restaurantes inabarcables como catedrales en los que a lo largo de varios pisos y alas se dan cita familias enteras con niños y ancianos. El afán se manifiesta por el ruido y las expectoraciones. En Asia, el fragor estimula los contactos humanos. La etiqueta desaparece para dar paso a la libertad de comer como se quiera y, si se puede, cuanto se quiera al arrullo (?) de los altavoces que emiten una música chillona que les excita el apetito. Hablan y vociferan al borde del trance, de la apoplejía. Se escuchan ruidos de palillos, balumba de platos, escandalera de niños ahítos, escupitajos. El *Diario de Beijing* publica de vez en cuando los nombres de los condenados por escupir. Un follón, un quilombo. Se ve a la legua que comer y escupir mantiene el cuerpo y el alma unidos. Lo de Brillat Savarin: «Dime qué comes y te diré quién eres.»

Al terminar el festín, los pantagrueles de ojos rasgados se retiran como vencedores en un campo de batalla poblado de restos de vituallas, un bebedero de patos cubierto de mondas y granos de arroz, de *chopsueis*, patos pequineses y huesos de pollo *chaumin* sobre los que flota la neblina del hartazgo. Lo de Calderón en *El gran teatro del mundo* pasado por Confucio: «Comamos hoy y bebamos que mañana moriremos.» El occidental asiste empequeñecido y atónito a este espectáculo de almuerzos y cenas corales. Los comensales ya están listos para la pipa de opio –unos pocos– o la partida de *mayong*, o la siesta. Adiós, *joye gin*, hasta la próxima, insaciables amigos chinos. He pedido la cuenta en cantonés –*«Fogue may don»*–, pero mi cantonés no prospera. El camarero no entiende nada. Me toma por un lunático.

Hay en Kowloon una calle con más de treinta restaurantes, en los que sirven doscientos platos desde el *tanduri* indio o el *tepanyaki* japonés, para no hablar de las exquisiteces chinas. Los cantoneses, que forman la casi absoluta mayoría de los habitantes de Hong Kong, se diría que viven más para comer que comen para vivir. Todo es aquí producto de un cálculo y una tradición, como me explica Pamela, una combinación entre el negativo yin y el positivo yang, de acuerdo con los gustos principales, el agrio para el hígado, el picante para los pulmones, el amargo para el corazón, el salado para un riñón.

III

TÉ Y ANTIPATÍA

Uno de los expertos en la farmacopea imperial aconsejaba el consumo de carne de perro para fortalecer el corazón, platos desprovistos de sal y toneladas de habas y alubias verdes.

Hay una cadena de establecimientos llamados Dim Sum (literalmente, «un toque al corazón») donde cruzan entre las mesas carritos de comida y el cliente se sirve los humeantes bocadillos según van pasando. En los sampanes preparan el menú ante tus ojos, mariscos vivos, *fruits de mer,* mientras el anuncio del tifón balancea las embarcaciones. Malo será que el festín, si el viento arrecia en la bahía fragante, termine con una vomitona por la borda. De nada servirá la desafinada melopea que cantan doncellas chinas surgidas de la noche de los tiempos (cuando los historiadores no saben de qué época se trata se limitan a sumergirla en la noche de los tiempos). Estas tonadilleras se acompañan para la ocasión, en aguas de Causeway, de banjos, tambores y mandolinas. Unas tazas de té, la infusión descubierta por los chinos hace cinco mil años nada menos, nos pondrán a tono.

Me cuenta Pamela que el emperador Shen Nung se hallaba tumbado en su mecedora a la sombra de una camelia cuando el viento empujó unas cuantas hojas de la planta del té hacia la bullente caldera. El aroma llegó hasta su nariz y le gustó. De esta forma el emperador se convirtió en el primer bebedor de té. Los chinos transformaron en arte el consumo de esta infusión. Con el tiempo han elaborado prontuarios sobre la mejor manera de prepararla: el rito del té, un tesoro químico que reúne veinte aminoácidos, doce azúcares, seis ácidos orgánicos, treinta cuerpos polifenólicos con un 5 por ciento de cafeína y teofilina que estimula el músculo cardíaco y ayuda a la digestión.

Algo importante ocurre en torno a una taza de la aromática infusión que la portuguesa Catalina de Braganza introdujo en Londres. Té y simpatía o té y antipatía, negocios, cotilleos, chismes, broncas, felicidad, desencuentros. Los tratos se cierran con un sonoro golpe sobre la mesa. El té es pasión británica y china. Puede que sepa a botas puestas al baño María, pero desde el *morning tea* al *evening tea,* británicos y chinos hacen del té una ceremonia sacramental. El amor y el escándalo, decía Fielding, son los que mejor endulzan una taza de la oscura infusión en una casa de té bajo la luna de agosto. Cuando viajé por primera vez a Londres, los ingleses consumían cinco tazas de té al día.

Después de una comida completa y abundante, conviene, según la conseja china, no lavarse la cabeza; hay que evitar el sexo como una flecha envenenada y también el vino, que es el peor enemigo.

Confucio, el maestro de la China imperial, que está de regreso en nuestros días –salvadas las condenas y tabúes de tiempos de Mao, lo cita en sus discursos el presidente de la República Popular, el sucesor de Deng, Jiang Zemin–, probó las virtudes de la abstinencia, endureció su espíritu con el cilicio del hambre y castigó su cuerpo con largas vigilias. Pero esa fórmula, por lo visto, no le dio el resultado apetecido, y un día abandonó toda frugalidad. «En otro tiempo –afirmó Confucio en los *Anales* recogidos por sus discípulos– me pasaba días enteros sin comer y noches enteras sin dormir, con el fin de entregarme por completo a la meditación. No obtuve en ello los frutos que buscaba. Mejor me valdrá estudiar otras escuelas.» Descubrió la gula. El pensamiento Mao derrotó a Confucio, pero lo dejó sólo malherido. Hay quien dice que Mao fue el Confucio del marxismo.

EL HOMBRE NUEVO

No se entiende China sin el confucianismo y las aportaciones del taoísmo y el budismo. Murió el gran maestro en el año 479 antes de nuestra era. Es el modelo del sabio antiguo, nacido en el seno de la pequeña burguesía administrativa dominada por la aristocracia militar, que accede a altas funciones públicas de las que fue expulsado para convertirse en un filósofo itinerante que predicaba las cinco virtudes cardinales, la bondad, la equidad, el decoro, la prudencia y la serenidad.

«Es un carca, un retardatario que ha hecho mucho daño a China –protestaba en torno a una taza de té, años más tarde, un estudiante de filosofía de la Universidad de Hong Kong, Gedun Yuan, un muchacho anarcomodernista–. Busca la armonía colectiva sin tener en cuenta los fines últimos de la existencia humana. Es una doctrina aristocrática fundada al menos sobre el papel en el altruismo y la equidad. Se niega a modernizar, a innovar y nos coloca como programa la tradición de los textos antiguos, el respeto al emperador, a una sociedad jerarquizada y la sumisión a los ritos. Ése es Confucio, el hombre que busca el justo medio, el conócete a ti mismo, el Estado como extensión de la familia. Es un resignado, sometido al fatalismo, un aislacionista. Con esos materiales –añadía Yuan– no se pueden alcanzar ni la justicia ni el progreso. ¿Qué significa "el príncipe debe actuar como príncipe, el súbdito como súbdito, el padre como padre y el hijo como hijo"? O eso de que "quien gobierna con buenos ejemplos es como la estrella polar, que permanece inmóvil mientras que todas las demás se mueven a su alrededor". Me espanta lo que se nos viene encima, el confucianismo línea Deng o Jiang Zemin…»

Yuan arremetió luego contra el lema del presidente chino Zemin, la «civilización espiritual» con la que pretendía sustituir el *Libro rojo* de Mao y la *gatomaquia* («da igual que el gato…») de Deng Xiaoping.

Al pasar de moda el *Libro rojo* que puso en pie a toda una generación de jóvenes en Occidente, al entrar China en una nueva fase de su historia en 1978 con Den Xiaoping empezaron a circular libros de Confucio. No era el sonsonete maoísta «la revolución no es un banquete» o «el poder surge de la boca del fusil», sino «el que no sabe qué es la vida ¿cómo va a saber qué es la muerte?». Durante la revolución cultural inspirada por Mao para fabricar al «hombre nuevo» («disparad sobre el cuartel general»), los guardias rojos hicieron que temblaran los cimientos de la pecadora Hong Kong. Había que acabar con el anacronismo, la excrecencia, el grano purulento, el cáncer a las puertas de la China roja. Fue una tormenta en una taza de té. No tardó Capua en volver a sus delicias, los juncos a sus contrabandos, las tonadilleras de Causeway a sus desangelados trinos, los cruceros a vomitar turistas, el funicular de 1888 a trepar a Pico Victoria, los transbordadores del Star Ferry a sus travesías hacia la isla, los *taipans* a sus negocios, los triperos a sus comilonas. Nadie era capaz de hundir un transatlántico llamado Hong Kong, paraíso para unos, cloaca para otros, Sodoma para unos, el infierno de Dante para otros. «Todo Hong Kong –apuntó Kipling– está construido frente al mar. El resto es niebla. El vicio es más o menos el mismo en todas partes, pero el que quiera buscar de verdad el placer que vaya a Hong Kong.» «Claro que se debe estar mejor en San Francisco –le apostilló el cicerone al premio Nobel–, pero nos conformamos con lo que tenemos. Después de todo no está mal, ¿no le parece?» «Vete a Oriente, joven», aconsejaba Disraeli. El Oriente de las mil y una noches, de la canela y el clavo, los pavos reales y las miríadas de dioses, de las cacerías de tigres, de los partidos de críquet en el Bengal Club de Calcuta, de los oficiales de guerreras rojas y cascos de plumas de avestruz, de los brindis con jerez en los clubes exclusivos en honor de Su Majestad, el Oriente de las legiones de criados vestidos con túnicas blancas, de los partidos de polo en el desierto del Rajastán... «Fracasa en Londres, triunfa en Hong Kong», señala el refrán.

Hong Kong rendida al dios Moloc, funcionaba según las reglas de la era victoriana, de la escuela económica de Manchester; el éxito como destino, como tótem sin tabú, el dinero como fuerza motriz en el bajo vientre de China. De ahí el flujo de los refugiados del continente atraídos como luciérnagas al Mónaco del sur por las luces de una de las más hermosas bahías del mundo, junto con la de Río de Janeiro y San Francisco.

La ciudad más grosera

Había que volver a la calle, a los sampanes, a Pico Victoria de 554 o, según otros, 390 metros de altura, el centro geográfico y social de Hong Kong, donde en otro tiempo sus ricos moradores se hacían subir en silla de manos. La Asociación de Turismo nos recordaba que los vigilantes de la playa trabajaban desde las nueve de la mañana hasta las seis y media de la tarde, y los fines de semana empezaban una hora antes y acababan una hora más tarde en las playas más grandes y de más público. Luego añadía el folleto: «Aproveche al máximo su visita, vea una película sentimental china o una de *kung fu*. Fotografíe a los agentes de la Policía Real de Hong Kong mientras dirigen el tráfico desde una tribuna en forma de pagoda. No olvide Deep Water Bay, donde se rodó la película *El amor es algo maravilloso,* con Jennifer Jones y William Holden. Pruebe la olla podrida al estilo mogol. Mire a China desde el puesto fronterizo de Lok Ma Chau. Haga que le adivinen el futuro con la ayuda de un pajarito. Viaje en tren hacia Cantón...»

Nada decía de las nubes de basura que flotan sobre la «bahía fragante» de aguas pútridas, del olor a gases de los tubos de escape, y a huevos podridos. Los científicos de la universidad acaban de descubrir que el aceite frito de la cocina china es la primera causa de la contaminación. Han estado ocupados en hacer dinero, sin tiempo para luchar contra la porquería ambiental. Los transbordadores deben abrirse un camino entre las 18.000 toneladas de desperdicios flotantes. Cada día se arroja al mar el equivalente de 250 piscinas olímpicas de residuos malolientes.

Dice el refrán que Hong Kong y Cantón están tan cerca uno

del otro como los labios lo están de los dientes. Tendrían que pasar muchos años y un gran caudal de agua por el río de los Perfumes antes de que pudiéramos viajar a Cantón, cuya feria anual fue la adelantada de la apertura de China. Las peticiones de visado recibían la negativa por respuesta. El régimen español de entonces, aliado del generalísimo Chian Kai Chek y de Formosa-Taiwan, se llevaba muy mal con el de Mao. El viajero se acercaba lleno de curiosidad hasta la Porta do Cerco en el Macao portugués para adivinar los latidos de la inmensa China, el «peligro amarillo» que desafiaba al mundo.

Un descarado libro turístico definió a Hong Kong como «la ciudad más grosera del mundo». En principio reunía todas las características que uno podía rechazar como viajero: el abarrotamiento humano, la angostura urbana, la lata de sardinas, la abrumadora concentración de gente, el agobio y la estrechura, el desasosiego, la velocidad nada confuciana de juncos, vehículos motorizados, el salvaje mercantilismo en forma de grandes y nuevos rascacielos en terrenos ganados al mar. En una palabra, ruido y furia, el zoco moro a lo bestia, el inmenso almacén de ropas, jades, camisetas, calculadoras, vídeos, transistores o cámaras fotográficas, la presión de los turistas en persecución de la ganga y el color local. Ni un minuto de respiro, de sosiego, de calma; una desmesurada concentración demográfica que, en tan angostos terrenos, resultaba inapropiada para viajeros con claustrofobia, amantes como yo de los espacios abiertos, anchurosos. Al visitar Génova el escritor Josep Pla advirtió que sus habitantes se agitaban «como hurones enjaulados». Pero Pamela y sus amigos me enseñaron a patear la ciudad, a comprenderla, a descubrirla, aunque no del todo a quererla. Las ciudades son un estado de ánimo. Dios hizo el primer jardín; y Caín, la primera ciudad. Una vez, una revista de viajes británica planteó una encuesta entre expertos para votar la ciudad más fea de Europa. Salió casi por unanimidad Brindisi en el tacón de la bota italiana. Sin embargo yo estuve en Brindisi, donde embarcaban los cruzados con dirección a Tierra Santa, y viví una experiencia distinta. Todo depende del estado de ánimo, de la forma en que gentes conversadoras y bien dispuestas te hagan ver la ciudad, de la calidad de comidas, paseos y amores o amistades. De pronto la ciudad-cenicienta recobra un vigor nuevo, se cubre de una piel brillante, se hace querer. Lo primero que me enseñó Pamela fue a caminar por el hormiguero humano de Kowloon. Me dio clases de callejeo y esquiva, y aprendí enseguida: «Tú sigue adelante por mucha gente que se apriete en las aceras. No mires a los ojos de los demás transeúntes, y cuando creas que vas a chocar con alguien da un brusco giro de hombros. Si crees que un peatón viene frontalmente hacia ti, te paras. Que pase él.»

A cada nueva visita a Hong Kong, el *skyline*, la «línea del cielo», el horizonte de la ciudad, cambiaba y cambiaba, cada vez más comprimido, más apelmazado, más aprovechado. Los caballos del hipódromo se entrenan en la terraza del club. «Allí donde a duras penas puedes clavar un palillo –aseguraba un periodista local– levantan cincuenta pisos.» ¿Se podía haber sacado un mayor partido a un espacio tan reducido? Hong Kong, la ciudad vertical, está compuesta de la isla del mismo nombre, cedida a los británicos en 1842 tras la primera guerra del opio, Kowloon en el continente, adquirida veinte años después, y los Nuevos Territorios y su rosario de islas, unas 230, e islotes, 1.070 kilómetros cuadrados arrendados en 1898 (el mismo año de la derrota de España en Filipinas) por un período de 99 años. Al terminar la Segunda Guerra Mundial la población era de cuatrocientos mil habitantes, hoy sobrepasa los seis millones. El hecho de que fuera puerto franco sin aduanas ni impuestos, que llegara un turbión de mano de obra barata, una impresionante inyección de capitales y de cerebros, las comunicaciones y su fachada marítima catapultaron a Hong Kong hacia la gloria del chip, el hormigón, el acero, el cromo, el aluminio, el mármol y el cristal. Ése es el radiante espectáculo, como un árbol de Navidad, que diría algún locutor de la CNN, que se ve desde arriba cuando uno llega en avión a la puesta del sol. Clic, clic, clic, un millón de luces se encienden todas las noches.

IV

TAIPANS

El primero que encendió una luz en Hong Kong y se bebió un trago a la salud de Su Majestad fue un tal capitán Belcher. Eran las ocho y cuarto de la mañana del 25 de enero de 1841. Sesenta años antes, John Cox, hijo de un relojero y fabricante de cajas de rapé en Londres, llegó a la ciudad china de Cantón con permiso de la Compañía de las Indias Orientales para cobrar las deudas que los comerciantes chinos habían contraído con su padre; pero descubrió que eran insolventes y se vio obligado a cobrar en especie. John Cox era un hombre emprendedor y con las mercancías que recibió como pago –té, seda, porcelanas, ruibarbo– se estableció como comerciante. Pronto fletó un barco para llevar opio desde Calcuta a Cantón, ya que el de Bengala era el mejor del mercado, muy superior al de Esmirna. El opio, la adormidera, es una de esas plantas que han cambiado la historia junto con la patata, la quinina, el azúcar, el algodón o el té.

Siete años más tarde un amigo de Cox llamado Daniel Beale recaló en Cantón procedente de Inglaterra. Había obtenido permiso de la Compañía de las Indias Orientales para actuar como cónsul de Persia en China; pero su propósito no era otro que el de unirse a Cox en sus audaces empresas de relojería y artilugios mecánicos. Oriente, China, es la tierra prometida para estos y otros aventureros. En 1792 llegó David Reid. Sus papeles le acreditaban como oficial del ejército danés. «Me envía el rey de Dinamarca», afirmó seguro de sí mismo ante los funcionarios de la compañía británica. El opio era por entonces la aspirina de Europa. Los médicos lo recetaban para la histeria y el insomnio, la úlcera y la gripe. El rey Jorge V lo tomaba para superar las resacas, Berlioz compuso la *Sinfonía fantástica* inspirado por la adormidera. El proletariado inglés escapaba bajo sus efectos de las duras condiciones del trabajo: era la religión del pueblo. Clive, gobernador de Bengala, fue un adicto durante 20 años y el cruzado del antiesclavismo, Williams Wilbe Force lo tomó todos los días durante 45 años. En cuanto un niño se ponía a llorar lo calmaban con una dosis de opio. En 1973, según me confesó el señor Dunning, jefe de la oficina de narcóticos de Hong Kong, unas 200.000 personas fumaban opio de forma clandestina. El tráfico, la venta y el consumo se prohibieron después de la Segunda Guerra Mundial.

En 1801 apareció por Cantón otro relojero, Charles Magniac, que se asoció con Reid y Beale. Sin embargo, llegaba un poco tarde, ya no se podía vivir de la fabricación de relojes y cajas de rapé. Los chinos, hábiles aprendices, dominaban para entonces el arte de la relojería y vendían sus productos a precios sin competencia. «Tendremos que pensar en otra forma de ganarnos la vida. Así no podemos seguir», aseguró Beale. Era el principio del fin. La sociedad Beale, Reid, Magniac se vino abajo porque el primero de ellos, desesperado, hizo arriesgadas inversiones que la llevaron a la quiebra. Fue en 1816. Charles Magniac se quedó con los restos del naufragio y llamó a sus dos hermanos que vivían en Francia para que se unieran a él; fue el nacimiento de la Charles Magniac & Company.

El «privilegio del tonelaje» era una concesión a los mercaderes europeos que trabajaban para la Compañía de las Indias Orientales en las rutas del opio y el té entre China y la India, y consistía en quedarse con una pequeña parte de la mercancía, una comisión del té o del opio. En la ruta trabajaba un médico escocés llamado William Jardine quien, dado que por entonces la medicina era una profesión sin demasiado prestigio social, cobraba un modesto salario curando marinos, hasta que un día se sintió atraído por el «privilegio del tonelaje». No era ya el té, sino el opio, el *Papaverum somniferum*, opaco, moreno, amargo y de olor fuerte que Paracelso denominaba «la piedra de la inmortalidad». Un negocio redondo porque al poco tiempo Jardine abandonó los brebajes, las sangrías y el escalpelo para dedicarse por entero al comercio del opio en sociedad con Charles Magniac.

Por esas mismas fechas se dio a ver por el puerto de Cantón otro joven escocés, James Matheson, que había trabajado para la firma de su tío en Calcuta. Cansado de la India victoriana y de las tediosas horas en el despacho Matheson, decidió quemar las naves para buscar fortuna en China. En 1820 se estableció en Cantón, donde trabajó para la firma española Yrisarri y Compañía. Jardine y Matheson no se conocieron hasta entonces, aunque sus pasos se cruzaron por los puertos y los galpones de Extremo Oriente. Se hicieron amigos muy pronto. Estaban hechos el uno para el otro. A Jardine, el más viejo de los dos, le impresionaba la energía de que hacía gala el joven Matheson, de veinticinco años, de mejor familia que él, más afable y culto. El único piano de Cantón era el suyo.

Los dos escoceses estarán en el origen de la fundación de Hong Kong junto con el capitán Elliot. Hasta que la firma Jardine-Matheson instaló en 1983 la sede de su emporio en las Bermudas, fue la primera *hong*, la primera *merchant company* («compañía comercial»). Gran parte de sus inversiones y propiedades continúan en Hong Kong. Jardine seguía con admiración las operaciones que Matheson llevaba a cabo, y como necesitaba un socio de confianza le ofreció una parte del negocio. Un año después Matheson liquidó su empresa para entrar en Jardine-Magniac & Company. Los dos escoceses unieron todas las virtudes, eso que los tecnócratas de hoy llaman sinergia, capacidad de trabajo, sentido de la economía, olfato para el negocio y sus tentaculares contactos. Pronto cayó el rótulo de Magniac para dar paso a la nueva firma Jardine, Matheson & Company. La dirección, el número 7 de Imperial Hon, Cantón. China.

En 1832 el excéntrico pintor irlandés George Chinnery, que huyó de los acreedores indios, de una esposa fea y gruñona, y de los agobios de Calcuta, retrató a Jardine con sus labios carnosos, su nariz robusta y larga y sus duras facciones. No parecía un hombre simpático y no lo era en realidad, pero ese rostro reflejaba la ambición, la dedicación obsesiva a una idea: el dinero y la confianza en sí mismo. Era muy difícil sacar a Jardine de su galaxia particular, de su torre de marfil, en la que sólo contaban la prosperidad, el lucro, el futuro de la empresa, siempre encorvado sobre sus libros de contabilidad.

PRÍNCIPE DEL OPIO

A los cuarenta y cuatro años era el más importante hombre de negocios británico en Cantón y Macao, el príncipe del opio, el hombre que guiado a partes iguales por el patriotismo y la codicia del mercader (quizá más por lo segundo que por lo primero) se propuso convencer a su país de la necesidad de abrir los puertos de China al comercio británico y europeo. Estaba seguro de que ese paso debía darse por medio de un cuerpo expedicionario. Se ha dicho que el comercio seguía a la bandera del Imperio, pero en este caso fue al contrario porque quien tomó la iniciativa fue William Jardine, que marchó siempre por delante de la bandera. Los chinos no veían con buenos ojos a los comerciantes extranjeros que negociaban con el té, la porcelana, la seda y el ruibarbo, usado como purgante. En *El libro del buen amor* el arcipreste de Hita habla de los «fígados de cabrón con ruibarbo». Después de siglo y medio tan sólo unos seiscientos británicos, estadounidenses y otros europeos, algunos españoles entre ellos, habían logrado desembarcar tímidamente en Cantón. El Dragón Imperial tan sólo dejó que permanecieran en el puerto chino durante el invierno. Los «compradores», los intermediarios, se encargaban de los trámites administrativos y mercantiles.

Una vez pasado el invierno, los comerciantes regresaban a su base en la minúscula colonia portuguesa de Macao, donde a duras penas soportaban el calor tórrido, el efecto devastador de los tifones. Jardine era uno de los aventureros. Frustrado pero testarudo como buen escocés decidió acabar con las restricciones, romper las barreras comerciales y desafiar si era necesario al Hijo del Cielo. De la comisión, del «privilegio del tonelaje» pasaría al tráfico de opio. Era un comercio en auge porque la Compañía de las Indias Orientales vio la posibilidad de equilibrar la balanza comercial con China: al no vender lo bastante a los chinos para pagar las compras del té entendió que su problema quedaría resuelto con el dinero obtenido de la droga.

La Compañía de las Indias Orientales, el brazo oficial y comercial del gobierno de Su Graciosa Majestad, tenía en monopolio el cultivo del opio. Compraba todas las cosechas y las vendía en China con permiso del parlamento de Londres. Todo se hacía de forma escrupulosa y con la oportuna hipocresía. La compañía vendía en subasta las cajas de opio en Calcuta y eran las empresas privadas las encargadas de la exportación del género. El «fango extranjero», como lo llamaban los chinos, no viajaba a bordo de los navíos oficiales. El negocio fue óptimo: a finales de 1831 las ventas del opio representaban una sexta parte de los beneficios totales de la compañía.

El opio estaba oficialmente prohibido en China, pero los intrépidos y desinhibidos comerciantes escoceses hallarían soluciones para todo a través del contrabando y el mercado negro. Cantón era un puerto también prohibido, de modo que Jardine y Matheson, el yanqui Russell y Lancelot Dent se buscaron una isla en el estuario del río de las Perlas desde la que distribuir la mercancía para las provincias costeras. Ahí entraban en danza los contrabandistas chinos por medio de sus almacenes flotantes. Tampoco éstos iban a pecho descubierto porque el olor del opio y del dinero que generaba atrajo la atención de los mandarines y funcionarios de la corte en las ciudades de la costa. Los contrabandistas, protegidos por las autoridades locales, firmaban los contratos de distribución en la oficina de Cantón y luego entregaban las cajas de opio en el puerto y la bahía.

William Jardine, conocido como «vieja rata de cabeza de hierro», era insaciable, como dejaba entrever Chinnery en su retrato. Terco como una mula y como tienen fama los escoceses, avaro, dispuesto a no dejar escapar un ochavo. No le gustaban los intermediarios; se perdía energía y dinero en el camino. Así decidió encargarse él mismo de la venta del opio remontando el litoral hacia el norte sin contar ya con los intercesores chinos. El compañero ideal para esta aventura fue James Matheson, hijo de un barón, alumno de la Universidad de Edimburgo. Fue él quien al constituirse la firma decidió la venta directa desde calas y escondrijos en la costa, donde se guardaban y vendían las cajas de opio, los alijos de droga.

Nada ni nadie podía con Jardine & Matheson. Eran los más apercibidos, los que mejor conocían el terreno que pisaban, los que más ganas tenían de prosperar. Pusieron todos los medios para que la venta del opio se hiciera sin contratiempos. El tiempo es opio. Ese estilo de entender la vida pasaría luego a Hong Kong e impregnaría los intercambios comerciales.

Los juncos chinos artillados eran lentos, de maniobra dificultosa, y Jardine y Matheson comprendieron que la tecnología marítima era fundamental para la distribución de su veneno. A los pesados juncos chinos opusieron una maravilla de la técnica surgida de los astilleros de Calcuta: el clíper, de origen norteamericano, velero largo y estrecho, rápido y manejable, imbatible en el mar. Escapa con ventaja y burla los proyectiles disparados por cañones y serpentinas poco precisos. Hasta dos millones de chinos terminaron fumando opio, ya que el suministro era rápido, abundante, inmediato, al alcance de todos.

Vista larga

No había tiempo que perder. La flota de Jardine y Matheson aparecía por todos lados en las radas, en alta mar, en las grutas de la costa. A bordo de los clípers viajaba una legión extranjera de patibularios europeos, tripulantes indios y chinos. Se entendían y negociaban con gestos, pero Jardine necesitaba un intérprete, alguien que le ayudara a comprender las sinuosidades de los dialectos chinos. Ese hombre fue un misionero llamado Charles Gutzlaff, prusiano, médico, políglota. Vivía en las alturas de Macao, conocía los dialectos, regalaba biblias, libros píos, píldoras y ungüentos. Jardine se dirigió a él con toda su capacidad de persuasión. «Cuanto más provechosa sea la expedición de más dinero dispondrá para convertir chinos», dijo el traficante. Ahí era nada, convencer a un misionero para que hiciera de intérprete en transacciones de opio. Pero el reverendo Gutzlaff no desaprovechaba vía alguna con tal de convertir chinitos. Aceptó y el *taipan,* el magnate escocés, y el misionero se estrecharon la mano. La Iglesia y el dios Mercurio pasaban a ser aliados, socios, uno para ascender al Olimpo de la fortuna y el otro para salvar almas. Mientras los marinos descargaban el opio el reverendo predicaba la buena nueva en los muelles.

William Jardine era un hombre de vista larga: por eso entendió que había llegado la hora de contar con la protección de la Corona para legitimar todas sus operaciones. A los cargamentos de opio, a los azares del mar y de la costa había que ponerles una bandera y ésa era la *Union Jack.* Se dirigió a Londres para pedir un procónsul, un representante de Su Majestad en Cantón que pusiera firmes a los chinos. Ése era el primer paso, después vendría, si fuera necesario, un cuerpo expedicionario. La ocasión la pintaron calva porque en 1833 se disolvía la Compañía de las Indias Orientales.

Al terminar el monopolio del comercio británico en China, la iniciativa volvió a manos privadas. Ningunas manos tan privadas como las del ex médico escocés. «La apertura del mercado ayudará de forma extraordinaria a la industria británica», afirmó para que la música sonara grata a los oídos de los ministros y parlamentarios en Londres.

En efecto, el gobierno presidido por lord Grey, cuyo titular de la cartera de Exteriores era lord Palmerston, atendió las reclamaciones de Jardine y envió a Cantón a un paisano de éste, lord Napier, un gris aristócrata escocés de cuarenta y ocho años, comandante de fragata, gentilhombre rural y autor de un libro sobre la vida de las ovejas. Su misión consistiría en instalarse en Cantón para defender los intereses de los mercaderes y traficantes ingleses, servir de intermediario con las autoridades chinas y velar para que se cumplieran las leyes. Pero ni Londres ni el triste lord Napier contaban con las suspicacias, temores, leyes y costumbres de los chinos. El protocolo de la corte imperial no podía aceptar que un bárbaro sin misión comercial alguna se estableciera en un puerto como Cantón. El Dragón Imperial lo interpretó como una ofensa, una provocación, tan sólo recibiría a un enviado de la Corona británica si era portador de tributos. ¿Quién osaba tratar de tú a tú al Imperio del Centro? El 25 de julio de 1834 Jardine recibió a Napier en el puerto de Cantón. Al día siguiente cenó con él.

El bloqueo fue total. Ni siquiera permitieron a Napier mediar entre los negociantes británicos y los mandarines. Su misión no tenía futuro. Es más, cayó sobre él la maldición del dragón chino de cabeza de camello, cuernos de ciervo, ojos de demonio, garras de águila, orejas de vaca, cuello de serpiente. Dos motes recibió Napier nada más desembarcar en 1834: «Ojo de los bárbaros» y «Laboriosamente vil», con ese amor que los chinos tienen por la grandilocuencia de los nombres. Empieza a oler a pólvora en el río de las Perlas. Es el choque de dos orgullos, el chino y el británico. Llega la hora de la política de la cañonera. Napier, azuzado por Jardine, se inclina por el uso de la fuerza para vengar los desaires de que es objeto: sus fragatas bombardean los puertos que ribetean el estuario. La aventura terminaría mal porque los juncos chinos rodearon a los buques de guerra de Su Majestad y les prendieron fuego con brulotes, barcos cargados de materiales inflamables.

Deseos de venganza

El pobre Napier, brazo fracasado del Imperio, cayó en la depresión y la fiebre. Debió volver a Macao a bordo de una embarcación china y falleció del disgusto. Dejaron de repicar las campanas de la colonia portuguesa para que pudiera morir en paz.

Jardine era de otra pasta, de la materia que están hechos los dioses de la guerra. Trasladó a Londres toda su indignación cargada de deseos de venganza. Su Majestad no podía aceptar que ultrajaran a su enviado especial a China. Esa indignación y esa rabia Jardine las puso por escrito al rey Guillermo IV en un pliego con sesenta y cinco firmas: se solicitaba a Su Majestad el envío de un ministro plenipotenciario con una flotilla de guerra para lavar la afrenta, pero sobre todo, y en eso pensaba Jardine, para imponer a los orgullosos chinos la libertad de comercio. China era un lugar remoto, distinto y distante, y el rey y sus ministros y consejeros tenían cosas más importantes y próximas en qué pensar. Jardine se desespera: la patria le falla, le olvida, le orilla.

En cambio el emperador de China empezaba a tomar en serio el contrabando de opio: era una invasión en toda regla, un desembarco de los «diablos blancos», un insulto, una ruptura con el tradicional y deseado aislamiento, la brutalización de sus súbditos. China no quería saber nada de los extranjeros. Para poner fin al tráfico inmundo, el emperador pensó en un ángel exterminador de la droga que frenara el paso a los Jardine y Matheson. Ese hombre era Lin Tse Hsu, funcionario íntegro que ya dio muestras de entereza y eficacia en otras regiones bajo su administración y en la lucha contra los narcotraficantes. No llega a Cantón con la mano izquierda por delante sino con su centelleante espada como en el cine del *kung fu*. Estamos en 1839. Lin se dirige a los traficantes occidentales para ponerles los puntos sobre las íes: el negocio ha terminado, se acabó el trajín, quemará los depósitos de opio, se prohíben todas las actividades comerciales, deben regresar a Macao de inmediato.

Es en ese momento cuando entra en escena el capitán Elliot, al que los comerciantes tachan de indeciso y cobardica. El superintendente ha ordenado a los navíos mercantes que fondeen entre la costa y la isla de Hong Kong, una aldehuela de pescadores. Después, él se embarca con dirección a Cantón donde sus compatriotas acaban de toparse con un coriáceo enemigo, Lin Tse Hsu, el campeón de la cruzada antinarcóticos.

El capitán Elliot busca el compromiso: convence a los narcos para que entreguen veinte mil cajas de opio. Es una oferta de alto el fuego que Lin ve con buenos ojos. Los británicos se vuelven a Macao a la espera de acontecimientos. Se impondrá la lógica de la guerra porque el tráfago no cesa.

En agosto de 1839 más de cincuenta buques mercantes británicos, estadounidenses y de otras naciones se reúnen en Hong Kong con la intención de zarpar hacia Cantón para romper el cerco comercial. Es necesario un *casus belli,* una razón para romper las hostilidades. En la península de Kowloon, un marino británico borracho, harto de un explosivo brebaje llamado «pólvora cantonesa», mezcla de jugo de tabaco, alcohol puro, azúcar y arsénico, mata a un chino en una reyerta. El digno gobernador Lin exige la entrega del culpable. El capitán Elliot se niega, ni siquiera conoce el nombre del homicida.

Se ha colmado el vaso de la paciencia. El conflicto anglochino va a estallar justo cien años antes de la segunda conflagración mundial, y como ésta también fue una «guerra innecesaria», tal como dijo Churchill respecto a la que enfrentó al mundo, el resultado del desentendimiento y la mutua ignorancia, del odio entre chinos y británicos. Unos y otros se creían los dueños del mundo. Sobre el Imperio británico, vencedor en Waterloo, no se ponía el sol. El Dragón Imperial, Dispensador de la Luz, se mantenía en sus trece: no abriría China al comercio occidental. Milord Macartney se presentó en Beijing, en el palacio del emperador, para parlamentar, pero se negó a ponerse a gatas para hacer nueve reverencias en presencia del Hijo del Cielo. «Tenemos de todo –le contestó el chambelán de la corte–. No necesitamos de las manufacturas de los bárbaros extranjeros.» Dos décadas más tarde, con el mismo propósito, apareció milord Amherst cuando habían ganado ya la batalla de Waterloo, y tampoco pudo acceder a la presencia del emperador. El chambelán señaló a la comitiva la puerta de salida.

Los chinos le tomaron gusto al opio traído por los árabes que llegaba ahora desde Java vía Formosa, que es como los portugueses llamaron a Taiwan. La demanda fue de tal volumen que los «demonios blancos» abandonaron su base flotante en la isla de Lintin, en el golfo del río de las Perlas, para abrir trece «factorías», así las llamaban, fuera de las murallas de Cantón. Era su cuartel general. También estaban allí los españoles, en primera línea de la playa, con sus almacenes y su casa nacional con la bandera junto a los británicos, estadounidenses, holandeses, franceses, daneses y otros. Desde el Palacio de Verano o desde la Ciudad Prohibida, a siete semanas de viaje, el señor de los Diez Mil Años esperaba noticias de la labor de su mandarín encargado de expulsar a los extranjeros. Las condiciones en que éstos vivían eran rigurosas, impuestas desde el Cielo: les estaba prohibido llevar mujeres a los galeones, portar armas o quedarse durante los meses de verano, emborracharse, salir al anochecer y pasear en grupos de más de diez personas. El clima era pésimo y las enfermedades frecuentes.

El diálogo con los chinos era de sordos: «Pero –escribe Hughes– aun odiándose se necesitaban unos a otros. Habían puesto en pie un sistema que beneficiaba a las dos partes.»

Vicios y ocios

Como es natural, Jardine y Matheson, los escoceses calvinistas, nada tenían que ver con vicios y ocios. Lo suyo era el trabajo durante el día y parte de la noche. «Son las dos de la madrugada y el señor Matheson y yo seguimos en nuestros despachos», anota en su diario. Jardine sabía guardar las distancias. Cuando recibía en su despacho de la Casa Noble de Cantón lo hacía sentado, y como en la habitación tan sólo había una silla, la suya, el visitante debía permanecer de pie. Era el hombre de las ideas; Matheson, el organizador, el administrador. El gobierno británico aceptaba a regañadientes el tráfico, lo hacía por razones de «comercio exterior». La opinión pública del Reino Unido se oponía al comercio del opio, pero allí estaban

Jardine y Matheson, entre otros, para convencer a Su Majestad de que antes que hombres de negocios eran patriotas.

La demanda china crecía: las veinte mil balas de opio que se exportaron a China desde Calcuta en 1835 pasaron al doble en 1837, una mercancía valorada en cuatro millones de libras esterlinas. Las primeras medidas tomadas por Lin para prohibir el consumo y tráfico de «fango extranjero» dieron resultado: los que se saltaran las normas serían decapitados. Procedió a nombrar nuevos jefes de policía, retiró a los funcionarios corruptos. Aquello iba en serio. Lo curioso del caso era que los dos jefes rivales, el nuevo virrey de Cantón, Lin, alto comisario del emperador, y el superintendente Elliot eran enemigos acérrimos del tráfico de opio. El inglés era un hombre de paz más que de guerra, un moralista, que no caía bien a los traficantes. «De todos los chinos que conozco –escribió un misionero estadounidense, Frederick Williams–, Lin es con diferencia el mejor plantado y el más inteligente.» Lo era, pero cometió un error de apreciación: subestimó la capacidad militar de los británicos.

En las primeras escaramuzas, como la de lord Napier, los ingleses corrieron la peor parte: «Sus barcos nos superan en alta mar –escribió Lin, el corpulento mandarín del negro y lacio mostacho–, pero sus soldados no saben cómo usar los puños y las espadas.» Como represalia por la negativa de Elliot a entregar al marinero que había matado a un chino en una reyerta, el virrey Lin dio órdenes a sus compatriotas de Macao de que abandonaran a las familias de los británicos, que les privaran de agua y víveres. El capitán Elliot ordenó a los ingleses que evacuaran la colonia portuguesa y embarcaran en sus navíos, unos sesenta, que navegaron hasta Hong Kong, donde echaron anclas. Era un nuevo pisotón al Imperio de Su Majestad. En septiembre de 1839 Lin amenazó con destruir la flota mercante inglesa. Elliot respondió al fuego con el envío de dos fragatas que dieron buena cuenta de la flota china. Después, como era un hombre de temperamento pacífico, se retiró sin derramar más sangre. «Hemos vencido», rezaba la nota que envió Lin al emperador. En el mejor estilo de la tradición naval china, el

Hijo del Cielo, medallas por mentiras y derrotas, condecoró al mandarín y al almirante.

Ladraban los perros de la guerra de Shakespeare. Mientras tanto, Matheson había viajado a Gran Bretaña para recalentar el ambiente, predicar el evangelio de la guerra justa y necesaria. Se imponía una operación de castigo cuyos principales planes redactó y diseñó Jardine para el ministro de Exteriores lord Palmerston. La expedición británica, Malvinas *avant la lettre,* llegó a Hong Kong en junio de 1840 con un primo del capitán Elliot al mando, el contraalmirante George Elliot. El virrey Lin no se arredró por ello, al contrario, desafió a la flota británica. Seguro de su victoria puso precio a la cabeza de los «diablos blancos»: cinco mil dólares por la testa de Elliot, cien por la de cualquier soldado y veinte por las de los cipayos indios, cabezas más baratas. La reclamación británica antes de estallar la guerra se cifraba en cinco puntos: pedir excusas por los insultos, el pago del coste de la expedición punitiva, el pago de las veinte mil cajas de opio, un tratado de libre comercio con las ciudades costeras chinas y la equiparación en rango del cónsul de Gran Bretaña con el de un mandarín.

La respuesta de Lin fue negativa, de modo que la fuerza expedicionaria desembarcó en el continente y tomó el camino del mismísimo palacio del emperador. El Hijo del Cielo vio compungido, sorprendido e irritado que los diablos se hallaban como quien dice a las puertas de su palacio. Lo primero que hizo fue ordenar que encadenaran a Lin: «Me has engañado, villano, estallan mil interminables conflictos. Ordeno que os retiren los sellos imperiales. Venga a Beijing para responder a nuestras preguntas. ¡Tiemble intensamente y obedezca!» Son las palabras del emperador. «Esta guerra no ha podido tener orígenes más injustos –protestó Gladstone en el parlamento–. Alguien me ha hablado aquí de la gloria de nuestra bandera y Cantón. Esa bandera protege un contrabando infame.»

El sustituto de Lin fue el mandarín manchú Kishen, uno de los hombres más ricos de China, que eligió la vía de la negociación para evitar la guerra. Se sirvió de un lenguaje melifluo, muy al estilo de la corte: «Lin ha sido un provocador. El emperador –escribió Kishen–, les quiere a ustedes y tengan la seguridad de que gozan de su condescendencia. Váyanse por favor y ya verán como todo se arregla a su entera satisfacción.» Fue una tragedia que Jardine no se encontrara allí por esas fechas «porque –señala Richard Hughes, que le ve con buenos ojos– hubiera acabado con historia tan burlesca y evitado a China una nueva humillación, la guerra del opio». Pero Jardine había vuelto a Londres para emprender una carrera política como parlamentario. Le quedaban tres años de vida.

El que asestó el golpe de gracia a los chinos, enfermo su primo el contraalmirante, fue el capitán Elliot, que rompió el extraño paréntesis atacando Cantón con todas sus unidades navales. Mató a mil soldados enemigos sin una sola baja en sus filas. Al mandarín Kishen sólo le quedaba aceptar las condiciones que dictaban los vencedores, la cesión de Hong Kong, como nuevo centro comercial británico, una indemnización de seis millones de dólares durante seis años. El opio se vendería ahora sin restricciones desde Hong Kong. El destino unió a los dos jefes enemigos. La reina Victoria le echó una monumental bronca al capitán Elliot por haber negociado «un tratado tan desventajoso» y lord Palmerston lo envió al ostracismo, lo más lejos posible, a un puesto como cónsul en Texas. El emperador hizo lo mismo con el mandarín Kishen. Los dos fueron sustituidos. Tiempo después, Elliot y Kishen se recordarían con cariño. «Pobre diablo –comentó Elliot, desde su puesto en la remota isla de Santa Elena–, supongo que el emperador lo habrá decapitado.» «Elliot era un hombre honrado –recordó Kishen desde su confinamiento en Lasa, la capital tibetana–. He oído que la reina Victoria ordenó que le cortaran la cabeza.»

Una isla desnuda

En agosto de 1841 la primera guerra del opio empezó sin ellos. El vizconde Palmerston escribió a Elliot: «Ha obtenido usted la cesión de una isla, Hong Kong, una isla desnuda sin apenas una casa en ella. Ha aceptado condiciones muy por debajo de las que habíamos contemplado.»

Eso se llama ojo clínico: una desolada isla sin futuro...

Chinos y británicos pelearon en las inmediaciones de la ciudad de Nanjing, donde sir Henry Pottinger destrozó al ejército del emperador. En 1842 los cinco puertos de la costa se abrieron al comercio del opio. El Hijo del Cielo se vio obligado a pagar los seis millones de dólares de indemnización y a aceptar el *diktat* del vencedor. En China se vendían ya 52.000 cajas del buen opio bengalí, el más cotizado del mundo. La primera casa que se levantó en Hong Kong fue el almacén de opio de Jardine-Matheson.

«Humedad y aburrimiento», eso decían los residentes que era la vida en Hong Kong. No tenía buena prensa. El *Times,* la voz de la conciencia londinense, hablaba al referirse a la colonia de «pestilencia fatal, ciudad pendenciera, descontenta e insalubre». Por lo menos a los imperialistas les quedaban los argumentos supremos. El gobernador Bowring, que desencadenó por un incidente menor en Cantón la segunda guerra del opio, lo explicó así: «Es inevitable el triunfo de la alianza natural y necesaria entre el comercio y la cristiandad.»

Una expedición francobritánica llevó de nuevo las hostilidades hacia el norte de China. Los franceses se sumaron con ardor a la empresa: se dijo que los mandarines se habían comido el corazón de un compatriota misionero antes de arrojar los restos del cuerpo a los cerdos. El Tratado de Tientsin en junio de 1858 sancionó la entrega a perpetuidad de la península de Kowloon, situada a kilómetro y medio de la isla. El de Pekín en 1898 confirmó el arrendamiento de los Nuevos Territorios. Un mandarín confesó atribulado: «El destino del Imperio Celeste está en manos de calígrafos, no de militares profesionales.»

Al contrario que en la capital boliviana, La Paz, donde los pobres viven en las alturas y los ricos en lo más profundo del valle, en Hong Kong los afortunados, los *taipans,* vivían y viven en el Pico; los chinos ricos y los «compradores» a media ladera, y el común de los mortales en el fondo de la isla. La sociedad aparecía rígidamente estratificada, jerarquizada según la raza, la posición, la educación, la nacionalidad y hasta el acento. Entre chinos y británicos se abría un abismo de incomprensión. Convencidos cada uno de ellos de que la suya era la raza elegida, se detestaban sin apenas disimulo. Las condiciones de vida de las clases trabajadoras eran deplorables, mal alojadas, desnutridas, explotadas, propensas al paludismo, la disentería y las epidemias de tifus o de cólera.

Los hombres de negocios se dedicaban a cazar el tigre, a organizar regatas y carreras de caballos, a jugar al billar o a los naipes, a leer los diarios en sus clubes privados. Hasta que en 1871 llegaron los *rickshaws,* inventados por un misionero baptista norteamericano en Japón, se movían en palanquines, en caballos y en carretelas. Por la mañana se vestían de rigurosa etiqueta y, como en la *City* de Londres, se tocaban con sombrero de copa. Por la noche, en la intimidad del hogar, se ponían los pantalones chinos de seda. Los *taipans,* en su soberbia, despreciaban a los tenderos y los empleados; y éstos, a los soldados y a los marinos. El resultado era, como apuntó un viajero, una sociedad dividida e irritable. Los chinos se vengaban comentando la pinta y la forma de vestir de los ingleses al mando de la colonia. «Son como búfalos de los arrozales», decían entre divertidos y furiosos. Mientras que los españoles, holandeses y portugueses se adaptaban a las rudas condiciones climáticas, los ingleses marcaban distancias con sus horarios inamovibles, sin siestas ni interrupciones. Los más ricos se podían permitir el lujo de contar con cocineros franceses y brigadas de criados. La comida principal la celebraban a las siete y media de la tarde, al terminar el horario normal de trabajo. A unos doce mil kilómetros de Londres, los *taipans,* sumergidos en la cultura del deporte y la protección de sus clubes, curaban la nostalgia contando sus tesoros y echando un vistazo a sus cuentas corrientes. Faltaba ya poco para que pudieran volver a sus casas de origen con sus baúles repletos de oro y plata. Mientras tanto, los privilegiados se consolaban con vasos de cerveza y clarete por las mañanas y champán y oporto por las noches. Para comer no faltaban el venado, la perdiz, el faisán, toda clase de pescados, corderos traídos de Australia. Abundaban la leche y la mantequilla.

Eran jóvenes en su mayoría. «Nunca he visto a ninguno de ellos con un libro en las manos», escribió Albert Smith. Los chismes y dimes y diretes circulaban con profusión, algo natural en una sociedad tan injusta, tan aburrida y tan hermética. Los comentarios giraban en torno a incendios o tifones, hundimientos de barcos frente a la costa, trifulcas entre marinos borrachos, robos y violencias, asaltos de los piratas, ahorcamientos de filibusteros prendidos, castigos públicos a los ladrones. Sacaban la piel a vergajazos a los declarados culpables de algún delito. «No es un lugar para caballeros –concluyó horrorizado un testigo recién llegado de Europa. Y añadió–: Para resistir aquí hay que tener un corazón de león y una ilimitada confianza en la misericordia de Dios.»

Jardine murió a los cincuenta y nueve años siendo diputado en el Parlamento británico. Las últimas noticias que le hizo llegar a Londres su socio Matheson no podían ser más optimistas: el negocio iba viento en popa. Jardine, que tan sólo vivió doce años en China y no llegó a pisar Hong Kong, moría en olor de popularidad y respeto: «Este Tratado de Nanjing, logrado en parte por la clarividencia de los consejos del señor Jardine, es un triunfo para el progreso de la civilización», aplaudió Palmerston.

No podía definirse de manera más irónica un vergonzoso episodio de la historia, la vileza confundida con el «progreso de la civilización». Ha escrito un historiador que se trata del crimen internacional más sistemático y continuado de los tiempos modernos. Los dos *taipans*, Jardine y Matheson, murieron sin asomo de mala conciencia. Matheson pasó a mejor vida a los ochenta y dos años tras haber ocupado en el Parlamento británico el mismo escaño que a su muerte dejó vacante su amigo y socio.

Gran Bretaña y China llegaron en 1907 a un acuerdo para poner fin al tráfico de opio; pero tan sólo en 1949, con la victoria de Mao Zedong ante los nacionalistas de Chiang Kai Chek, quedó abolido el tráfico de la apreciada sustancia extraída de diversas variedades de adormidera.

INUTILIDAD

A la colonia le esperaba un período de oscuridad y de olvido. Del menosprecio de la corte de Londres hacia el «puerto fragante», da idea el capítulo de un libro publicado en los años cincuenta del siglo pasado: «Hong Kong: su completa inutilidad para la Gran Bretaña desde cualquier punto de vista que se mire.» Sin embargo, al amparo de la *Union Jack,* Hong Kong prosperó en la era victoriana y en la eduardiana. La mano de obra china llegó a la colonia atraída por la seguridad, el nivel de vida y la estabilidad. «Son la escoria de Cantón», dijo con desprecio un funcionario. Como lord Palmerston, erró el tiro porque esos braceros chinos que vivían en tiendas de campaña y los esforzados administradores británicos sentaron las bases para hacer de Hong Kong lo que es hoy en vísperas de su traspaso a Beijing. Creció, olvidado el opio, el volumen de los intercambios comerciales con las naciones de Asia y el Pacífico. En 1935 nació el dólar de Hong Kong. La colonia se benefició de varios factores: el flujo de trabajadores desde el continente, tras las guerras del opio, el paso de emigrantes chinos en plena fiebre del oro hacia Estados Unidos y Australia, el aprovisionamiento desde Hong Kong de un número cada vez mayor de puertos y de comunidades chinas de ultramar, la guerra de Corea...

El generalísimo Chiang Kai Chek se decidió a conquistar Hong Kong para la causa nacionalista, lo intentó sin éxito en 1925. De haber ganado la guerra civil, el jefe nacionalista quizá hubiera ocupado la colonia. Luego vino la guerra con el Japón, la entrada de los hijos del emperador Hiro Hito en la colonia, sin apenas resistencia. Los británicos actuaron con rapidez para recuperar su diadema de la Corona en el Pacífico. El presidente Roosevelt no era partidario de los imperios, de las colonias, y los británicos se adelantaron a los soldados de MacArthur, izaron su *Union Jack* y el gobernador de Su Graciosa Majestad pudo descorchar la botella de coñac (coñac, el fetiche de Hong Kong) enterrada en el jardín para celebrar el regreso a casa. No se podía perder un segundo. Tras los brindis todo el mundo se puso a la tarea para reconstruir la colonia y hacer de ella un «dragón», un «tigre».

El cubil del tigre

¿Y Jardine & Matheson? Al pie como siempre del cañón de la John Company con el que saludaban la visita de los *taipans*. En la sede de la Jardine House recibían al viejo estilo a los visitantes: conserjes de punta en blanco, con botones dorados, recepcionistas de perfecto acento inglés, té verde y balconada a la bahía fragante. El *hong*, la gran compañía comercial, ya no huele a opio sino a ordenadores recién desembalados. Jardine & Matheson y Swire son los dos *hong*, los dos grandes herederos del imperio del opio. Han seguido vías distintas. Jardine se desenganchó de China donde apenas había invertido, mientras que los Swire, dueños, entre otras grandes compañías, del Hong Kong y Shanghai Bank, y de la Cathay Pacific, considerada por la *Air Transport World Magazine* como «la mejor compañía aérea del mundo», cultivaban la amistad con Beijing. En abril de 1996 Swire vendió a cambio de otras concesiones la mayoría de las acciones de Cathay a la Citic Pacific, la primera compañía inversora de China en Hong Kong. Antes del día señalado más de la mitad del territorio era propiedad de la República Popular.

Jardine y Swire, los dos *taipans* –así llamaban los cantoneses del XVIII a los agentes de la Compañía de las Indias–, se llevan bien, comparten algunos negocios de transporte aéreo, se intercambian ayuda en varios de los sectores: Swire en la petroquímica, la agroalimentación, Jardine en los coches, la industria de las bicicletas, la construcción, etc.

Las relaciones de Jardine con China se han deteriorado en la última década. La sede social de la firma se trasladó a las Bermudas a raíz del acuerdo chino-británico de 1984. A las relaciones más cordiales y acomodaticias de Swire, se oponía el pesimismo y el rechazo de Jardine como si la guerra del opio hubiera dejado un indeleble rastro de antagonismo. La familia Keswick, heredera de Jardine, no podía olvidar el desenlace de 1949 cuando Mao y sus hombres se apropiaron de la empresa en Shanghai. «Es cierto que una adaptación a las circunstancias en período de cambio político podría ser mal interpretado», reconoció sutilmente el director general de Jardine, Alasdari Morrison. En efecto, la primera empresa de Hong Kong hizo las maletas como consecuencia de la declaración conjunta de 1984 y de los luctuosos acontecimientos de Tiananmen cinco años después. El repliegue de Jardine se explica como una «diversificación de sus negocios hacia Europa o Singapur». «Cuando eres dueño de una casa de gran valor, lo mejor que se puede hacer –apuntaba un alto ejecutivo de Jardine– es contratar un buen seguro para caso de incendio.» Los Swire se quedan, los Jardine hacen como que se van de puntillas, pero en realidad se quedan, negocian nuevas inversiones en hoteles, oficinas y obras públicas en China. Swire borra pistas, ha hecho desaparecer del lomo de sus aviones la bandera británica: Cathay, afirman, debe entrar en el siglo XXI del Pacífico. Jardine mientras tanto, tras apoyar en 1992 las reformas del gobernador Patten, vendía terrenos y edificios en previsión de la caída del mercado a partir de 1997. De todos modos a los herederos de William Jardine les quedaba el regreso a la Casa Noble de Escocia; el regreso a las fuentes, a los orígenes. Seguían así las enseñanzas de Confucio: «Estudia el pasado para adivinar el futuro.» El grupo Swire podría responderle con otro aforismo del mismo autor: «Si no penetras en el cubil del tigre, no podrás coger sus cachorros.»

V

EL ESTILO QUE DAN LOS SIGLOS

El vientre de Hong Kong esconde todos los lugares para satisfacer las más excéntricas fantasías. El juego, la prostitución y la droga están prohibidos; pero hecha la ley, hecha la trampa: prosperan los casinos ilegales, los lupanares y fumaderos clandestinos. Pamela me llevó al Oceanía, restaurante especializado en mariscos; al Bulevar, un café construido al estilo de los franceses, y al hotel Península. Nunca he dormido en él porque es muy caro, pero he consumido tés con pastas más de una vez y he observado a la clientela. El Península es el templo hospitalario para, ¡ay!, los pudientes de la tierra, un hotel decorado al estilo de las novelas de Somerset Maugham. Dan ganas de no salir de él. Me aburren, atraen, fascinan, repugnan los hoteles de las grandes cadenas. El Península, el Mandarín, el Regent, el Raffles de Singapur, antes del último *lifting*, el Oriental de Bangkok, el New Gale de Colombo, el Taj de Bombay, el Sheppeard's de El Cairo, están cargados de literatura y de vida colonial, rutilante y mundana.

Quizá la hora del té en el Península se haya convertido en algo así como el cambio de guardia en el palacio de Buckingham entre el clic de las máquinas de los turistas japoneses. Era mejor antes con aquellas pulidas viejecitas inglesas que se curaban el síndrome de la China roja a base de tazas de té y pastas. Leían el *Morning Post*, el *Times* o el *Tatler*, el periódico de los expatriados desbordante de mundanidades, cócteles y notas de sociedad con perlas como ésta: «Los señores Li Ka Shing [el Creso de la localidad] han ofrecido una fiesta de despedida a la bella señorita Betty Kadoorie, que viaja a Londres para continuar sus estudios. En la residencia se dieron cita...»

El barón Kadoorie, hijo de un judío de Bagdad, es el dueño del Península, la «vieja dama» con su vestíbulo *art déco*, con sus columnas, pilastras y churriguerescos artesonados, sus capiteles con rostros de faunos y gordezuelos querubines, su sala de baile, su orquestina en la balaustrada de arriba con piano de cola vienés.

«Lisa y llanamente le diré que el nuestro, el Pen, como lo llaman los íntimos y los clientes habituales es el Rolls-Royce de los hoteles, uno de los grandes legados del Imperio británico. En una palabra –añadió el empleado entusiasta defensor del Península–, este hotel tiene el estilo, la pátina que dan los siglos...» Bueno, no nos pasemos, el estilo que dan 60 o 70 años.

Ava y Robert

Por aquellos tiempos ocho Rolls-Royce aparecían discretamente aparcados a la espera de los clientes. Horacio Kadoorie nos lo explicaba así: «El tipo de gente que viene a nuestro hotel espera un Rolls. Es lo menos que podemos ofrecerles. Además –añadía con una sonrisa de complicidad–, resulta más barato comprar los Rolls a pares.» Los botones de la puerta, con sus gorros circulares y vestidos de blanco, entraban a los catorce años (explotación infantil), y como les ocurre a los bonsais, no parecían crecer. Allí estaban con la misma sonrisa acogedora, sus guantes blancos y la misma estatura de siempre, lo mismo que las columnas blancas y doradas, los candelabros de cristal, las ricas turistas estadounidenses que señalaban a un apuesto señor vestido de traje de lino blanco que se parecía a Robert Mitchum y era Robert Mitchum. Allí apareció resplandeciente tras superar una nueva resaca la diosa Ava Gardner. En recepción recordaban que Greta Garbo, Charlot, el sha de Persia, los Kennedy, Reagan durmieron en sus habitaciones. Marlon Brando acababa de irse, y se esperaba, Rolls a la puerta ante la escalerilla del avión, a una princesa europea que sería recibida con el respetuoso murmullo de una legión de camareros y frufrú de faldas de gobernantas apresuradas. Todo debía estar en su sitio. Nadie diría que a pocos cientos de metros se abría un puerto nada fragante de sucios sampanes, apestosos esquifes, transbordadores verdiblancos y buques de cabotaje. Era el Península, el sanctasanctórum de la *high society* de Hong Kong, conservado entre alfombras persas y cristales de Bohemia, lleno de lujo y elegancia. El propagandista de la fe desgranaba ante mis asombrados ojos las cualidades del servicio: «Los empleados recordarán su nombre cuando vuelva y pondrán sobre el lavabo de la habitación su jabón preferido. Recibirá los periódicos elegidos por debajo de la puerta y el violinista interpretará su melodía favorita. En el restaurante Gaddi, que se llama como un director que tuvimos después de la guerra, le ofrecerán los platos más exquisitos que haya probado nunca.»

El novelista valenciano Blasco Ibáñez no pudo hospedarse en el Pen, abierto más tarde, en 1928, el mismo año de su muerte; pero sin duda visitó el Jockey Club, otro de los templos sociales exclusivos donde los altos funcionarios y los bimillonarios en libras se sacudían el *spleen* y la morriña a ritmo de caldo escocés y acento de Oxford. En su vuelta al mundo, el autor de *Cañas y barro* llegó a bordo del *Franconia*, un paquebote de la Cunard de veinte mil toneladas recién construido.

Corre el año 1923. Hong Kong ha pasado de ser una montaña rocosa y árida a convertirse en una Babilonia con largas calles de bancos y lujosos almacenes. «Se entra en la bahía –escribe Blasco–, que sólo puede compararse a la de Río o a la de Sidney en Australia, como el que penetra en un salón viéndose obligado a cruzar ante varias antecámaras. Veo a la luz violeta del amanecer una costa de colinas abruptas. Sus rocas pardas o con un color de sangre tostada que tienen manchas oscuras de vegetación.» En torno al *Franconia* son cada vez más densos los grupos de buques chinos con alta arboladura de velas cuadradas como alas de murciélago hechas de fibras de bambú. Empiezan a verse entre los panzudos juncos pequeños sampanes con un hombre en el timón y una tripulación de mujeres amarillas. Estas amazonas del mar llevan pantalones azules por toda vestidura, «el tronco tetudo completamente descubierto, y manejan las velas o el remo con sudorosa fuerza». El *Franconia* debe hacer sonar su sirena para abrirse paso hacia una de las cornisas más hermosas del planeta, donde circulan los *rickshaws* tirados por atléticos chinos y pasean «demonios blancos». El novelista se dio una vuelta en el hotel Repulse Bay, visitó los palacios sobre las vertientes del Pico, el Peak, el Beverly Hill de la colonia, viajó en palanquín, y los porteadores, con sombreros de paraguas y en calzoncillos, lo sacaron de su asiento en volandas y lo depositaron en el suelo sano y salvo.

Blasco Ibáñez traduce Hong Kong por «arroyos floridos». Todavía circula por los comercios, en los tratos entre los chinos, el dinero español que la nao de Acapulco llevaba a Manila desde México. Llegaría a inundar los mercados de Extremo Oriente incluida Shanghai. Blasco tiene una intuición genial: el Pacífico, los nuevos dragones, el océano que en Panamá el español Balboa descubrió, se convertirá en el primer mar del mundo, el sucesor del viejo Mediterráneo, el mar de en medio; mientras, el Atlántico cederá su importancia en el futuro. «Para que el mundo de los blancos se entere de la existencia e importancia del Pacífico –escribe Blasco Ibáñez–, será necesaria una gran guerra.» Sus nuevos jinetes del Apocalipsis tardarían quince años en hacerle caso. El bombardeo japonés de la base norteamericana de Pearl Harbour el 7 de diciembre de 1941, el «día de la infamia», fue el aldabonazo que barruntaba el autor de *Sangre y arena.*

El Hong Kong de los años veinte es el del fulgor y la gusanera. No ha dejado de ser eso mismo, aunque con el paso de los años haya alcanzado un mayor equilibrio social. Por los muelles discurrían los palanquines sostenidos por *culíes* de grandes sombreros «que parecen setas vivientes». Olía a maderas preciosas, pero también a fruta en putrefacción, a aguas fétidas, a petróleo y carbón, a vomitona de marinos borrachos y tatuados. El clima de Hong Kong es espantoso. Hay familias enteras que nacen y mueren en los sampanes. El agua aparece cubierta de inmundicias. Los belicosos *siks* indostánicos del Punjab, de barbas anchas y oscuro turbante, dirigen el tráfico de la ciudad. Vicente Blasco Ibáñez quedó impresionado por el vigor con que crecía Hong Kong por aquel paisaje de juncos de piratas, de embarcaciones de toda laya, de islas e islotes, de abruptas montañas, de vapores y barquichuelas tripulados por marineras desnudas de cintura para arriba, con adornos de falso jade y cabelleras al viento. «Si me preguntaran –escribió el autor republicano– cuál es la sensación más honda y duradera de mi vida alrededor del mundo, tal vez afirmase que el viaje de Macao a Hong Kong.»

Su hotel, Repulse Bay, que desapareció bajo la piqueta en el estirón violento y desproporcionado de los años ochenta, vivía por entonces sus años dorados. El Repulse Bay fue el gran caído de la tradición hotelera británica: el primero y más preciado observatorio sobre la bahía entre Stanley y Aberdeen. Su té era el más aplaudido, lo mismo que sus sillones de mimbre, sus orquestas de cuerda y el barandal que daba a la playa. Acorralado entre bloques de apartamentos, construyeron una réplica del restaurante del Repulse, un *ersatz*, un sucedáneo de algo irrepetible. ¿Quién y cómo resucita la atmósfera del hotel colonial por antonomasia? Quizá subsista en la reliquia viva del Península y los recién llegados, con muchas ínfulas como el Regent y el Mandarín (1963), votados año tras año como dos de los mejores hoteles del mundo.

En estos y otros hoteles, ahora el Shangrila o el Hyatt, se ha escrito la historia y la intrahistoria de la vida social, política y económica de la colonia. Por ellos ha pasado el *tout Hong Kong* para celebrar pedidas de mano, banquetes, nacimientos, éxitos y también algunos ilustres fallecimientos. Si el Mandarín se inauguró dos años antes de lo que sus dueños habían previsto, el Península tardó cuatro años más de los calculados. Estos establecimientos viven hoy una feroz competencia. De ahí sus fetiches; sus Rolls y sus Mercedes en el aeropuerto; sus ejércitos de criados y sus portuguesas y españolas hipérboles; su rabioso cosmopolitismo; su batalla de nombres insignes en las listas de la clientela, Fulano estuvo aquí, Mengano con nosotros. Los hay que presumen del Pen, el Mandarín, el Hilton o el Regent como si pertenecieran a su familia.

Los *taipans* o los turistas con posibles defienden «su» hotel de toda la vida y vuelcan uno por uno en la conversación todos los méritos, sobre todo el servicio. Ninguno de ellos dará su brazo a torcer. Es algo tan personal como el cepillo de dientes.

Desnudar el mito

La apertura del Península sembró el desconcierto entre los espectadores que esperaban conocer de una vez sus ocultos lujos asiáticos. Tardó cuatro años en abrirse. El 11 de diciembre de 1928 el monumental edificio acogió a miles de curiosos ciudadanos decididos a desnudar el mito. De la magnitud del acontecimiento da idea este suelto que publicó el diario *Daily Press*: «El hotel estaba atiborrado de visitantes a los que dejaron moverse a voluntad para que pudieran admirar todas las maravillas. Se han escuchado exclamaciones de admiración y sorpresa en cada rincón del hotel. Nos ha llamado la atención el comentario surgido de los labios de una señora norteamericana: "Me siento aquí como si tuviera un millón de dólares. Me siento rica como Creso aunque no guarde un centavo en mi bolso."»

Sirvieron refrescos y canapés en el primero y el sexto piso. Hubo caballeros que acudieron ese mismo día a la barbería del Pen. Fue el *vernissage* de la peluquería del hotel. Cada medianoche los empleados cambiaban las alfombras de los ascensores con la fecha de cada día en el felpudo. Una especie de hoja del calendario. Miras al suelo y sabes el día que es. Su emplazamiento no podía ser más cómodo para el viajero, depositado a tiro de piedra del muelle, a dos pasos del tren procedente de Cantón, Beijing, Moscú, París o Londres. Al tomar Hong Kong los japoneses cambiaron el sagrado nombre del Península por el de Toa. El gobernador de Su Graciosa Majestad fue internado en una suite del hotel antes de emprender su «vía dolorosa» hacia el campo de concentración en Manchuria. Aquello sí que fue pasar en tan breve transición del cielo al infierno, del infinito al cero.

A los invasores japoneses les dio por cambiarlo todo para adaptarlo a su Sol Naciente. Por cambiar cambiaron no sólo nombres de calles, hoteles y clubes, incluido el Jockey, sino el de los caballos del hipódromo. A finales de 1941 los británicos de la colonia pasaron a los campos de internamiento de Stanley, ese tipo de campos que ellos mismos inventaron en África del Sur. En cambio los japoneses fueron indulgentes con los ciudadanos de las naciones neutrales, España entre ellas, a los que se permitió que se alojaran en el Península donde compartieron mesa y mantel con los oficiales del emperador. Uno de los veteranos empleados del hotel me recordaba aún con una chispa de horror en la mirada el tiempo pasado bajo la ocupación nipona: «Tan sólo recibíamos una escudilla de arroz por día. Nos maltrataron hasta el punto de someternos a una dieta de hambre. A la menor sospecha nos quedábamos sin agua ni arroz. Fue un período de terrores y miedos. La Kempeitei, la policía secreta, tenía distribuidos a sus informadores por todos los rincones de la ciudad. El que robaba algo, siquiera una brizna de hierba, lo pagaba muy caro. Uno de los días más felices de mi vida fue cuando vi sobrevolar sobre nuestras cabezas a los bombarderos norteamericanos. Era el final del calvario. Los japoneses emplazaron una ametralladora pesada en el techo del hotel, que, como sabe, era el edificio más alto de Hong Kong. No creo que llegaran a disparar una sola ráfaga.»

De isla en isla del Pacífico los hijos del emperador mordieron polvo y lava, se hicieron el *sepuku*, más conocido entre nosotros por el haraquiri, y se despidieron del mundo con poemas dirigidos a Hiro Hito:

Ha llegado la hora del adiós,
esperaré bajo el musgo

hasta que nazcan las flores
en las islas de Yamoto [*Japón*].

Fue el último homenaje, el último *Banzai*, anticipado por un *haiku*, un poema corto, del poeta medieval Basho:

Las hierbas del estío,
he aquí cuanto queda
del sueño del guerrero.

Los marines norteamericanos se abrían paso a bombazos y chorreo de lanzallamas por las playas del Pacífico. A partir de entonces el océano de Balboa tendría un nuevo dueño alumbrado por el hongo apocalíptico de Hiroshima. En las selvas de Filipinas quedó un despistado, un último samurai llamado Hiroo Onoda, que se rindió por fin, más de treinta años después de terminada la guerra, tras entonar el himno imperial en la isla de Lubang ante el que fue su jefe en la milicia:

El reino del emperador se extenderá
durante mil y después ocho mil generaciones,
hasta que los guijarros se conviertan
en poderosas rocas cubiertas de musgo.

Los japoneses necesitan del musgo para hacer poesía, lo mismo que Antonio Machado necesita del álamo y el olmo hendido por el rayo, Miguel Hernández del olivo y Gerardo Diego del ciprés.

Robo de diamantes

Como no podía ser menos una de las ceremonias de la rendición japonesa se celebró en el hotel Península, el 14 de agosto de 1945. El hotel volvió a ser el que solía. Brillaron de nuevo las arañas de luz, los querubines mofletudos, los candelabros y cristales, volvió el té al amplio vestíbulo y el caviar al restaurante francés. Decíamos ayer, comíamos ayer.

Para poner al día el Pen y limpiar el establecimiento de los miasmas de la ocupación, la dirección procedió a orearlo, renovarlo, modernizarlo, lo que supuso un gasto de 26 millones de dólares de Hong Kong. Fueron seis años de esfuerzo de unos mil empleados fijos, leales a la casa hasta la muerte. Me presentaron a uno de los ascensoristas llamado Tsui Sze Hing que entró a trabajar en 1932. Subiendo y bajando en el lujoso cajón, vio pasar gobiernos y gobernadores, alzarse y caer fortunas, invasores, amores y desamores, el *foxtrot*, el tango, el *boogie-boogie*, el mambo y la rumba, el *hulahoop*; pero su ascensor y el Península lo resistieron todo. Cuando pregunté a Hing quiénes eran los clientes más simpáticos y corteses que conoció yendo arriba y abajo, me contestó que el actor William Holden, el del *Puente sobre el río Kwai*, y la bailarina Margot Fonteyn. Otro de los ascensoristas del Pen se llamaba Liu Wah. Cuando lo entrevisté en 1977, llevaba cuarenta y cinco años al servicio del hotel. Para Liu cualquier tiempo pasado fue mejor, entusiasta de los *old gone days*, de los viejos tiempos idos: «La elegancia de aquellos años no volverá. Es imposible. Todos los huéspedes vestían de etiqueta y las señoras y señoritas lucían sus trajes largos y resplandecientes joyas.» El escenario hubiera hecho feliz a un Arsenio Lupin, el ladrón francés de guante blanco.

Cuando peor lo pasó Liu Wah no fue durante los años de plomo de la ocupación japonesa, sino cuando en la inmediata posguerra una acaudalada señora norteamericana denunció el robo de su bolso de piedras preciosas. «Denunció el supuesto robo a la policía, que no la creyó porque algo así nunca había ocurrido en la historia del Península desde su inauguración en 1928.» Fue un insulto a la honradez colectiva, a esa conspiración de lealtades que distingue a los hombres y mujeres del Pen. «Cuando entraron los japoneses, la dirección me acogió a mí y a mi familia, mi mujer y mis seis hijos. Nos habíamos quedado sin casa. ¿Cómo olvidar detalles como ése? Nosotros nos distinguimos por nuestra fidelidad y ellos nos pagan con la misma moneda.» ¿Qué hubiera dicho Mao de conocer la perfecta sintonía entre explotadores y explotados, en el monstruoso apéndice de Hong Kong? En efecto, el bolsillo de las joyas y piedras preciosas apareció en el fondo del sofá pocos días después de denunciada su desaparición.

«Lo sabía, lo sabía», masculló Liu Wah, que recordaba el episodio como si hubiera ocurrido ayer mismo.

VI

FELIZ AÑO NUEVO
Y QUE HAGAS UNA FORTUNA

La bandera británica, la *Union Jack*, ondeó de nuevo sobre el Gibraltar de Oriente. Llegaron los turistas y se abrieron nuevos hoteles. Entre ellos el Hilton, el Hyatt y el Kowloon, que ya hace diez años contaba con un ordenador en cada habitación. Con el final de la guerra volvieron las fiestas, los guateques, cotillones y jolgorios para olvidar los años del Mikado. Ya no volvería a ser lo mismo: el «mono amarillo» había humillado al *boss*, al jefe. Para hacer más llevadera la lucha por la vida, los chinos volvieron a su grito de guerra del nuevo año lunar entre enero y febrero: «*Kung Hai Fat Cho*» («Feliz año nuevo y que hagas una fortuna»). Una recomendación muy apropiada para una ciudad tan *avida dollars* como Hong Kong. No dicen que seas feliz o próspero o que el cielo te colme de bendiciones: dicen ojalá te hagas de oro.

Los chinos deben pagar todas sus deudas antes del día de su Año Nuevo. Los precios se disparan. Las calles se llenan de cerezos, crisantemos, dalias, camelias y melocotoneros. Desde las damas de las camelias hasta las amazonas desnudas de los sampanes que tanto atrajeron la atención de Blasco Ibáñez, todas se aplican a la tarea de hermosear casas y calles con flores y farolillos, con cenefas en las que se desea una larga vida y felicidad, pero sobre todo fortuna. El escarmiento hace a los hombres arteros, taimados, decían los clásicos, pero los chinos vienen de muy antiguo. Las han visto de todos los colores y dolores.

El mal recuerdo del Hong Kong japonés pasó a la historia. Allí estaban de nuevo entregados a sus aficiones, a sus regalos de Año Nuevo, a sus dragones de papel, al estallido de la cohetería y a sus presentes de frutas, linternas, semillas de loto y melón, a los peces de colores, a los peces combatientes de Shanghai, los «rambos» de las peceras con sus ojos telescópicos y sus tutús de bailarina.

Son días de manduca y comilona. Comen y beben y vuelven a beber hasta que llegue el juicio final. No creen en las trompetas del apocalipsis. Tienen sus propias obsesiones metafísicas, más cercanas a la alquimia. Creía Brillat Savarin (autor de *Fisiología del gusto*) que si a la cocina china no le fallara el vino estaría a la altura de la francesa.

RICHARD

En el Hilton, apretujado entre rascacielos, te muestran ahora la mesa en que se sentaba el legendario Richard Hughes, el periodista australiano que era tal vez el hombre que más sabía de Hong Kong, el demiurgo de la colonia. El novelista de James Bond, Ian Fleming, lo convirtió en jefe del servicio secreto australiano en Japón en *Sólo se vive dos veces*. John Le Carré lo retrató en el personaje del Cuervo Viejo en *El honorable colegial*, muchos de cuyos pasajes tienen por escenario el club de los Corresponsales Extranjeros de Prensa, otro de los lugares canonizados de Hong Kong. Richard era el corresponsal de *The Economist* y el *Sunday Times* de Londres. Lo entrevisté en la redacción del semanario *Far Eastern Economic Review*, donde impartía gratis clases de sabiduría china y hongkonesa, desgranaba anécdotas, chascarrillos e historias del pasado y del presente, pícaras algunas, guiadas por esa gracia un poco malévola, de vuelta de todo, de los veteranos periodistas. El Hilton volvió a abrir en 1994 después de una renovación que costó 14 millones de dólares norteamericanos. Seis meses más tarde Li Ka Shing decidió derribarlo. «Valdrá más dinero, dijo, si construyo un bloque de oficinas.»

Richard me ilustró en la semántica de la conocida frase «Próspera, precaria y llena de energía en un tiempo prestado, en un espacio prestado, eso es Hong Kong»: «Es de la novelista Han Suyin, que la atribuye a un residente de Hong Kong llamado Tom Wu, un hombre de negocios de Shanghai, *gourmand* y poeta, que salió de estampía en cuanto llegaron los comunistas de Mao. Suyin lo escribió en un texto de 1959: "Apretada entre gigantes antagónicos ha conseguido en sus angostos territorios una coexistencia desconcertante, exasperante, y que funciona muy bien en un tiempo alquilado, en un espacio prestado."»

Richard Hughes, un Buda artrítico, de rostro colorado, amigo en Tokio de Richard Sorge, el superespía de Stalin, era el cronista oficial y heterodoxo de Hong Kong, notario del paso de los días en los cuatro puntos cardinales del territorio. Le gustaba verse rodeado de un auditorio de jóvenes aprendices de periodistas. Desde los secretos del *feng shui* y las mafias a la vida de Suzie Wong, el parque del Bálsamo del Tigre y los Jardine & Matheson, los contrabandistas de opio que elevaron un nido de piratas a la categoría de emporio comercial, a la mayor gloria de sus bolsillos y los de Su Majestad, nada escapaba a su curiosidad. Richard era un pozo sin fondo en cuanto a revelaciones sobre Hong Kong, desmitificador, agudo, el temible burlón australiano:

–Colega –me respondió cuando le pregunté por el tráfico de cuernos de rinoceronte y la inclinación de los viejos multimillonarios chinos por sus propiedades afrodisíacas–, yo no he conocido a ningún magnate chino que devore polvo de rinoceronte y huesos de tigre regados con ginseng coreano. Te sorprendería saber hasta qué punto son gente sobria, llena de templanza. Sus almuerzos son moderados, morigerados. En general llevan una vida austera, prisionera de sus negocios, sus inversiones y sus cuentas corrientes. No les queda hueco para la extravagancia. Nunca he visto cuernos de rinoceronte en ningún banquete de los miles a los que he asistido, ni siquiera escondidos en esos huevos guardados desde hace trescientos años o entre los sesos de mono.

–Eso no significa, Richard, que no haya un mercado para el cuerno de rinoceronte, que traen de África para estimular la potencia sexual.

–Sin duda. Hay auténticos catadores de esos cuernos que llegan a costar veinte mil dólares de Hong Kong. Son un tesoro que con una afilada cuchilla o una daga raspan para obtener el polvo que los convertirá en atletas sexuales. Cuanto más tierno sea el cuerno de rinoceronte, más contundente será el resultado, o al menos eso es lo que afirman los convencidos. Un experto, un *connaisseur*, puede llegar a distinguir la diferencia entre el delicado *bouquet* y los efectos de un cuerno de Kenia del más terroso procedente de Tanzania.

–¿Pueden estos *sumillers*, probadores de cuerno de rinoceronte, llegar a tal grado de precisión en la cata, como si ese polvo fuese cocaína de buena o mala calidad?

–También los hay muy preparados para ese otro género, pero un degustador de cuerno de rinoceronte será capaz de rechazar al primer golpe de pituitaria la variedad surafricana, que es un producto insípido y pretencioso del de primera clase. El producto surafricano no se ha abierto demasiado camino en el mercado, salvo entre los que no pueden pagar el de primera calidad. Me han dicho que comparar el cuerno de rinoceronte keniano con el surafricano es como equiparar el caviar de beluga con el sucedáneo que fabrican alemanes o escandinavos. De todos modos –añadió con una carcajada, golpeándose el pecho como Tarzán–, yo no necesito de este tipo de aditivos.

He aquí una profesión original: degustador de cuerno de rinoceronte. Hoy ese tráfico está prohibido, como el de marfil, del que Hong Kong era el primer exportador, pero continúa a través de redes clandestinas. La afición de los chinos locales por los estimulantes sexuales es tal que parecen dispuestos a atribuir milagros al coñac. «La ciudad del mundo donde más coñac se bebe es Hong Kong –recordaba Richard–. Es un símbolo del máximo sibaritismo, el coñac de grandes marcas, claro está. Es caro. Una botella de Courvoisier XO puede costar [allá por los años setenta] hasta mil libras esterlinas. Los chinos creen que, más que ninguna otra bebida, el coñac calienta el cuerpo y el alma, azuza la virilidad. Por eso verás a grupos de chinos pobres sentados con una botella de coñac barato a su vera.»

Esa botella los convierte en Warren Beattys, considerado el protagonista y director de *Reds* como el Rambo en el arte de lo que ahora llaman hacer el amor. El predicamento del coñac se explica porque antes de la Segunda Guerra Mundial escaseó el licor de arroz y los perspicaces chinos descubrieron que mientras los marinos extranjeros, los *gwailos* de los barcos, se emborrachaban con ron, sus oficiales bebían brandy, y el capitán, coñac francés. Ésa sería a partir de entonces su bebida favorita, el motor de arranque de sus proezas amatorias.

En el comadreo local la clasificación de los hoteles, restaurantes y discotecas ocupa un centro de atención, lo mismo que la noticia de los establecimientos cerrados o abiertos, las novedades gastronómicas, el número de las reservas para ese martes de julio de 1997 en que la colonia-territorio pasará a China, los contratos de nuevos *chefs* franceses, la inauguración de una nueva discoteca con más luces, láser y metros cuadrados que ninguna otra. Es una perpetua búsqueda de novedades, sensaciones, inauguraciones desde aquellos años de la *belle époque*, del *fin d'Empire*.

Epicúreos

El hedonismo es una recompensa al éxito en los negocios. El sociólogo Daniel Bell, teórico del fin de las ideologías, escribió que «el hedonismo, la idea del placer como modo de vida, se ha convertido en la justificación cultural, si no moral, del capitalismo». Algunos de estos epicúreos hongkoneses, en su cuenta atrás hacia el 1 de julio, han decidido expatriar sus fortunas o parte de ellas, y mientras tanto esperan, observan y viven la vida. La euforia económica ha durado hasta el final. Los archimillonarios chinos y prochinos, por lo general, miran sin preocupación al futuro. ¿Podrán disfrutar de determinadas bicocas en cuanto los mil funcionarios puritanos del norte se instalen en la metrópoli? ¿Está amenazada la felicidad? El futuro es el lujo más caro del mundo. Dejó escrito un cínico que el lujo sólo debería estar permitido en los países donde los pobres gocen de buen humor. No es la tendencia al buen humor la característica principal de una sociedad tan nerviosa, tan excitable, tan tirante. La tensión se cura con un opíparo almuerzo en el Fook Lam Moon (la cuenta quita también el hipo en Causeway Bay). Es la calle más cara del universo: 1.020.600 pesetas de alquiler el metro cuadrado. La tienda Bossini paga casi 39 millones de pesetas de renta al mes: es la plusmarca mundial.

El Yung Kee está considerado por la revista *Fortune* como uno de los mejores restaurantes del mundo, lo mismo que el Man Wah del Mandarín (se come muy bien incluso en los hoteles), que ofrece cocina cantonesa; el Sunning Unicorn, con sus gambas borrachas de Shanghai; el Funh Lum, en los Nuevos Territorios, cuya especialidad son los pichones; el Great Shanghai, conocido por cómo prepara la carpa y los cangrejos; el North Fish Village, dos establecimientos en medio del comedor donde el cliente elige su marisco preferido; el Oi Man, situado en un mercado de pescadores, donde se puede escoger el pescado vivo y entregárselo al cocinero del restaurante, sin trampa ni cartón; el Sichuan Garden, famoso por el pato ahumado con té y sus magníficos postres; el Sun Tung, levantado como si fuera un tablado para Fred Astaire y Ginger Rogers, donde se puede comer una deliciosa sopa de aletas de tiburón; el Chesa; el Gaddis del hotel Península, con sus pechugas de pichón y sus ensaladas de *foie-gras*, las terrinas del *chef* y la sopa de ostras. «No olvides el Pierrot del Mandarín [cocina francesa] o el Margaux», recomendó Dick Hughes.

A mediados de los ochenta entre los mejores clubes había que contar el Aberdeen Marina con sus salas de billar, de *mayong* y de *bridge*, y el American Club en la calle de la Bolsa. Llegó un momento en que el número de norteamericanos superó al de británicos. En el Club Internacional de Prensa dictaba clases gratuitas Clare Hollingworth, corresponsal de guerra del *Telegraph* de Londres. Entre las exclusivas de Clare se contaban la noticia sobre los carros de combate alemanes alineados en la frontera polaca antes de la invasión que abrió en 1939 la Segunda Guerra Mundial o la fuga del espía Philby a Odessa. Vivió el club sus horas altas durante la guerra de Vietnam: también los periodistas teníamos derecho, como los soldados, a nuestro R-R, jornadas de descanso y recuperación. «Vietnam fue la última gran guerra para los corresponsales», escribió Martha Gellhorn, la ex mujer de Hemingway, asidua del lugar. El club de la calle Albert en Central, poblado de chinólogos, perdió lustre en cuanto terminó la guerra vietnamita.

No había que dejar de visitar el Hong Kong Club, que hasta que los viejos socios, los de la bola negra, no abandonaron la colonia se negó a cambiar sus exclusivas reglas: les estaba prohibida la entrada a los chinos y a los menores de treinta años. En cierto modo recordaba la advertencia a la entrada de los bares y restaurantes de Shanghai en la década de los treinta: «Está prohibida la entrada a los perros y a los chinos.» Richard Nixon cuenta en sus memorias lo que le dijo un adinerado prohombre de Hong Kong: «Los británicos han hecho tres cosas en Asia: levantar una catedral, construir un hipódromo y fundar clubes en los que les está prohibida la entrada a los chinos.» El Jockey es el primero en la jerarquía local por delante del Hong Kong Club. Ya que los juegos de azar no están permitidos en Hong Kong, los apostadores se dan cita en el hipódromo. Tan sólo en 1985, dos mil quinientos millones de dólares cambiaron de manos. El dueño del Nautilus en Repulse Bay, sir Kenneth Ping Fan, es también el dueño del McDonald's. Su hijo dio una vez un banquete con caviar y trufas y luego sirvió en bandejas de plata hamburguesas McDonald's. Excéntricos hongkoneses.

Para cenar y bailar, por ejemplo, los expertos como lord Litchfield señalaban en primer lugar hace diez años al Casablanca en el último piso del Marina Aberdeen. Como su propio nombre indica, era un cinematográfico guiño de ojo. El decorado era marroquí, proyectaba las sombras de Bogart e Ingrid Bergman y recogía ecos de frases tan conocidas como la que Bogy dice a Ingrid: «Ambos sabemos que tú perteneces a Víctor. Si ese avión despega y tú no estás a su lado, te arrepentirás.»

El mundo se hunde y a Ingrid y Bogy no se les ocurre otra cosa que enamorarse, mientras le piden al pianista del Rik's: «Tócala otra vez, Sam.» Y luego el estribillo:

¿Quién tiene problemas?
Nosotros tenemos problemas.
¿Quién está triste?
Nosotros estamos tristes...

Hong ha asimilado este y otros mitos universales, ya sean del cine, la canción, la literatura, la ópera o la moda.

Otro lugar de esparcimiento era el Pastel, que se regía por rigurosas medidas de etiqueta: se sabe que su dueño, el señor Wang, negó la entrada al ex vicepresidente de Estados Unidos Walter Mondale y a Rod Stewart porque vestían vaqueros. Un sitio adecuado para cerrar tratos era el Captains, del hotel Mandarín, que abría sólo los fines de semana o el muy *british* Raffles. El Cantone, Hollywood East, el Faces o el Nineteen estaban incluidos en la lista de *must* y *best* de lord Litchfield, además de aparecer, en el capítulo de bares y cafés, el L'Aperitif, del Península; el Peak, con las mejores vistas sobre la ciudad, y el Yam Sing.

LA CIUDAD AMURALLADA

Para obtener una imagen en las antípodas de esta que refleja la buena vida y la opulencia basta con darse una vuelta por lugares por los que corre el zumo de estiércol. Es el Hong Kong escuálido, sórdido, dermoesquelético, de la Jittery City (la ciudad inquieta), que no se pregunta como los plutócratas qué pasará en 1997, porque no tienen nada que perder. ¡Ay!, ¿qué será de nosotros? Estos habitantes perdidos viven en jaulas, sobre los tejados, llevan una existencia vegetativa. Quizá ni siquiera sepan que en 1984 la señora Thatcher, confortada por la victoria militar en las Malvinas, firmó unos acuerdos de traspaso, de retrocesión de la colonia, con Deng Xiaoping. Margaret Thatcher cuenta en sus memorias (*Los años de Downing Street*) que durante las negociaciones Deng se puso firme: «Reiteró que su país no estaba dispuesto a discutir el tema de su soberanía. En un momento dado dijo que los chinos podían tomar Hong Kong aquel mismo día si así lo deseaban. Respondí que efectivamente podían hacerlo y yo no podría detenerlos, pero que eso supondría el hundimiento de Hong Kong. El mundo podría ver entonces cuál era la diferencia entre un gobierno británico y uno chino en la colonia. Le dije en reunión decisiva que la hora genial de las negociaciones habría sido su idea de "un país, dos sistemas".»

Viven en la que fue Ciudad Amurallada de Kowloon, y no se enseña a los turistas. Es una especie de ciudad sin ley en la que se refugian matasanos, curanderos, dentistas clandestinos rodeados de peceras. Los peces traen buena suerte y contribuyen a calmar los nervios de los clientes. Es zona de las *tríadas* (mafias locales) y sociedades secretas, proxenetas, narcos y camellos, putas filipinas, colgados, de ratas e inmundicias. Por la noche deben guardar a sus gatos en jaulas porque si los dejan libres se los comen las ratas. Ésta es la otra cara del *laissez faire, laissez passer, le monde va de lui meme* («Dejar hacer, dejar pasar, porque el mundo camina por sí solo») que nos enseñaban en clase de economía. Tal vez no sepan los ladrones y criminales de la Ciudad Amurallada que los de Beijing traerán sus traumáticas soluciones para la alta delincuencia: la horca, el fusilamiento o el golpe de garrote en la nuca, porque la pena de muerte no estaba en vigor en Hong Kong. En 1996 China ejecutó a 3.500 condenados a muerte. Algo más, aviso para navegantes, las familias de los condenados al pelotón deberán pagar las balas con que éstos serán fusilados.

VII

MANDARÍN

La Ciudad Amurallada recuerda los años veinte y treinta en Shanghai, la depauperación junto al lujo de la Blood Alley y la leyenda del Bund. A pesar de todos sus avances, China defiende una ciudad tolerada para menores, sin vicios ni adolescentes desnudas sobre el mostrador. Los chinos del norte desprecian la decadente cultura del sur. ¿Tolerarán los nuevos administradores la sociedad corrompida, de Suzie Wongs y de chulos de puta?

Pat Sephson, dueña del veterano club nocturno Bottoms Up, donde se rodó un James Bond, *El hombre de las pistolas de oro*, creía que no: «La declaración conjunta establece que no cambiarán el estilo de vida, pero es difícil que respeten lo firmado. Yo estoy dispuesta a cerrar el negocio, tomar el dinero y salir de naja. ¿Quién puede llegar a creer que la marina norteamericana tocará puerto para buscarse una chica en Wanchai o tomarse unos vasos de brandy con soda en un salón de masaje?»

Por mucho que la revolución de costumbres haya cambiado algo el panorama, el inevitable destape en el continente, los chinos rojos desconfiaban del sexo. Vale para tener hijos y poco más. Ese mundo que pinta en sus crónicas de sociedad el *Tatler*, con Rolls-Royce de color rosa y grifería de oro en todos los baños, yates de varios palos, tiende a desaparecer. ¿Son los últimos días de Pompeya? Por eso había prisa entre los magos del dólar, los duendes de la *City* hongkonesa, en amasar dinero a toda prisa, porque el negocio puede estar amenazado de muerte, el negocio de los comisionistas, compradores –en portugués el intermediario chino con las compañías extranjeras–, especuladores del mayor centro financiero del mundo, con Nueva York y Tokio. Va a ser el choque entre dos culturas: el sur alegre y confiado frente a los rigoristas del norte, decididos a cambiar la piel de Hong Kong. Aunque no sería la primera vez que Sodoma venciera a los ascetas, al corromperlos hasta los tuétanos.

Dios salve a la reina, cómoda y segura en su palacio de Londres, pero Dios nos salve sobre todo a nosotros, los últimos de la joya de la Corona. Todo hay que decirlo, los *taipans*, los grandes jefes de empresa, ya no eran los del tiempo de la guerra del opio, aunque el individualismo, la rivalidad empresarial, la competitividad y el instinto del bucanero dominaban en el paisaje de rascacielos. Todos ellos no hubieran llegado demasiado lejos sin la ayuda y capacidad de trabajo de los chinos, su versatilidad, iniciativa, experiencia, su preparación técnica y su resistencia. Si un proyecto no funciona se abandona, se lee en las reglas de oro de la biblia china de los negocios, si va adelante se deben invertir los beneficios en otro lado. «La buena suerte –recordaba Hughes– se impondrá al final a la mala fortuna.» Los chinos son realistas, se apoyan en esa relación tentacular de clanes y familias, el *ius sanguini*, el derecho, los lazos de sangre. La Internacional de la sangre va desde Shanghai y Hong Kong hasta el barrio chino de San Francisco. Lo último que puede esperarse para el martes decisivo es un conflicto. El caballo de Troya, la quinta columna del comunismo, hace muchos años que se instaló en Hong Kong. Los chinos se adaptan bien, son flexibles. En la colonia (ellos hicieron que esa humillante palabreja desapareciera de los visados) adaptaron la técnica del «entrismo» leninista y la elasticidad del bambú.

Lo primero que hicieron los heraldos de Mao en Hong Kong fue levantar el Banco de China, el símbolo del capitalismo. Los equipos de críquet jugaban bajo un enorme pasquín con la efigie del Gran Timonel que tenía un pie donde se leía: «Mil años al amado presidente Mao Zedong.» Hong Kong fue el espejo en que se miraron las ciudades costeras, las Nuevas Zonas Económicas, que a partir de 1978 obedecieron las consignas del Pequeño Timonel (Deng Xiaoping) en el sentido de que «enriquecerse es glorioso». Son unos pequeños Hong Kongs, en los que se guardan las formas del posmaoísmo, pero donde se juega en bolsa, se fabrican cacharros de industria electrónica, bolsos, radios, ropas, flores artificiales. En mi viaje a la cuna de Mao, en Shaoshan, en todas las ciudades por las que pasé repiqueteaba el teléfono de la habitación con llamadas de chicas que a cambio de un puñado de dólares ofrecían amor eterno. La moral maoísta (el Gran Timonel fue un ligón de nota) se resquebrajaba desde Cantón a Shanghai con todos los vicios exportados de Hong Kong.

DISCIPLINA

Fue en la diadema de la Corona donde se puso en práctica (¡eureka!) el comunismo capitalista o el capitalismo comunista, el modelo de economía socialista de mercado, la piedra filosofal del camarada Deng. Hay que decir que más preocupada por el becerro de oro que por las leyes de la libertad la colonia nunca fue, salvo al final del trayecto con sus consejos legislativo, ejecutivo y urbano, un dechado de democracia. Todo lo que pudieron hacer los políticos fue organizar el servicio de basuras o aprobar la denominación de las calles. Fue la pionera del modelo que pusieron en práctica los dragones de Asia: la disciplina, el estajanovismo por encima de la poco menos que fútil democracia. En Singapur puedes dar con tus huesos en la cárcel si arrojas al suelo un chicle mascado. En la China de hoy pasan por las armas a los estafadores, pero allá por los años sesenta los procónsules comunistas, los llamados «lustrosos gatos rojos», supieron vivir en el esplendor reaccionario, adaptarse a las trapacerías, gestos, mercadotecnias, sobornos (lo llaman *tea money*), promociones y publicidades del capitalismo imperialista.

Antes que en la Europa del Este, el capitalismo *–gulash* de Hungría–, entre otros fenómenos, brotó en China y nació el arquetipo comunista del multimillonario. Éste era el caso, tal y como nos contó Richard Hughes, del camarada K. C. Wong (que significa «descendiente de los emperadores»), presidente de la Cámara de Comercio de Hong Kong dominada por los maoístas en su cabeza de playa. El camarada Wong se vistió pronto con la piel de cordero del libre mercado y se hizo de oro con sus inversiones en el sector de la construcción naval y de los grandes almacenes. Un *taipan* rojo con el riñón bien forrado. En cuanto al camarada Li Chuchi, presidente del Banco de China, sin necesidad de vestirse en Savile Row o en Bond Street, las calles londinenses de los sastres, y de llevar bombín, presidía el Banco de China con su uniforme azul maoísta. Ya en el año 1970 el gobierno de Beijing dirigía más de cincuenta grandes almacenes, editoriales, propiedad de la agencia Nueva China, restaurantes y otras empresas. ¿Explicaban estos negocios, un millón de libras esterlinas, que iban a parar a las arcas de la China roja, las pocas prisas de Mao por reconquistar Hong Kong?

Los funcionarios de Mao vivían como pachás, preocupados porque un día de pesadilla sonara el teléfono o llamaran a la puerta para reclamar su regreso a la madre patria. Uno de los enviados de Mao aprendió tan pronto y tan bien las técnicas capitalistas que se pasó, traidor, a una veterana firma británica. No por ello el Gran Timonel cortó el suministro de agua a Hong Kong. Los juncos de la bandera roja y las estrellas amarillas descargaban como siempre sus cerdos, legumbres, frutas y volatería en el puerto fragante de Su Graciosa Majestad Isabel II.

También los chinos tenían su lista de *must* y *best*, de lo mejor de lo mejor: para comer Cantón; para vestirse Hangchow, capital de la seda más preciosa; para casarse Suchow, tierra de las más hermosas doncellas; para morir Liuchow, donde había la mejor madera de sándalo para fabricar ataúdes. Era el código chino de la vida y de la muerte, de la buena vida y la buena muerte. ¿Cómo no iban a sucumbir los banqueros comunistas a la tentación de Hong Kong donde esas cuatro maravillas podían hallarse reunidas en un territorio que es la séptima parte de la provincia de Madrid? Los comercios de Hong Kong son los mejor surtidos; la comida china es la mejor con excepción de Taipei, la capital de Taiwan; las chicas son las más atractivas, y los féretros se arman con la mejor madera, como hemos dicho, procedente de Liuchow. La clave del éxito estaba en trabajar duro, pagar pocos impuestos, someterse a mínimos controles, beneficios rápidos y la aceptación de las reglas del juego, los centros de poder, por este orden el Jockey Club, la firma Jardine & Matheson, el Banco de Hong Kong y Shanghai y el gobernador de Su Majestad. Los dragones rojos con una dosis de prudencia y audacia se abrieron paso en esta jungla rendida a los pies de Adam Smith el autor de *La riqueza de las naciones*. El 1 de julio de 1997 no les sorprenderá: sabrán adaptarse como un guante a la mano.

La cruz de este refulgente momento la descubrimos en un edificio en la calle Ivy, número 411, sexto piso, donde en un salón de no grandes proporciones se hacinaban 115 hombres, los hombres enjaulados. El piso estaba cubierto de lapos. La jaula era su espacio, su cama y el lugar de su despedida del mundo. Un hombre delgado, enjuto, anguloso, de labios roídos por la nicotina, con halitosis y mirada difusa llamado Timothy Wu nos mostró todas sus posesiones. Nada que ver con las mansiones de Pico Victoria, donde las matronas británicas se quejaban de lo aburridos que son los diamantes. Las propiedades de Timothy se reducían cuando levanté acta a un vaso, un cepillo de dientes, una escudilla de arroz, un par de palillos, un bote vacío de chocolate Suchard, un par de gafas rotas, una jarra de aceite de cacahuete, un bote de píldoras para ayudar a la digestión, un paquete de cigarrillos baratos, una caja de fósforos, una toalla, dos camisas ajadas, un ventilador, dos serruchos, una caja de detergente y otra de veneno contra las cucarachas. Esto era más o menos lo que habían reunido el resto de los enjaulados tendidos en sus camastros, como a la espera de ser llevados a la sala de vivisección.

MANDARÍN

Nos quedaban entre los legendarios hoteles dos de «alta costura»: el Regent y el Mandarín. La palabra mandarín procede del portugués, el que manda. Los portugueses llevan muchos siglos por estas aguas y latitudes. Perdieron Goa, su colonia en la India, a manos de un pacifista, el invasor *pandit* Nehru. A Macao nunca la llamaron colonia sino provincia ultramarina. Pasará sin traumas a China en 1999. A los ingleses les queda Gibraltar, el peñón de la Corona inglesa y poco más.

El Mandarín aparece en cabeza de las listas de los mejores hoteles del mundo, junto al Pen y el Regent. Quizá el lector se pregunte si estos memorables establecimientos se hacen merecedores de tantas líneas. Creo que sí, porque son algo más que un hotel. Se hablaba de las mejores peluquerías: Andros at la Coupe Salon, Lysee, Philip George; de los más prestigiosos diseñadores: Freis, Lau Lwis, Ragence Lam, René Ozorio; de las pieles que vendían en Siberian Store, Jindo y Singer; de las tiendas de moda: la Boutique Bazaar, la Chanel Boutique, la Charade y la Joyce; pero siempre se empieza hablando de los hoteles.

El Regent en la calle de Salisbury es un hotel para no abandonar la habitación si el viajero desea leer, descansar o escribir, porque la bahía que se divisa por el ventanal inspira y sosiega el ánimo. El ruido queda más allá, esa afición cantonesa por los decibelios que puede inaugurarse con un ronroneo, pero que concluye en zarabanda, en alboroto. En el Lobby Bar el panel de cristal es de 44,5 por 18,3 metros, por lo que te sientes donde te sientes puedes contemplar el frenético ir y venir de sampanes, aerodeslizadores, barcazas, remolcadores, lanchas, chalupas, juncos como los que vio Blasco Ibáñez –aunque ahora sus amazonas van vestidas y trabajan como extras en las películas de artes marciales–, o más de mil transbordadores, entre ellos los famosos Star Ferry que unen Central con Kowloon. Al anochecer todo eso, dilatado en el horizonte, es un brasero de luz.

¿Por qué es o era el Mandarín Oriental el mejor hotel del mundo? No es por la edad, que es de construcción reciente. Su secreto puede estar en que exhibe una elegancia que no se nota, que no sorprende. Si se examinan sus mecanismos, la sabia disposición de los hombres, el escenario, arquitectura, mobiliario y la atención por el detalle, los clientes apercibidos descubren que es la quintaesencia de la buena dirección y el óptimo servicio. Algunos de sus ilustres huéspedes llegan al éxtasis, a ese mal de Stendhal que hace que turistas impresionables se desmayen al llegar a Florencia o al contemplar el retrato de Monna Lisa. ¿Es para tanto? Los expertos creen que sí, porque une el confort con una alegre intensidad y energía. Nadie está enfadado o mohíno entre los que desde la recepción hasta las limpiadoras de habitaciones componen el cuadro del hotel. «Una rotura en el traje y allí está el botones con aguja e hilo. Necesitas enviar algo o recibir algo y allí está otra vez sin que hayan pasado unos segundos», recuerda Anthony Watson, uno de los hombres más ricos de Jamaica y director del hotel Plantation Inn. Diana Fisher, que es una famosa cronista de sociedad, alaba en el Mandarín «ese estilo y esa elegancia *chic* que nadie puede emular».

Puede que sea un espejismo pero, efectivamente, si los observas de cerca, los servidores del Mandarín parecen gentes felices, sin un mal gesto. ¿Cómo se logra esa armonía que tanto persiguió Confucio? Aquí los que pueden pagar sus altos precios se sienten seguros, bien rodeados, sin nada que los turbe, en un mundo que es el suyo: por un lado, mira al corazón del *establishment,* el Hong Kong Club; por otro, al Banco de Hong Kong y Shanghai, y por otro, hacia las baterías de rascacielos y la fragante bahía. El edificio del Mandarín es más bien vulgar, pero «cuando el viejo Rolls –escribe Jan Morris– te deja a la entrada, te das cuenta de que has tropezado con algo de gran calidad. Apenas el ujier abre la puerta, cuando un distinguido joven ayudante de la dirección, chino o europeo y tan sólo un poco estirado, te da la bienvenida al hotel como si recibiera a un distante y acaudalado familiar. Está encantado de verte. Es sincero cuando te desea que el *jet lag,* el "cambio de horario", no te afecte demasiado. Con qué rapidez y atención te acomoda en tu habitación, sin necesidad de que pases por recepción para que tomen nota. "No por Dios. Nos ocuparemos de esas fruslerías cuando haya descansado y disfrutado de una taza del mejor té chino."»

Glorias y excelencias del Mandarín: el director, por lo menos hasta hace poco, era inglés; el jefe de conserjes, italiano; el *chef*, francés; chino el director del *front office*, y los músicos que tocan a la hora del té, filipinos. El Mandarín cuenta con ocho jefes de cocina extranjeros y 123 chinos. Los quesos los traen de Francia, los salmones de Escandinavia y las chuletas de Escocia, Japón (Kobe) y Estados Unidos. Nada de restaurantes giratorios ni cascadas de agua ni conserjes vestidos de opereta. La decoración interior, entre mármoles de Carrara, jarrones de la dinastía Ming, ónices mejicanos, lleva la firma de un diseñador de teatro, Don Ashton. Se respira una atmósfera anglochina como en los primeros días de la colonia, una versión contemporánea de la primera casa que el escocés Jardine construyó a su llegada. Una viuda rusa blanca, que debió escapar por los pelos de las hordas rojas con la fortuna suficiente, sin tener necesidad de conducir un taxi en París o en Shanghai o hacer calceta y tricotar manteles en Roma o Londres vivió en el Mandarín desde la inauguración en 1963. La escritora Jan Morris, una de mis preferidas, la Mandarín de los escritores de viajes, reconoce su habitación desde fuera por la profusión de macetas de flores. Circula o circulaba, no lo he podido comprobar por los pasillos y salones del hotel, no como una huésped cualquiera del hotel sino como una amiga del círculo íntimo del mismísimo *taipan* Jardine.

Este hotel está marcado por el sello y el marbete del gran secretario del Imperio, el mandarín de mandarines, gobernador, magistrado y valido en una pieza. Está muy logrado el efecto del compromiso, la combinación entre Oriente y Occidente. «Que esta maravilla tenga que ir a parar a los chinos de Beijing –se lamentaba una clienta acérrima defensora del Mandarín– es una injusticia. Es como arrojar orquídeas a los cerdos.» La buena mujer se ponía a alabar el servicio de habitaciones, un mayordomo por cada suite, una colocación estratégica en la isla en terrenos arrancados al mar, una cortesía sin par. La señorita encargada de las relaciones públicas te recuerda que entre los huéspedes españoles del Mandarín Oriental se contó el pobre Alfonso de Borbón. Los barones Thyssen pasaron su luna de miel en este hotel de ensueño, de veinticinco pisos de alto. El desayuno es perfecto y aseguran que supera al del Brennans de Nueva Orleans, al de la Riviera o al del Savoy de Londres. No sólo puedes tomar toda clase de zumos y docenas de tipos de pan, sino que puedes pedir lo que quieras, cualquier antojo por insólito que sea. Lo que no se encuentra en Hong Kong, no existe. Los camareros lo saben todo sobre las viandas que ofrecen, todo, origen, crianza, temperatura, textura, árbol genealógico, etc. El cliente, por muy entendido en gastronomía que sea, nunca les sorprenderá en falta. ¿Cómo sabrá tanto este camarero chino sin haber salido de Hong Kong? Están bien enseñados. Eso es lo que nos dicen los chinos, tenidos por incrédulos, escépticos y racionales. Aprenden pronto. Nada que ver con sus compatriotas de los Grandes Almacenes Mao donde vendían el *Libro rojo* forrado de plástico y rudimentarios juguetes de madera: los empleados te miraban con el mayor desinterés, como si el desierto de Gobi te separara de ellos, como si tu deseo de comprar fuera un insulto, una inconveniencia, una desdicha.

–No hay estímulo, y cuando el estímulo falla el resultado es éste –diagnosticó Pamela, tan atenta a la sociología cotidiana.

–Me recuerda a los países del Este de Europa (el Muro no había caído aún): ellos hacen como que nos pagan y nosotros hacemos como que trabajamos.

–Si observas bien es la doble faz de Hong Kong, como el dios Jano, el frenesí capitalista, la dictadura del dividendo por un lado, y la galbana o la miseria por otro; el hotel Mandarín y los Grandes Almacenes Mao, el jardín de Epicuro y los templos de la virtud.

Pero despidámonos del Mandarín Oriental. Un comensal hizo saber al jefe de camareros lo mucho que le apetecía merendarse una tabla de quesos franceses pero se lo impedía su rigurosa obediencia a la dieta. Después de tomar café, al llegar a su habitación descubrió suculentos aperitivos sobre una bandeja de plata y una nota en que se podía leer: «Con los atentos saludos del jefe de cocina. Productos libres de colesterol.» Una pega entre tanto prodigio: los ascensores eran pocos y lentos cuando todo lo demás en Hong Kong viajaba a la velocidad de la luz. A cambio un espabilado representante del Mandarín «Nirvana», una vez pagada la cuenta, espera al huésped en el aeropuerto para ahorrarle los engorrosos trámites que a veces complican la vida del viajero en su adiós.

VIII

BÁLSAMO DE TIGRE

Para huir de tanta perfección y de tanta belleza se hacía necesario volver al mundo real, una zambullida en el Hong Kong real, en el bullicio, en esos transeúntes que van a lo suyo, absortos en sus obligaciones de compra, que hacen regates entre la muchedumbre. Hay que decirlo: ésta no es una ciudad simpática. Queda poco tiempo para lindezas y zalemas. *Time is money.* El tiempo es dinero. El éxito de estos hoteles de *grand luxe* se debe sin duda a la atmósfera familiar que ofrecen en medio de un universo egocéntrico y competitivo, deshumanizado por tanta codicia. De pronto, como si un golpe de tifón te trasplantara a otra galaxia, estos hoteles caros pero eficaces y hospitalarios por contrato te recompensan de todo lo hosco y fosco que tiene Hong Kong. Te reciben con una sonrisa que parece sincera, te saludan con tu nombre, recuerdan que tienes problemas de colesterol, saben la hora en que deben despertarte todos los días o el número de teléfono de tu suegra en Nueva York.

Una máxima local nos advierte: «No podrás hablar de Hong Kong hasta que hayas vivido diecinueve años seguidos en la colonia.» Demasiado tiempo para un claustrófobo por grande que sea la fascinación que ejerce el lugar sobre los turistas. Nos atrae porque no nos gusta. También el viajero tiene derecho a sus paradojas. Es la atracción de contrarios, la dialéctica de los extremos en la que fue isla de granito y basalto que por un golpe de varita mágica de cuento chino se transformó en Manhattan y llegó a sobrepasarla. Hong Kong nos deslumbra con la incandescencia de sus luces, de sus anuncios de neón que no pueden parpadear porque perturbarían la navegación aérea y marítima. Ya de por sí el aeropuerto es una cucaña para los pilotos que deben aterrizar sobre un bolígrafo en medio de un tráfico aéreo endiablado.

Para salir de los santuarios perfumados de la *jet set,* Pamela propuso una descubierta hacia el parque del Bálsamo de Tigre, otra forma de huir de la realidad. Es un jardín surrealista, regalo de un magnate chino que se hizo rico con la venta de ese taumatúrgico bálsamo de tigre que todo lo cura, desde la jaqueca hasta el reúma. El parque es el regalo a la posteridad y a los turistas de Aw Boon Haw, que nació en Rangún (Birmania) y murió en Honolulú (Hawai). En el fondo, esta Disneylandia del folklore chino es un homenaje de Haw a sí mismo, a sus sueños infantiles, y a su plusvalía, a la benevolencia de los inspectores de Hacienda: en 1974 tan sólo 141.000 hongkoneses de los 4 millones que por entonces contaba el territorio pagaban impuestos, un 15 por ciento de presión fiscal.

Ya en el parque, Pamela se movía con agilidad por el universo de la teología china, entre sombras chinescas de dioses y héroes populares, animales salvajes y escenas de tortura del infierno budista. Un monumento al *kitsch,* al mal gusto. Un descenso a los infiernos orientales. Los suplicios chinos superan a los de Tántalo e incluso a los del averno del Dante. Según la dimensión y gravedad del pecado cometido, así será la tortura que se reciba. Una vez que has cruzado la puerta del infierno, se llega a la otra orilla, la Estigia de los chinos. Una vieja hechicera, especie de Proserpina, despoja a los condenados de sus vestiduras y las cuelga de un árbol. La bruja, de ojos de fuego, conduce a cada uno de los pecadores al suplicio que se les destina, no sin entretenerlos antes encargándoles ciertos trabajos tan imposibles como prolongados. El mito de Sísifo: deben recoger todas las piedras que yacen en el fondo del río para lanzarlas de nuevo y recogerlas otra vez. Es la preparación para tormentos de mayor envergadura, digna de una imaginación despiadada.

Las fábulas que los jesuitas, tan amantes de la China como su cofrade Mateo Ricci, nos contaban para que nos sobrecogiera el temor al infierno católico eran bromas inocentes comparadas con esto. El condenado transita por infiernos cálidos y fríos, uno superpuesto sobre el otro a partir de una profundidad de 28.000 kilómetros bajo la superficie terrestre. Cada círculo del infierno está cercado por una muralla de fuego. Algunos son arrojados a los tigres y su cuerpo, perpetuamente devorado, no termina nunca, mientras otros son introducidos en calderas de Pedro Botero, de las que salen para volver a la tierra en forma de monstruos.

El libro de los suplicios orientales del siglo XIX nos informa que nada menos que diez reinos componen el infierno chino, y en cada uno de ellos se castiga un pecado distinto. Veamos con la ayuda de Pamela el catálogo de horrores. En el reino número cuatro, por ejemplo, se castiga a las personas que no pagaron sus contribuciones, a los matasanos que recetaron medicinas averiadas, a los que no han cedido la acera a los viejos, a los jugadores de ventaja, a los chismosos. Algunos de ellos son arrojados a pozos de sangre, otros molidos o majados en morteros.

En el quinto reino reciben su castigo los impíos, los ladrones que desvalijaron los templos, los que adoraron a los dioses sin antes lavarse el cuerpo, los que profirieron maldiciones y los que escribieron o leyeron libros inconvenientes, sin el *imprimatur* del Buda. Todos estos pecadores son colgados vivos y bamboleados como badajos de campana, o bien aserrados en dos partes de arriba abajo, o se les obliga a arrodillarse sobre agudas puntas de hierro. Otro reino muy curioso es el séptimo, adonde van a parar los doctores que han elaborado medicamentos con huesos humanos. Se les fríe en aceite hirviendo, allá van, ¡hala!, los profanadores de tumbas, que son arrojados al cráter de un volcán; los maestros que han descuidado la educación de sus alumnos; los explotadores de los pobres, y todo el que se ha procurado favores por medio de dinero (el *tea money*), el soborno de los antiguos. Creen, sin embargo, los chinos que los condenados a este reino infernal, el séptimo, pueden obtener algunas indulgencias en la tierra comprando pájaros (ahora me explico nuestros viajes a los templos tailandeses) y poniéndolos en libertad o bien comprando pan (el trigo es del norte, el arroz más del sur) para los numerosos pobres que pululan por las ciudades.

Mis amigas Cristina Almeida, Rosa Montero, Carmen Sarmiento o Cristina Alberdi, entre otras, deben elevar la oportuna protesta porque el círculo número ocho les está destinado en exclusiva a las mujeres. A todas aquellas que en vida se cuidaron más de vestirse y acicalarse que de la salvación de sus almas se las sumerge en un lago de sangre. El mismo martirio se aplica a las que ponen a secar la ropa sobre los tejados de las casas, «pecado horrendo» en el concepto de los chinos, que creen que estos tendederos improvisados son una molestia para los espíritus de los muertos, que vagan por el cielo. En este reino se condena a los hijos que no han sabido cumplir con sus deberes, los cuales son transformados en animales, «devorados por los perros o pisoteados por los cascos de los caballos».

¡Uuuf, cuánto sadismo! Para compensar tanta crueldad hay reinos en los que se premia a los compasivos, a los buenos samaritanos. Por ejemplo, en el quinto reino se recompensa a los que en la tierra fundaron o adornaron templos, en el cuarto a los que compraron ataúdes para los pobres, en el séptimo a los que dieron su sangre a los parientes enfermos necesitados de una transfusión. En el octavo reino reciben su galardón los que ayudaron en este mundo a los budistas pobres. El budismo me parecía la religión de la paz interior, del respeto estricto a la naturaleza, de la ética y la estética de la concordia, pero ya veo por estos grotescos muñecos del jardín del Bálsamo del Tigre el pago que reciben los transgresores de la doctrina y las normas del Sakyamuni.

El Tribunal de Justicia del imperio derrota en sadismo al mismísimo juicio final de los condenados. Basta con echar un vistazo a la pagoda de los Tormentos, cuya ornamentación es digna de un cuento de Lovecraft. En 1859 escribía el viajero A. Pousielgue: «A los ambiciosos y soberbios se les precipitaba desde una cúspide hacia unas lanzas de hierro puntiagudas, auténticas trampas de tigre para humanos pecadores.» En el segundo grupo se ve a un hombre desnudo, tendido y sujeto entre dos planchas; dos verdugos se ocupan de aserrarlo de extremo a extremo. Es el castigo de los parricidas. En el tercer fresco aparece una mujer, también desnuda, atada a un poste, como en las películas de indios, a la cual le arrancan las entrañas, sustituyéndolas con carbones encendidos; después se le vuelve a coser el vientre. Es el castigo de la adúltera.

En la galería de los suplicios, aparece un hombre al que arrancan la lengua (mentira y abuso de la palabra), otro es desollado vivo (por traidor), a una mujer la sumergen en una caldera de aceite hirviendo (por envenenadora), y en fin, un mandarín descoyuntado es aplastado entre dos ruedas giratorias de durísimo hierro, mientras que perros hambrientos se precipitan al pie del suplicio para lamer la sangre que chorrea y devoran los palpitantes miembros de la víctima: es culpable de un incendio voluntario. Los sueños de la razón budista en su imperturbabilidad producen monstruos. Sobre un plano que tiene un movimiento horizontal está tendido un condenado hecho pedazos por una gran cuchilla, que lo descuartiza regularmente cayendo sobre él como una guillotina de arriba abajo; es el castigo reservado a los salteadores de caminos omnipresentes en los caminos de China.

–¿Qué te parece? Te veo lívido, desencajado, Manuel –me dijo Pamela.

–¡Ya basta! –respondí–. No soporto más atrocidades. Quiero dormir bien. Abandonemos este jardín de barbarie. No soporto más estatuas de cemento que chorrean sangre.

–Recuerda –repuso Pamela, siempre idealista– que estamos a muchas leguas del hotel Mandarín y sus pompas y vanidades mundanas. Lo quieras o no, en tu cultura y en la mía, esto es más o menos lo que nos espera a los pecadores.

En nuestra incontrolada y vergonzosa huida del jardín del

Bálsamo de Tigre, Pamela se detuvo ante la última figura, la de un anciano camino del patíbulo.

–Mira –dijo regodeándose en sus palabras. Pamela le traía a uno al retortero, ninfa china de la maldad–, puede que este pobre hombre sea el gran mandarín Su Chuen, condenado por el Hijo del Cielo por conspirar contra la corona. Era el más suspicaz y osado de los miembros del Consejo de Regencia y el joven emperador le negó la clemencia imperial que le hubiera permitido ahorcarse con un ceñidor de seda. Lo decapitaron en una de las plazas de la ciudad reservadas para la ejecución de los más vulgares criminales.

Su Chuen permaneció impasible ante la muerte. Sentado estoicamente en la carreta de la que tiraba una mula, a través de las oleadas de una inmensa muchedumbre, aficionada a este tipo de espectáculos, se contentaba con sacudir de cuando en cuando su bella túnica de seda cubierta de polvo, como si en lugar de dirigirse a la muerte fuera de visita oficial a algún gran personaje.

–Manuel, estoy avergonzada de ti, te has portado cobardemente. Te niegas a aceptar la realidad, los avatares del más allá. Esta reacción tuya –añadió Pamela– no va a ayudar nada a tu buena suerte. Has molestado al espíritu de los muertos, has profanado su vuelo. ¿Cómo en estas condiciones de pusilanimidad te atreves a emprender una carrera como corresponsal de guerra?

TUMBAS CARAS

Agaché la cabeza, qué más podía hacer. Durante un rato caminamos en silencio, interrumpido por el paso de un funeral con acompañamiento de una orquesta de músicos vestidos de blanco que tocaban oboes y batintines y agitaban címbalos. Seguían en cortejo al ataúd de madera de sándalo los parientes y amigos del finado en dirección al cementerio. Nunca me he explicado cómo en tan reducido espacio pueden caber tantos cementerios. Es que la muerte es una obsesión también para los chinos, que deben atenerse a las consecuencias tan horribles como las que hemos visto en el jardín de ese masoquista del bálsamo llamado Aw Boon Haw. Las tumbas se cotizaban caras en Hong Kong, para los que tuvieran donde caerse muertos. Un trozo de cementerio venía a costar en 1990 más de 150.000 dólares de Hong Kong. Esa carestía explica que el 65 por ciento de los que van a morir elijan la incineración en alguno de los veintidós cementerios. Ya no hay sitio para los fiambres. Eso sí, el geomántico elegirá, si uno puede pagarse la tumba, el lugar apropiado según las leyes de la tierra, el viento y el agua para que mejor reposen sus huesos. Antes quemarán cheques y pagarés, réplicas de coches y otras propiedades para que el difunto disfrute de algunas comodidades en el más allá.

Dos veces al año los chinos de Hong Kong visitan los cementerios con sus ofrendas, charlan con sus amigos y familiares. Cuando el cuerpo se descompone, los familiares limpian los huesos con jabón y papel de lija. El hijo mayor se encarga de recomponer el esqueleto y deposita los restos en una urna de cerámica. El esqueleto descompuesto se entierra en un lugar más barato o pasa al altar de la familia. El culto a los antepasados es una obligación del confucianismo, pero muchas veces la urna del abuelo la compran los visitantes para fabricar lámparas o macetas de flores. No parecen recordar lo que enseña el libro de los suplicios del jardín de Aw Boon Haw: los profanadores de tumbas serán arrojados al cráter de un volcán. Morirse se ha puesto caro. Las costumbres funerarias cambian con la celeridad de la línea del cielo.

La piqueta

Hong Kong es visto y no visto. La metrópoli que conocí por primera vez en 1966 ya no era la misma unos años después. Cada vez más pujante, no puede uno bañarse dos veces en el mismo río ni atravesar las mismas calles. Se dice que al contrario que los usureros, Hong Kong cambia su rostro a cada minuto que pasa.

Para entonces la centrifugadora había hecho fosfatina los vestigios del pasado. Era la dictadura de la piqueta, la excavadora, la pala mecánica y el martillo pilón. Los *rickshaws* y los palanquineros de Blasco Ibáñez se dejaban retratar por los turistas mediado un estipendio, pero ya no echaban el bofe por el pico en sus ciclotaxis o sus sillas de mano. Faltaría más. Los sampanes y los juncos navegaban ahora a motor, y Suzie Wong juega en bolsa a la espera de obtener un visado de salida con la ayuda de William Holden.

–Te veo nervioso, alterado –continuó Pamela, quebrando el ominoso silencio–. Mañana haremos unas sesiones de *tai chi* que relajan el cuerpo y sosiegan el alma y deberás restregar la espalda en los árboles para que te transmitan sus propiedades y efluvios. Pero antes debo compensarte con una taza del té de la reconciliación. Vamos a la casa de té de At Ki Heung. ¿Has probado el té en el hotel Brown de Londres? Dicen que el que sirven aquí es aún mejor. Hay más variedades y el aroma es mejor.

La muy bruja, la Proserpina, la diosa de los infiernos de Hong Kong quería hacerme olvidar las humillaciones del Bálsamo de Tigre: puso la cara de la adorable Nancy Kwan (Suzie Wong) y me sentó en torno a una mesa de teca.

–Dos *gonfus chas* –ordenó al camarero, en cuyas facciones creí reconocer las del gran mandarín Cheu Sang.

IX

EL RÍO SAGRADO

Era el más fuerte del menú de tés de la casa. Nos lo sirvieron en delicadas teteras de arcilla de Yixing en el valle del río Yangtze, el mismo en que se bañaba Mao para demostrar su vigor y su fuerza física.

El Gran Timonel estaba en forma. En aquel tumultuoso año al comienzo de la revolución cultural que causaría decenas de millones de víctimas, la cabeza de Mao emergió poderosa de las aguas del Yangtze, el río sagrado. Era la hazaña de un anciano de setenta y dos años que se sentía lo bastante joven y fuerte como para dirigir los destinos de la devastadora revolución. Fue en julio de 1966. El Yangtze, mal llamado río Azul, es la metáfora de China, opalescente, del color de madera rosácea. Huele muy mal en el estiaje. Se dijo que a los setenta y dos años Mao batió todas las marcas olímpicas. Lo cierto es que las fotos de su hazaña estaban trucadas. Al menos una de ellas se tomó en la piscina de su aldea natal de Shaoshan. En un momento de duda, de prueba o de crisis Mao se zambullía en el Yangtze. De esos chapuzones nace una de las frases del *Libro rojo*: «El cielo está aquí en la tierra.» Las masas aplauden el gran descubrimiento: es la mitificación de lo obvio.

A orillas del Wuhan de Mao hemos olido a salmuera, sándalo, almizcle y fango. Las corrientes chocaban con fuerza sobre las escolleras. El agua del mítico Yangtze era sucia, terrosa. Los juncos salían por la noche a pescar y los remolcadores remontaban asmática, cansinamente el río. En las orillas, entre la bruma, los cerdos hozaban en la basura. Era la «buena tierra» de la novelista Pearl S. Buck, premio Nobel de Literatura, nacida en China en casa de su padre, un misionero al que odiaba. Los campesinos corrían hacia el mercado con sus balancines a cuestas.

Sobre el cielo flotaban vedijas de humo industrial: la China de las comunas, del abono con excremento humano, despegaba en Wuhan con sus fábricas y acerías. Éste es el río más grande de Asia, y el tercero del mundo, y como el Volga ruso, el río madre. El río Azul y el Amarillo deciden el destino de los han, la raza predominante, el 93 por ciento de la china «pobre y blanca» de que nos habla Mao, de esa pobreza que «empuja al cambio, o a la acción, a la revolución». Es la fuente de la eterna juventud maoísta. Es un río de ardores, cóleras súbitas, arrebatadas.

«Se traga el cielo y la tierra, rompe diques, engulle hombres y bestias», me informaba Pamela. En la gran inundación de 1931 murieron decenas de miles de personas. Es la China del arroz y de los peces, más de quinientas especies. El Azul, que llaman Changjinang, el «río largo» de 6.300 kilómetros, y el Amarillo forman la doble columna vertebral, la vena aorta de China, la civilización que inventó la pólvora, la imprenta, el calendario, la brújula que apunta al sur, construida sobre bases agrícolas. Es un mundo que se desvanece cubierto por las aguas. Dicen que el esturión, el delfín y el cocodrilo del Yangtze corren peligro de extinción. En efecto, la nueva presa del Yangtze, la más grande del mundo, que se finalizará en el año 2009 y en la que han trabajado veinte mil obreros y diez mil ingenieros, domesticará los caprichos del río. La presa de las Tres Gargantas es una obra desmesurada: desplazará a un millón de personas, anegará ciudades enteras y yacimientos arqueológicos. Es una región como cinco veces España, la más poblada de China, con 130 millones de habitantes.

EL GIGANTE DORMIDO

Las raíces que unen a la madre tierra son tenaces. De estas regiones y de más al sur salieron los campesinos que hicieron grande Hong Kong. En perpetuo devenir y en constante renovación a pesar de su aparente inmovilidad, China ha conocido todas las glorias y todas las derrotas, todos los fastos y todas las miserias; ha intentado todas las experiencias filosóficas y religiosas; ha gozado el orden y sufrido la anarquía de gobiernos de todos los colores, desde el más feroz totalitarismo hasta el socialismo integral. Pero nunca una guerra de religión, porque el corazón chino es liberal en esa materia y está cansado.

«Al "gigante dormido" de Napoleón –recuerda Pamela–, André Malraux le respondió en *La condición humana,* la novela de China, del levantamiento de Shanghai donde se arrojaba a los comunistas a las calderas de las locomotoras como en el sexto, séptimo y octavo círculo del infierno, algo que ya no recuerdo. El caso es que Malraux escribió: "Se han despertado sobresaltados de un sueño de treinta siglos y no volverán a dormirse jamás."»

El nacimiento del río Azul es abrupto, saltarín; su desembocadura, en Shanghai, sensual. El Gran Río, uno de los cincuenta mil que han inventariado los cartógrafos, pierde en su delta de aguas sinuosas su indocilidad y su fragor. Ya no huele como en Chongkin a «oro líquido», el excremento humano que se vendía en los mercados y del que nos hablaban los misioneros jesuitas expulsados por Mao en 1949. No huele ya a desperdicios o escupitajos, a almizcle, sal, pieles del Tíbet mal curtidas, a opio o té. Hemos olvidado a los mandarines y a los señores de guerra, a los rebeldes *taipings* y a los manchúes. Las sirenas de los grandes barcos de miles y miles de toneladas nos despiertan del sueño rural, de las acuarelas con juncos, sobre papel de arroz, de bambúes, bonsais, pandas como *Chu-lin,* helechos, dragones, cordilleras ofuscadas por la neblina, balancines y bandadas de ocas en los polvorientos caminos, el de los *culis,* los peones de la China feudal con su escudilla de arroz y tallarines, su pato de Nanjing. Shanghai era la ciudad lúbrica, la de rascacielos como los de

Wall Street. Era la ciudad por excelencia de dos cosas: del dinero y del miedo a perderlo. Con Deng Xiaoping volvieron el afán del dinero y el miedo a perderlo. Como en Hong Kong.

–El té de Yixing es amargo, sabe a China. ¿Sabes algún poema de Mao sobre el río, el paisaje que le acompaña en su largo recorrido, las plantaciones de té?

–Soy todo oídos.

Pamela recitó de un libro del Mao poeta:

Apenas he bebido el agua de Changsha
y comido los peces de Wuhan,
cruzo a nado el río infinito,
mi vista disfruta del amplio cielo de Chu,
sin temor al viento y a las olas
mejor que en mi jardín.

En el Wuhan de Mao burbujeaba el agua, chapoteaban los niños, hocicaban los gorrinos y volaban los pájaros salvados del exterminio.

–¿Sabrás al menos la historia de los gorrinos?

–Soy todo oídos.

–Un día Mao dio orden de acabar con los pájaros que se comían las cosechas. Al unísono, como un disciplinado ejército, millones de chinos se pusieron a batir palmas, a hacer sonar batintines y campanas, a armar un ruido tan espantoso que los pájaros caían a tierra, aturdidos. Los gorriones murieron enloquecidos por el ruido, pero los gusanos, larvas e insectos se adueñaron del paisaje. La revolución maoísta está obsesionada con la higiene, por eso ordenó matar a todos los perros y gatos. Cada ciudadano llegó a convertirse en cazador de moscas y moscardones. Tenías que ver a las azafatas de la compañía de bandera, la CAAC (Administración Civil de la Aviación China, considerada como la peor del mundo y traducida por China Aircraft Always Crash, «la aviación china siempre se estrella»), recorriendo los aviones armadas de insecticidas. Pero ¿concibes un mundo sin moscas?

El té de las riberas del río Azul tenía el sabor del acíbar. El *sumiller* especializado en infusiones iba de mesa en mesa recomendando a la parroquia sobre las diversas variedades. Japoneses, turistas norteamericanos. Un grupo de degustadores franceses discutía sobre la oportunidad de ordenar una u otra clase de infusión. No sé quién ha dicho que un francés es un italiano cabreado. Lo que ocurre es que el té, la planta arbórea que brotó en la China meridional, pertenece a la civilización chinoindobritánica. Lo nuestro, lo mediterráneo es el vino. Me quedo con el vino. Una noche el alma del vino cantaba en las botellas. El vino, la «criatura jovial» de Shakespeare. El amargor del té despejó las turbulencias y morbideces de la cámara de los horrores del señor Haw. Los chinos anteponen el apellido al nombre.

–Las gentes felices no tienen historia –añadió Pamela–, ni siquiera en ultratumba. Si nos quitaran estos terrores, la vida se viviría con poca emoción. Nos invitan a pecar y a ser malos.

Reímos juntos. El jardín de Haw era una inmensa broma. Dicen que los chinos son inescrutables. No lo creo. Pamela no lo era, siempre transparente, cristalina, bienhumorada. Se tiene a los filipinos por los únicos asiáticos con sentido del humor. Recuerdo que mis conversaciones en Manila con el cardenal chino Jaime Sin, incluían la popularidad de Isabel Preysler. Pamela rompía también ese lugar común.

–El último sorbo de *cha gongfu* con tetera de Yixing. El último verso maoísta del Wuhan. «Los mástiles danzan en el aire / la tortuga y la serpiente nos miran inmóviles.» En la próxima ocasión te llevaré a la casa de té de Luk Yu. Por esta vez te has librado de la larga marcha de Mao –dijo mi amiga al salir de la casa de té de At Ki Heung.

Xianggang, que es como se llama a Hong Kong en la ortografía pinyin, se abría de nuevo a nuestros pasos futurista, aeroespacial, pero sazonada también con olores y colores de Calcuta, con termos y linternas –modestas contribuciones del maoísmo a la baja tecnología–, *taipans* y hombres enjaulados en el zoológico de la

Ciudad Amurallada. Cuando pasa un tiempo y vuelves a Xianggang, te cuesta creer que sea la misma ciudad que conociste en 1966, 1970, 1975, 1980, 1987 o 1993. No es la misma. Sin embargo, el olor a gasolina y brea, a sopas y tés, a verduras, a niebla entreverada de salitres, a orquídeas y basura, no ha cambiado.

Abrirse paso

No queda tiempo para devaneos. Todo lo que se te ofrece son folletos de tiendas de electrónica, joyerías, masajes: la raza impenetrable no pierde un minuto. Ha terminado por acostumbrarse a los *gwailos* (los «fantasmas», los «demonios blancos»). Las dos razas conviven sin tensión aparente, juntas pero no revueltas. Tan sólo los viejos racistas o los nuevos racistas, ingleses de clase media tirando a baja, te sorprenden de vez en cuando con frases demoledoras: los chinos son de poco fiar y huelen mal. Los demás, unos y otros, se han habituado a verse, a soportarse en la ciudad flotante. Los chinos, estén donde estén, creen que en el fondo ellos son los mejores, los más avisados, los que más y mejor trabajan. La lealtad a su raza está por encima de la política o la sociología. En los Nuevos Territorios hace treinta años se me revelaba esa vitalidad de la raza para transformar cantizales en bloques de apartamentos. Las mujeres con sus balancines cargados de pedruscos y arena y tierra reproducían estampas de la China roja. Se trataba de sacar provecho a los contrafuertes de granito, abrirse paso, ganar espacio, rescatar palmo a palmo el terreno. Más tarde la cacofonía de los martillos neumáticos sería la sinfonía de esta inagotable actividad. El martillo pilón, las piquetas y la grúa son tres de los símbolos de la ciudad-Estado. En los Nuevos Territorios, en el 94 por ciento de la totalidad de su extensión, no cesaba la actividad de canteros y estibadores empeñados en terraplenar, desmontar taludes, asegurar bancales, derrotar a las soberbias montañas, abrir autopistas, levantar rascacielos de treinta pisos. No cesaba el flujo de los desplazados. Había que hacerles un sitio. Deberán perder el pelo de la dehesa, olvidar sus corazones marinos, su vocación campesina para terminar como camareros o conserjes en esos hoteles que huelen a rosas y cocina de sibaritas. Sean empleados, bomberos, vendedores de chucherías, proxenetas, fabricantes de flores de plástico, plantadores de bauhimias –la flor nacional hongkonesa–, cocineros. Su Majestad premia en Londres la entrega de los elegidos, los *happy few* que progresan en la ciudad materialista y mercenaria, los que triunfan, han recibido el título de sir. Viajan ufanos a sus mansiones en un Rolls con conductor.

Quién sabe si alguno de ellos vivió un tiempo en los sampanes de los Nuevos Territorios, en una pintoresca aldea de pescadores o cargó sobre sus espaldas piedras y mantillo. Un golpe de fortuna, un negocio puesto con pocos dólares, hizo de ellos sires o barones. No basta con el dinero, habrá que aprender buenas maneras, un inglés de Oxbridge, familiarizarse con las reglas de urbanidad, acceder con soltura y relativa gracia a los salones, sonreír con don de oportunidad, vestir bien, lograr la entrada en los clubes exclusivos, privilegio por el que habrá que pagar millones de pesetas. Hong Kong, la babilónica, estará entonces a tu alcance. A la raza del que fue imperio celeste le sobra materia prima de paciencia y cálculo. El secreto está en tender puentes, en establecer alianzas de sangre y de clan, hacer trabajar a los refugiados en habitaciones estrechas y mal ventiladas, pulimentar zafiros, ensamblar televisores. Ahora en las casas de los elegidos se mueven entre jazmines y rododendros, mayordomos y criados. Ya no huele a pez taxidermizado, a fétidos canales. Pisan sobre alfombras carísimas, juegan al golf, compran vídeos de las mejores óperas chinas, abren muebles de caoba y queman a sus antepasados los inciensos más aromáticos. Unos y otros, el chino vencedor y los ejércitos brechtianos de refugiados que barrieron roquedales y agrestes montañas, han contribuido a hacer de Xianggang (Heung Gong) una de las capitales del mundo.

Los Nuevos Territorios le fueron alquilados al Reino Unido el 9 de junio de 1898. La península de Kowloon y Victoria (Central), la isla, serían para Londres para siempre. Pero el acuerdo de 1984 cambió esas previsiones. Todo el paquete pasaría a China en 1997.

¿Tiene porvenir el futuro en Hong Kong? Dejémoslo en manos de politólogos, prospectivistas, astrólogos y adivinos.

X

TIFÓN

En 1987, antes de zarpar en el buque *Zim* para dar la vuelta al mundo tras las huellas de Fileas Fog, el personaje de Julio Verne, descargó un tifón que demostró una vez más a los presumidos *taipans* los límites de la euforia financiera y tecnológica. También en Hong Kong se habla de algo tan prosaico como el tiempo, sobre todo cuando se acerca el temporal en forma de amenazante dragón.

«Un tifón devastador –me explicaba sobre un mapa Arnold Cheng, el agente de la compañía que me llevaría hasta Long Island, cerca de Los Ángeles–. En el primer embate ha matado a trescientas personas en Corea, ha volcado buques y derribado miles de casas. Deja un rastro de aldeas inundadas y aeropuertos cerrados. Es el peor desastre de las últimas décadas. Nuestro barco deberá esperar a que el tifón *Thelma* pase de largo o se serene.»

Llega la alerta 3. Una señal colorada centellea en el ángulo izquierdo de las pantallas de televisión. Los pescadores se apresuran a volver a puerto. En la ciudad vuelan papeles, basuras, polvo. Las escuelas se vacían, cierran las tiendas. La televisión retransmite en directo el espectáculo con los hombres del tiempo armados de mapas, isobaras y punteros. La alarma después de diez, veinte, cuarenta horas desciende del 8 al 1: a contar los muertos y heridos. Es raro que llegue al 9 o al 10.

Antes, los huracanes recibían nombres de mujer y eran tan pérfidos como Lucrecia Borgia, Catalina Sforza o la viuda de Mao Zedong. Las ligas feministas protestaron en 1970 y ahora los meteorólogos, en su búsqueda del justo medio de Confucio, alternan nombres masculinos y femeninos. Nunca he sabido distinguir un tifón de un ciclón o de un tornado, de un huracán, una galerna o un vendaval, una borrasca de una tempestad. Lo cierto es que por aquellos días los vientos circulaban a 130 kilómetros por hora y se llevaban por delante todo lo que hallaban a su paso. El maldito tifón *Thelma,* que encabritó el mar, hizo que el *Zim* levara anclas con retraso: así perdí mi apuesta en el Club Reformista de Londres, una simbólica apuesta de una libra esterlina que ganaría si daba la vuelta al mundo en ochenta días. ¿Qué afrenta habría cometido a los ojos de los espíritus? A cambio de la derrota viví uno de los más hermosos espectáculos en la travesía hacia mar abierto: lo hice a bordo del *Zim* con la boca abierta. «¿Cambia sus ropas mojadas por un Martini seco»?, me preguntó al entrar en mi camarote Nisan Yorna, el ingeniero jefe del carguero.

La ira de los dioses

Los ciudadanos de Hong Kong son expertos en tifones y galernas tropicales. Tifón en chino significa «fuerte viento». Es lo único que se opone a los propósitos de la colonia. En el *Ramayana* leí que el héroe Rama debió aplazar la marcha para rescatar a su mujer, Sita, ante la presencia del monzón, el estallido de las lluvias: «De oriente a occidente centellean los ojos relámpagos, y temblando bajo el golpe de una fusta de oro, el gran cielo cual generoso corcel gime en secreto mientras galopa veloz.» En la India la naturaleza domina físicamente al hombre al mostrarle la inutilidad de la acción. Sólo caben dos respuestas o actitudes extremas: identificarse con la sustancia universal en un acto de adhesión total, según los hindúes, o rendirse a este juego cruel con la extinción absoluta de la personalidad. El resultado es la renuncia a la acción. Aquí no. Aquí, con la ayuda de la red de comunicaciones del Pacífico, la tecnología punta antigalernas y huracanes, los refugios anticiclónicos y las medidas de protección civil, se niegan a someterse a la acción de los fenómenos naturales. ¿Cómo echar a perder tanta maravilla, el Pico, la isla, el Mandarín, Bruce Lee, la flor de la bauhimia, el Jockey Club, la Bolsa y la vida, los Rolls del Península? El reino de los ciudadanos de Hong Kong es de este mundo.

–La estación de los tifones –me decía Arnold Cheng–, se puso en marcha sobre nuestras rutas marítimas en un arco de tres mil kilómetros que va desde Japón y la península de Corea hasta Taiwan, Filipinas, Hong Kong y el mar del Sur de la China. Los vientos que se forman en el Pacífico se dirigen hacia el Asia continental con un rumbo imprevisible y circulan a más de doscientos kilómetros por hora. Procure venir de septiembre a enero. Mientras tanto, agárrese bien a las farolas.

–¿Durante mucho tiempo? –pregunté acuciado por la suerte de mi vuelta al mundo.

–Por lo general dura unos días; pero el año pasado el ciclón *Wayne* asoló Taiwan a lo largo de un mes y hace un par de años el tifón *Ike* mató a más de cinco mil personas. El problema estriba en que no hacen caso de las advertencias de las autoridades ni de los llamamientos de alerta por radio. Aquí en Hong Kong –añadía Cheng–, hace cincuenta años, murieron más de diez mil personas cuando un tifón asoló la colonia. Todos los años suena alguna alarma, y quienes peor lo pasan son los frágiles juncos fondeados en la bahía o en las aldeas de pescadores del territorio y los que viven a la intemperie, en los cinturones de chabolas o en las techumbres.

Eran otros tiempos: hoy un cinturón de advertencia electrónica de radares y aviones que bordea el Pacífico avisa sobre lo que se avecina. Claro que un aviso no es garantía de resistencia. No hay más que ver lo que ocurre en el Caribe o la costa occidental de Estados Unidos. El chino, como supersticioso teológico temeroso del arrebato del último ciclón abatido sobre Hong Kong, agacha la cerviz y espera después de poner orden en los perímetros del *feng shui*. Los enjaulados, los *cage men* lo tienen peor. Ya lo vaticinó hace más de dos mil años el *Libro de los cantos:* «Los ricos podrán sobrellevarlo, / pero ¡ay! del desamparado y solitario.»

La gente de la calle que vende utillaje del siglo XXI atribuye estos excesos del cielo a algún pecado cometido, a algún castigo divino, y se pregunta qué es lo que habrá merecido la ira de los dioses. El chino contempla el mundo como un lugar habitado por una multitud de espíritus. Antes de construir una casa o aceptar un empleo debe estudiar el lugar en función de los genios de la montaña y los duendes de las aguas. Los niños se visten a veces la piel del tigre para ahuyentar las malas influencias. Trae mala suerte cruzarse con un calvo cuando se va a jugar una partida de *mayong,* y es peligroso tratar de ayudar a alguien que se ahoga, porque los malos espíritus pueden tirar de los dos hacia el fondo.

El maestro Confucio les ha dicho a sus discípulos: «Si no habéis aprendido aún a servir a los hombres, ¿cómo podréis servir a los espíritus?» China no tiene la visión maniquea de lo bueno y lo malo, del ángel bueno y el malo. El yin y el yang no combaten, más bien representan la alternativa al ritmo cósmico. Tampoco existe una relación violenta entre el hombre y Dios. China es agnóstica y no entiende una relación en el sentido occidental. A la doctrina de Confucio no le interesa la metafísica. Para el Maestro, el hombre es bueno en esencia, por eso los chinos tienen el sentido de la vergüenza, no del pecado. La solución está en la guía moral, en el *li,* el rito, los ritos. Me dijo una vez Tierno Galván, el filósofo que fue alcalde de Madrid: «Si desaparecen los ritos renacerá la barbarie.» Un chino en el poder es confuciano, fuera de él taoísta y a la hora del adiós a la vida budista. Ritos y gnomos. El *feng shui,* el viento y el agua, gobierna el equilibrio entre los hombres y los duendes en su espacio vital. Los chinos de Hong Kong han construido algunos de los más elevados y audaces rascacielos del Extremo Oriente. Cuando escribo este libro, aseguran los más optimistas que Hong Kong es la primera capital financiera del mundo por delante de Nueva York. Sin embargo, la tecnología no ha borrado la hechicería, la cábala. El presidente de un consejo de administración consultará con el brujo del *feng shui* que decide después de cálculos de no se sabe qué hondura y diálogos sobrenaturales la orientación del edificio, del féretro o del mobiliario. Un cataclismo y un tifón en marcha, y en Hong Kong alguien preguntará si estaban en regla y querrá saber si el *feng shui* es favorable o contrario. Los tiburones de las finanzas, los *tycoons* amarillos de ojos oblicuos, se preguntan, siempre a solas, si Confucio tendrá razón: «Algún dinero evita preocupaciones, mucho dinero las atrae.»

TECNOLOGÍA

Cuando viajé a Shaoshan, la aldea de Mao, en 1993, me chocó la ruptura, la violación de una de las reglas del maoísmo, la inmovilidad. Nadie podía salir de su aldea sin un permiso oficial, sin una razón de peso. Ahora, al abrirse las compuertas con el «hacerse rico es maravilloso», los chinos corren hacia las tierras de promisión de la costa. Debían pasar del excremento humano como combustible o del termo, su más preciado objeto, a la alta tecnología, a fabricar ordenadores o relojes. Entre cien y ciento cincuenta millones de chinos se han desplazado desde el interior hacia el litoral.

En el apólogo de un filósofo del pasado, de esa ética confunciana en la que mandan la no violencia, la subordinación, la resistencia al cambio, un estudiante vino a dar con un hortelano que regaba su espaciosa huerta de un modo muy curioso: lo hacía con una vasija de barro, a mano. Volvía una y otra vez a la reguera, jadeante. El estudiante le observó durante un rato. Al cabo, se dirigió a él con amabilidad:

–Has de saber que con muy poco esfuerzo podrías realizar una gran suma de trabajo. Cortas un madero largo de suerte que quede ligero por delante y pesado por atrás. Empleándolo como una palanca, puedes extraer agua con la misma facilidad que si la sacases en el hueco de la mano, y con no menos rapidez que el agua hirviendo rebosa por los bordes de una marmita.

El hortelano respondió despectivamente:

–Me han enseñado que para producir artilugios mecánicos hay que forzar y retorcer el ingenio, y que esto a su vez requiere poseer una mente fecunda en ardides, en trucos. Cuando es así la mente, el carácter del hombre no puede ya mantenerse en su integridad, y es imposible la paz del espíritu. Conozco bastante bien ese artilugio del que me hablas, estudiante, pero me avergonzaría emplearlo.

Los chinos han perdido la aversión, el recelo a la tecnología. Hong Kong representa la destrucción de esa atávica teoría y práctica. Nos aseguran que China será la primera potencia económica del mundo entrado el próximo siglo allá por el 2020 o 2040. ¿Qué quedará de los atavismos del hortelano, de los temores al tifón, del *feng shui*? La ciencia no acaba con las pitonisas. Es poco tiempo para cambiar el perfil de un pueblo viejo, que cumple cuatro o cinco mil años.

XI

EL BAZAR

Tifones y tifoideas. Las segundas han desaparecido. No se libra de los primeros el aeropuerto de Kai Tak. De pronto el ciclón bambolea aviones, pone un nudo en la garganta de pilotos, tripulantes y pasajeros. El aeropuerto hongkonés recuerda aquellos badenes de carretera sobre los que saltaba el coche, cosquilleando el estómago del niño. Eso es lo que se siente, un hormigueo, un remusguillo. Parece que tu avión se va a tragar los rascacielos, como en el cine de cataclismos, que va a meter el morro en alguno de los grandes bancos con astillamiento de cajas fuertes; que va a caer al mar, a desmochar los mástiles, las grímpolas y gallardetes de los juncos; que va a romper el tendedero de la señorita Ming, nada temerosa del infierno budista, donde cuelga la colada, sus braguitas y sostenes; que le va a arrebatar el cigarrillo de la boca al vaquero del anuncio, que se da un aire de Sadam Hussein.

De vértigo, es un aterrizaje de vértigo, como un vahído. «Como si aterrizaras en un portaaviones», opina mi amigo y paisano Joserra Plaza. Es como viajar en un tiovivo o en un carrusel. Es la misma sensación. Por muy habituados que estén a tomar tierra en la hoja de un cuchillo, los pilotos te dirán que cada vez que enfilan hacia la pista de Kai Tak desde el mar sienten como un leve estremecimiento interior. Un pálpito.

Alguna vez me hospedé en el hotel francés del aeropuerto. Desde la ventana de tu habitación veías pasar, ahí justo enfrente, a dos palmos de tus narices, a los monstruos de vientres plateados. Distinguías el rostro algo desencajado del turista que se sumergía en tan dificultoso aeropuerto. Aterriza como puedas. Toda la fábrica, la estructura del edificio se estremecía mientras tanto. Nunca hubieran imaginado los señores Kai y Tak, dos especuladores de terrenos, que aquel aeropuerto del que la RAF (Real Fuerza Aérea Británica) hizo su base en 1927 llegaría a ser uno de los de tráfico más intenso del planeta. Durante los cuarenta y cuatro meses de la ocupación japonesa en la Segunda Guerra Mundial, los prisioneros británicos acarrearon piedras y adoquines de la Ciudad Amurallada de Kowloon para ampliar Kai Tak. A medida que crecía Hong Kong debían crecer también sus pistas. Había llegado la *jet age*, la era del jet. Los clípers de la Pan American que hacían la ruta a Manila y San Francisco fueron a parar al desguace. En 1961 entraba medio millón de pasajeros al año, hoy son veinticinco. En 1975 aterrizaban los primeros Jumbos.

En uno de ellos viajaba en 1995 el inquieto guerniqués Joserra Plaza, cámara y productor de televisión: «No sé si aquel vuelo 028 era mi cita con el destino. El caso es que habíamos dejado de fumar, puesto los asientos en posición vertical, plegado las mesitas y abrochado los cinturones. El comandante nos agradeció de todo corazón que hubiéramos viajado en su compañía y nos invitaba a hacerlo de nuevo cuando empezó el baile. Desde mi ventanilla vi en acelerada confusión los barcos, los juncos, las casas, los montes, el agua de la bahía. Ya saludaba a los chinitos de la azotea con la mano cuando el Jumbo se puso al bies dispuesto a tomar tierra de lado sobre los extremos de las alas. Faltaban cien, cincuenta metros para tocar pista y el avión seguía torcido.» Joserra torció el gesto, cerró los ojos y trató de recordar alguna oración. «El comandante abortó el aterrizaje y en los últimos segundos hizo que el avión remontara el vuelo afeitando tejados y terrazas. Saltó bruscamente de abajo hacia arriba, y una vez arriba entró en pérdida, en breve caída para,

Los socios Jardine y Matheson. Ellos fueron los primeros taipans *que hicieron grande a Hong Kong.*

La silla de manos en el viejo barrio de Praya en torno a 1880.

El hotel Repulse Bay en 1882.

El Península, el famoso Pen, antes de la Segunda Guerra Mundial.

El Valle Feliz (el hipódromo) en 1881.

El tigre que sembró el terror en los Nuevos Territorios hasta que fue abatido en 1915.

El gobernador sir Mark Young cumple con el penoso deber de firmar la capitulación ante los invasores japoneses en el Península. 25 de diciembre 1941.

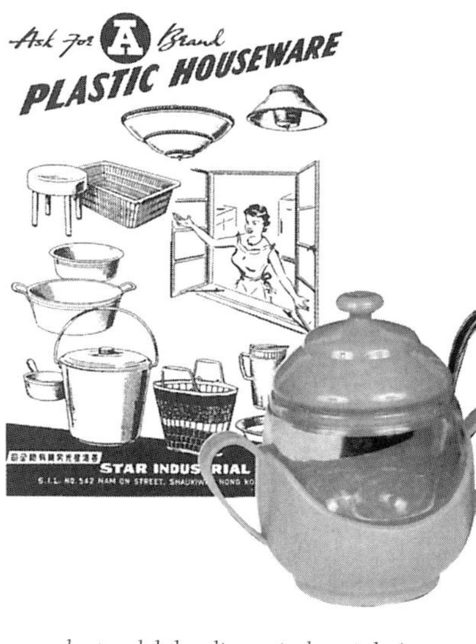

Después de la guerra, Hong Kong fabrica sus primeros productos del despliegue industrial. Aquí, pomada para el pelo y juegos de té y de plástico.

Fumadores de opio del siglo XIX: el opio es el opio de parte del pueblo chino.

La ocupación japonesa fue dura para los ciudadanos de Hong Kong.

Suzie Wong, una leyenda literaria y cinematográfica.

Bruce Lee, el gran triunfador del Kung Fu, que lanzó al mundo el cine de Hong Kong.

El puesto fronterizo entre la colonia y China Popular: los gurkas nepaleses estuvieron allí casi hasta el final.

La matanza de la plaza de Tiananmen en Beijing provocó la airada protesta de los jóvenes de Hong Kong.

Los aterrizajes en Hong Kong son de vértigo. Kai Tak es uno de los aeropuertos más difíciles del mundo.

Promesa de grandes placeres, Suzie Wong ha cambiado mucho.

El templo de la buena fortuna y de las curaciones milagrosas en Wong Tai Sin.

La tumba de un rico hongkongés en una colina, tiene 300 años. El lugar fue elegido por buen feng shui.

La hora del té en el hotel Península. Toda una tradición.

*Vivir para comer más que comer para vivir.
Hong Kong reúne algunos de los mejores restaurantes del mundo.*

Un experto de feng shui *muestra el principal instrumento de su trabajo, el* juopan, *el compás.*

Los acuarios traen buena suerte y sirven de protección contra los malos espíritus.

Hong Kong ha sufrido fuertes tifones a lo largo de su historia.

El tifón Rosa *se abatió con furia sobre la colonia. Llegó a hacer naufragar a algunos transbordadores.*

Las Tríadas, como la mafia, tienen sus reglamentos complicados y ritos de iniciación.

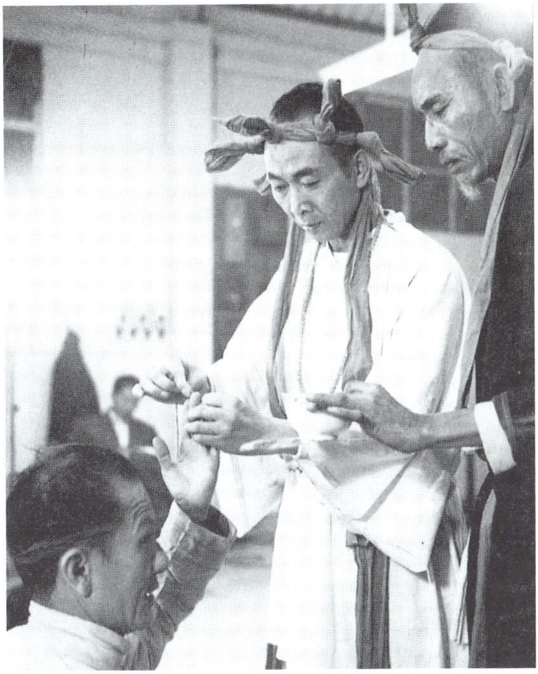

Jackie Chan es el nuevo Bruce Lee con otro estilo. No se toma tan en serio.

Macao volverá a China el 20 de diciembre de 1999, diciendo adiós a Portugal después de quinientos años.

tras un crujido, volver a una altura de seguridad. No se escuchó un solo grito. Todo el pasaje contenía la respiración. Yo había oído hablar de las dificultades del aterrizaje en Kai Tak. El sudor corría por mi frente cuando escuchamos por los altavoces la lacónica, flemática, explicación del comandante: "Por razones técnicas nos hemos visto obligados a abortar el aterrizaje. Nos dirigimos hacia el aeropuerto de Cantón. Muchas gracias."

»Era el maldito tifón. Metidos en la borrasca el vuelo 028 puso proa hacia Cantón. "No puedo describir esta ciudad –escribió Kipling–, es como Benarés sólo que ocho veces más grande. ¡Además –exclamó–, odio a los chinos!"

»Al llegar a la terminal de Cantón, donde reinaba el buen tiempo, el 747 se detuvo para repostar. Nos habíamos quedado al límite del depósito de combustible. Desde su cabina el comandante dialogó con las autoridades del aeropuerto. Ofreció su tarjeta de crédito para pagar el combustible, pero los chinos se negaron a aceptar el trato. Había que pagar a tocateja. El director del aeropuerto le invitó a que bajara del avión para buscar una salida al embrollo. El comandante inglés se negó en redondo: "A mí –dijo– no me sacan de aquí ni a rastras." Debió pensar que si salía del Jumbo podría no regresar.»

El trance abrió el apetito a los pasajeros. En pocos minutos se agotaron las existencias de quesitos, pastas, chocolate. Se vació la despensa: «Nos bebimos todas las botellas de Viña Alberdi. La gente seguía en un religioso silencio. Hubo quienes se dirigieron al WC para vomitar el miedo. En ésas estábamos cuando bajó por la escalera de caracol un elegante viajero chino de primera clase. Sacó el teléfono móvil del bolsillo de la americana y marcó un número de Hong Kong. Dio órdenes en su idioma, el cantonés, que suena como si estuvieran echando una bronca. Media hora más tarde cargaban el combustible y pudimos reemprender el vuelo.

»Al llegar a la vertical de la colonia seguía la borrasca en su apogeo. "Hace muy mal tiempo pero vamos a intentar el aterrizaje", dijo el comandante inglés. Atardecía.

»Todo estaba negro como ala de cuervo. Más que un Jumbo el aparato parecía un pájaro desamparado, vencido por el temporal. Con el estómago encogido afrontamos de nuevo la toma de tierra, con el mismo silencio. Podía escucharse la caída de un alfiler en el cenicero. Cerré los ojos de nuevo y en un pispás estábamos en tierra. Al llegar a la terminal descubrimos la dimensión de la borrasca. No se veía un alma. Hong Kong se había quedado paralizado por completo como consecuencia del tifón. La tripulación aplaudió al comandante por su hazaña. Nosotros seguimos con las manos agarrotadas y el corazón en un puño, sin decir ni pío. Al llegar al hotel descendieron las reservas de whisky. Estoy seguro de que más de uno leyó alguna página de la Biblia, de las que guardan en el cajón de la mesilla. Fueron los treinta segundos más electrizantes de mi vida. Al día siguiente Hong Kong pareció como sumido en una atmósfera de *day after*. Ni siquiera abrió la Bolsa. Sólo lo hizo al alejarse el tifón. Para celebrar la resurrección nos fuimos a cenar al restaurante japonés del Hyatt. La cuenta nos dejó tan helados como el fallido aterrizaje: eran treinta o cuarenta mil pesetas por barba.»

De compras

Estos chinos y «demonios blancos» de Hong Kong, como piojos en costura, son maestros en el aprovechamiento del espacio. Así también el aeropuerto de Kai Tak es el microcosmos de la ciudad, pequeño pero ordenado. El tablero de vuelos muestra ese cosmopolitismo: es como la encrucijada, el centro aéreo del universo mundo. Si el vuelo se retrasa por cualquier circunstancia, el tiempo añadido nos permitirá zascandilear entre los comercios, las librerías, los restaurantes, los bares. En estas tiendas, como en las de la ciudad, uno encuentra toda clase de caprichos electrónicos; los mismos que tiempo después encontrará en su tierra y puede que hasta más baratos. Una nueva marca sustituye en cuestión de días a otra. La metamorfosis es tan rápida como la sufrida por la propia ciudad. Es el dilema del comprador moderno: ¿será mejor esperar a que salga al mercado el nuevo modelo?

Entras en uno de estos comercios hongkoneses y sales con relojes que no buscabas o teléfonos que no te hacían falta. Es la fascinación por los artefactos y el resultado de la capacidad de encantamiento y persuasión de los dependientes chinos. También aquí mandan las prisas, la premura, la urgencia de vender. Son huraños y hasta ariscos, pero se las saben todas. Uno de ellos, irritado porque había desplegado sobre el mostrador no sé cuántas cajas de radios, cámaras y transistores, abofeteó a un cliente extranjero cuando éste le dijo que nada de aquello le convenía y se llamó andanas. Se las arreglan para venderte aquello que no quieres. Si uno de ellos fracasa, vendrá el suplente con nuevos bríos. Hoy el placer de viajar depende en gran medida del placer de comprar. Es una pena. Al volver podrás pavonearte con las maravillas orientales que en ocasiones, como los trajes de los sastres veloces, duran el tiempo de un suspiro. Son juguetes rotos. Pero ¿quién le quitará al viajero la ilusión filatélica de trapichear, mercadear, comprar, probar y comparar, de perseguir gangas en el Eldorado oriental?

He comprado un reloj. El chino pregunta si quiero otro. «*One more?*» Hong Kong tiene una biblioteca con menos volúmenes que la de las islas Fidji, pero ofrece a cambio lo último en el mercado de los artilugios. Ya soy dueño de un nuevo reloj. Luce en la muñeca. Me siento incapaz de cambiar las horas, de accionar ese mecanismo de múltiples pulsaciones que modifica días y fechas. Ahora, recrecidos, pretenden venderme el último chirimbolo que les ha llegado de no sé sabe cuál de los tres dragones asiáticos. Ya saben de dónde vienes, tu nacionalidad, y escupen palabrejas en tu idioma.

–Mire –me explica el tendero–, mire este tesoro. Es el DVC, el Digital Voice Changer, el distorsionador de la voz. Le sacará a usted de todos los apuros telefónicos.

Pregunto cómo se puede atar esa mosca electrónica por el rabo.

–Es muy sencillo, para niños. Se aprieta un botón y su voz

se transforma en una de niño, de señora o de anciano. No es usted, es otro.

–El travestí telefónico. ¿Y qué utilidad tiene? –pregunto en defensa propia, para ganar tiempo.

–Suena el teléfono en su domicilio pero a usted le interesa hacer como que no está en casa. Se pulsa el botón de DVC y suena una voz que no es la suya. Si aprieta otra tecla podrán escucharse ladridos de perros, graznidos de cuervos o cánticos de guacamayos. Así despistará usted a los pelmazos. Es ideal para los que reciben amenazas por teléfono, para desviar «pinchazos» o para desanimar a los sátiros que llaman a su mujer o a su prometida.

Lo compruebo sobre el terreno, sobre esos mostradores en los que bajo el cristal se alinean tarjetas de visita de clientes de medio mundo entusiasmados y agradecidos. Mi voz suena ahora como la de Chiquito de la Calzada, y poco después los perros electrónicos, como los de Pavlov por efecto de la salivación, ladran a voluntad.

Pregunto por dos marcas concretas de transistor y de una máquina fotográfica de esas que lo hacen todo ellas solas. Sé las marcas que me interesan. Saldré con otras distintas. El truco consiste en ofrecer, sobre esa máquina o esa radio que tú buscas, el precio más económico del mercado. El chino, que tiende el anzuelo, te convencerá así de que su oferta es más barata, imbatible. Dices que sí, que está bien, que lo envuelvan, y es entonces cuando se inicia la contraofensiva.

–Es una pena que se lleve usted esto tan barato pero devaluado, anticuado. Si quiere usted pagar la marca por la marca, allá usted...

–¿Qué alternativa tengo? –pregunto al chino vendedor.

Eso es lo que deseaba oír el pájaro. El recambio aparece en pocos segundos sobre el mostrador. Resultado: sales de la tienda con una cámara y un transistor que no son los que deseabas comprar y que, como es obvio, han costado más dólares de los previstos. Y con un DVC, un distorsionador de la voz con sus guacamayos y su jauría de perros en conserva.

La oficina de turismo de Hong Kong advierte sobre los usos, trapacerías y camelos de algunos comerciantes. Ellos juegan con la ventaja de que estarás ya lejos, tumbado en una playa de Ibiza, cuando tal vez descubras que el aparato suena mal o que no suena; que tiene dos bandas en lugar de doce; que la corriente es para 160; que el disparador de la máquina se bloquea y no corre el carrete, o que el número de la garantía no se corresponde con el de la cámara. Cuando pasé por Causeway, vi a un joven estadounidense apostado junto a una tienda que exhibía un cartel en que se leía: «Por favor, no compre aquí, le van a engañar como me engañaron a mí. Pase de largo.» A veces ni siquiera el junco rojo, logotipo del Centro de Turismo que se coloca a la entrada de las tiendas, basta para evitar sorpresas desagradables a posteriori.

XII

UNA CURA DE SILENCIO

El famoso lema «encargue un traje señorial en 48 horas por un puñado de dólares, como hizo Frank Sinatra» forma parte de las mamandurrias del pasado. Hay unos dos mil sastres censados en la guía telefónica local, las tijeras más veloces de Asia, pero muchos de ellos cosen tan rápido y con unas materias primas tan endebles que al primer chubasco quedas convertido en un confeti, o te crujen las costuras del trasero en cuanto tomas el primer taxi. A un amigo mío se les deshilacharon los forros al llegar al avión de vuelta: empezaron a caer papeles de periódicos con los que el sastre había dado prestancia al talle y solidez a las hombreras. ¿Qué habrá sido de los seis trajes que en 48 horas confeccionaron para Frank Sinatra, como acreditaba una fotografía del escaparate?

También son maestros de la falsificación, de la burda imitación, del producto espurio y contrahecho. Van a tratar de convencerte de que el búcaro es del período Tang o Yuan y que la frazada de seda es la misma que cubrió el cuerpo de Marco Polo o que la estatua acaba de salir de las excavaciones de los guerreros de terracota de Xian. Este comercio callejero pertenece al arte de la fugacidad, de las máscaras, de lo efímero, del espejismo, de la fluorescencia y las luces artificiales. En las noches claras de verano las luces de Hong Kong se ven desde unos trescientos kilómetros de distancia. Ésta es la áspera, inhospitalaria ciudad transformada por la luz. «La electricidad más los sóviets», decía Lenin de la URSS. Aquí sería la electricidad más los *taipans*. La bahía fragante, la bahía de Damocles está hoy contaminada, qué se le va a hacer. Los chinos del otro lado del río Shenzen saben lo que les espera. El incontrolado despegue de fábricas y talleres de la República Popular ha elevado los niveles de anhídrido carbónico y otras porquerías. China está hecha unos zorros. Sólo faltan los coches en masa. La humilde y menestral bicicleta marca Gaviota será pronto una reliquia salvo en las zonas rurales. Las voraces firmas automovilísticas han instalado ya sus cadenas de montaje. A este híbrido de capitalismo y dictadura comunista le ha llegado la hora del 600.

VÉRTIGO

El aeropuerto de Kai Tak, con sus 25 millones de viajeros, ya no puede dar abasto. Está en construcción el de Chek Lap Kot, en la isla de Lantau, que tantos quebraderos de cabeza les dio al gobernador Patten y a los negociadores rojos. Va a costar veinte mil millones de dólares. Los aviones que aterricen allí cuando Hong Kong haya vuelto a la soberanía de Beijing se ahorrarán las emociones del vértigo. La bahía fragante, o puerto del incienso, está enclavada en un lugar imposible. Quizá por eso la dinastía Quing, que reinó con Puyi, el «pequeño emperador» de cinco años de la película de Bertolucci, hasta la revolución de 1911, se despojó de ella con tanta facilidad. Sun Yat Sen, primer presidente de la República, se hizo lenguas del éxito del imperialismo británico y de Su Graciosa Majestad. Al dirigirse en 1923 a los estudiantes de la Universidad de Hong Kong, afirmó lo siguiente: «He conocido el mundo y me pregunto cómo es posible que estos extranjeros, los ingleses, han podido hacer en setenta u ochenta años un emporio de esta roca estéril que es Hong Kong cuando en cuatro mil años China no ha sido capaz de lograr nada parecido. He aprendido aquí todas mis ideas revolucionarias.» Y el dirigente nacionalista añadió sin tapujos: «Debemos inspirarnos en los ingleses y trasladar su ejemplo de buen gobierno a cada región de China.»

El viento sopla a más de cien kilómetros por hora, arranca árboles de cuajo y es capaz de hacer que se detengan los tranvías o los autobuses londinenses de dos pisos. No importa. El chino, el inglés no se acoquinan. A lo largo de los años han extraído miles y miles de toneladas de roca y ganado terreno al mar.

Los inviernos son suaves. La temperatura apenas si brinca por encima de los ocho grados. En verano el calor húmedo cae sobre la ciudad: 24 grados. El Pico Victoria, donde Clark Gable, el de las orejas de elefante, esperaba la llegada de su amor, Susan Hayward, en *Cita en Hong Kong*, se cubre de nubes y brumas matinales. Se abaten con furia las lluvias. Esto no es Rangún, donde los aguaceros dejaron sobre las fachadas su tarjeta de visita: mansiones leprosas, devoradas por el moho, y edificios desportillados. Nadie volvió a ocuparse de ellos. La bahía fragante, al menos en sus zonas nobles, se renueva cada día; las *hongs*, las compañías comerciales, reparan las fachadas. Una de las paradojas de la ciudad es que a pesar de la frecuencia de los chaparrones no hay suficiente agua potable. A los chinos de la República Popular les hubiera bastado con cerrar el grifo del agua para matar de sed a «la colonia que nunca existió». Nunca lo hicieron. Ésa fue una baraja que Mao y Deng se guardaron en su manga de prestidigitadores.

La densidad de población es de proporciones ruandesas: más de doscientos mil habitantes por kilómetro cuadrado. El promedio de la Europa occidental es de cuatrocientos por kilómetro cuadrado. La renta per cápita supera hace tiempo a la de la metrópoli. Como diría un seguidor de Adam Smith o de David Ricardo, pueden faltar las materias primas, los minerales y hasta el agua potable, pero si la fuerza de trabajo, si el capital humano responden, la roca estéril se transformará en un vergel. De los cincuenta mil talleres muy pocos de ellos reúnen a más de diez o doce trabajadores. Es mano de obra persistente, segura, capaz de manufacturar lo mismo flores de plástico que relojes.

La gloria les espera en Pico Victoria, como a Li Ka Shing, que salió de la escuela a los trece años, a los veintidós tenía veinte fábricas de flores artificiales, y hoy es uno de los emperadores más ricos de Hong Kong, la gallina de los huevos de oro.

FILIPINAS

Esta colonia es la primera exportadora de ropa del mundo y también la primera en la fabricación de relojes (270 millones al año). Tal vez por eso uno de los directores del Banco de Hong Kong y Shanghai afirma, muy seguro de lo que dice, que la ciudad funciona como un reloj suizo. Es también el primer exportador de juguetes, velas y leña artificial. El puerto de contenedores, desde el que zarpamos por fin hacia Los Ángeles en el *Zim*, es el más activo del mundo. Tampoco habrá una ciudad al margen de Manila, claro está, que albergue mayor número de chachas filipinas. Dicen que son 150.000 las chicas de servir. El 82 por ciento son filipinas, el resto indonesias o tailandesas. Las filipinas se dan cita los domingos en la plaza de la Estatua para despúes de haber asistido a misa darse a la charleta, almorzar juntas y escuchar música. Los conquistadores y los monjes españoles las convirtieron al catolicismo evitando así, como escribió un historiador norteamericano, que Asia fuera musulmana desde Mindanao hasta el Japón.

Hay iglesias para todos los credos: pagodas, mezquitas, sinagogas, catedrales, colegios religiosos que han educado a varias generaciones de hongkoneses. Al izar la bandera inglesa en 1841 el capitán Elliot prometió que la colonia daría cobijo a todos los extranjeros por igual. La promesa se ha cumplido. Ahí aparecen desparramadas a lo largo y ancho de la plaza las chicas de servir, las *amahs* filipinas, que se intercambian regalos, aprovechan para acicalarse antes del baile, bailan al son de sus serenatas, intercambian chismes, comentan las sorpresas del culebrón, opinan sobre el último novio de la actriz Nora Aunor o se hacen eco de los devaneos amorosos de Chris, la hija también actriz y rebelde de Cory Aquino. Los transistores suenan a todo volumen. Es su día de asueto, reinas por un día de domingo. El filipino es uno de los pueblos más filarmónicos que conozco. Es la hora del baile, del trueque de revistas ligeras de Manila, casetes, *compacts,* vídeos de películas románticas con todos los ingredientes que da la tierra, *pasyon* en tagalo, melodrama y mística católico-profana.

La visión de esta asamblea de chicas de servir filipinas, tan discretas, tan alegres a pesar de su oficio, tan mal pagadas con salarios de miseria, serena el ánimo del viajero. Filipinas, la católica, tan cerca de Dios y tan próxima a Hong Kong. Las muchachas filipinas escuchan a la Banda Sinfónica de la Comunidad, se leen unas a otras las cartas de novios y familiares, comparten la merienda en la que no faltarán platos tan españoles como la afritada o el adobo. Cuando suenen los compases finales de la banda, quién sabe si una composición de Felipe de León o Antonio J. Molina, con el último regusto melódico de la patria añorada, volverán al transbordador o al autobús. Hasta el próximo domingo.

La isla de la quietud

Vamos a darnos un garbeo por la isla de Lantau. Estas escapadas de un universo tan cerrado sobre sí mismo vienen bien para ventilar las neuronas. Pamela hablaba y no paraba de Lantau:

–Ya verás, es el mejor antídoto contra el neón y las joyerías, una auténtica cura de desintoxicación de los afanes de Hong Kong. Cuando me siento alterada, tensa, aturdida por el ruido tomo el transbordador y me largo a Lantau que es dos veces más grande que Hong Kong y cuenta con unos pocos miles de habitantes. Comprenderás enseguida por qué fue el lugar elegido por los monjes trapenses expulsados de la China roja para llevar una vida contemplativa, cultivar berzas, ordeñar leche para venderla al hotel Hilton y rezar por todos nosotros.

Desde la proa del transbordador el viento salitroso nos daba con fuerza en el rostro. Como en una secuencia cinematográfica del cine mudo, rascacielos, juncos, *walla-wallas* (taxis-canoa), aerodeslizadores desaparecían a nuestro lado a cincuenta nudos de velocidad. Amanecía sobre Hong Kong y el aire tenía una transparencia desconocida. Era la estampa cambiante de la colonia entrevista en toda su viveza, atalayada en su agitación mañanera. Ahora se va hasta allí en metro, bajo el mar.

Los aficionados a la psicología casera afirman, y así me lo hizo saber Pamela, que el visitante pasa en Hong Kong por varias fases o estados de ánimo. Primero la euforia, el pasmo, la felicidad por el descubrimiento de algo nuevo. Llega luego la sensación de aislamiento. Lo que te rodea te choca, te desborda. Te sientes inseguro, protestas, te lamentas, la tomas con los chinos y sus rarezas. Si todo va bien volverás al justo medio de Confucio, ese justo medio que nunca alcanzó China, aceptarás la realidad tal y como es. No puedes cambiarla. Si no puedes vencer al enemigo únete a él. Y te unes. «No te resistas, mécete en el caos organizado, déjate llevar.» Pamela *dixit*.

Al llegar a Lantau recuperaste el reino del silencio sedante, la soledad sonora. Al menos así era hace treinta años. Algo que creías haber olvidado, una isla de monasterios y monjes como en el Egeo se abría a tus pasos. Desde el monasterio de Po Lin (Loto Precioso), en la cumbre de la montaña, divisas ese mundo tan trepidante, tan cercano y tan remoto de Hong Kong. Vas a cambiar la aceleración por unas horas de calma.

Durante largo rato permanecimos sentados a la sombra del monasterio con las islas tendidas a nuestros pies, cubiertas por una fina película de niebla. El mar es hipnótico como el fuego de la chimenea. Sobre ese mar en otros tiempos infestado de piratas cabrilleaban las barcas de pescadores. Es una cura de silencio. Me han dicho que también esta lámina de pintura china pertenece al pasado. El turismo manda. Quieren budas gigantes que fotografiar, algo grande que llevarse al objetivo. Trajeron de Nanjing hasta el centro de Lantau un buda de 250 toneladas y 16 metros de altura que puede verse desde Macao a una distancia de 70 kilómetros. El templo ha sufrido algunos cambios hasta parecerse al del Cielo en Beijing. Por entonces, sin budas colosales y sin apenas turistas, Po Lin se dejaba querer, permitía ese baño de espiritualidad, lejos de las prisas y materialismos de la colonia. Eso era lo que buscábamos y eso fue lo que obtuvimos, unas horas de serenidad. Cuando el viajero se siente agobiado, oprimido, construye su paisaje ideal, se sumerge en él. El paisaje somos nosotros. Aquí no era necesario echar mano de la imaginación. El escenario era en su quietud tal y como lo describió Pamela.

En el monasterio trapense, como en el budista, servían comida vegetariana. Pamela, que fue pinche de cocina, guía turística, aprendiz de geomántico, tenía en su agenda el nombre de un caramanchel en la aldea de Tai donde servían viandas más prometedoras. «No me he hecho vegetariano por motivos de salud –escribió Isaac Bashevis Singer–, sino por la salud de los corderos.» Es inútil que los corderos pidan proyectos de ley a favor de la comida vegetariana mientras los lobos tengan diferente opinión. Las reglas del Cister, tan lejos de Las Huelgas o Poblet, se cumplen con la misma fidelidad y el mismo recatado silencio que hace ocho siglos. Estos trapenses han visto pasar cañoneras imperiales, embarcaciones de piratas, buques de guerra, lujosos yates de *taipans*, revoluciones culturales. Son anécdotas de la historia, ese inoportuno montón de polvo, tejido de crímenes, locuras y calamidades que ni siquiera provocarán en ellos la menor sacudida interior, el menor rictus. Están por encima de la historia, la ciencia de la desgracia de los hombres y sus convulsiones, cerca de Dios, pegados a la tierra que cuando llegaron era pedregosa y estéril y ahora es propicia, mollar. Con la paciencia que dan los siglos, los trapenses desbrozaron el terreno, lucharon contra el roquedal con la fe de los primeros cristianos hasta obtener su cosecha de arroz, cebada y hortalizas.

La docena de monjes de Lantau, del monasterio de Nuestra Señora de la Alegría, observaba una dieta alimenticia muy severa y largos períodos de ayuno y abstinencia. Una compensación frente a las bacanales de esa isla que se divisa justo enfrente. Los entierran tan desnudos como vinieron al mundo. Eso trajeron y eso se llevaron los eremitas, carne mortal, polvo de ayuno y silencio. *«Pax intrantibus, salus exuentibus»* («paz al entrar y buena salud al salir»), nos desean los monjes.

En el templo dedicado al dios de la guerra y la rectitud, Pamela encendió unas varillas de incienso ante la efigie de Buda. Se llamaba Gautama, entró en forma de elefante blanco en el vientre de su madre, Maya, y nació de su seno derecho. Lo apodaron Sidarta, «el que alcanza su fin». La flor de loto crecía a su paso. ¡Oh!, la flor de loto.

FAMILIAS DEL HUEVO

Si no falla mi memoria, tan frágil, almorzamos en una cantina flotante llamada Palacio del Mar. Antes de sentarte a la mesa ves en un tanque lleno de agua el pez que te vas a comer. Es una exhibición que no me gusta. Tienes una cierta sensación de incomodidad y alevosía, zamparte algo tan hermoso que está vivo y coleando en la pecera, cangrejos arco iris, gambas, anguilas. Se supone que los chinos no hacen melindres a esta exhibición previa del menú, antes bien les abre el apetito.

–¿Gambas, langosta, anguilas, cigalas, quisquillas, bogavante, carabineros, langostinos, almejas, bígaros, escaramujos? Todo recién sacado del mar…

–Sus solos nombres me abren el apetito. Un poco de todo.

Esto es lo que hubo: cangrejo al estilo de Fu Yung marinado en tallos de bambú, lechuga y alubias; langosta con salsa de cebolla; anguila cocinada al estilo Yung-Chow, no recuerdo bien si con jengibre o salsa dulce o amarga. Ni siquiera esa tarde consiguió Pamela que me ayudara de los palillos: uno tiene el derecho a la diferencia.

–¿Te sientes satisfecho? –preguntó mi amiga.

–Por ahora, sí.

–Durará poco el hartazgo –añadió sentenciosa–, dentro de un par de horas sentirás hambre otra vez. Así es la cocina china, la dieta más saludable junto con la mediterránea.

La dueña de la casa vestida con el tradicional *cheongsan,* el vestido apretado en una pieza, de cuello cerrado, nos trajo la cuenta: aquello sí era una ganga.

A los habitantes de las barcas los llaman *tanka* en tono despectivo, «familias del huevo». Es que antes pagaban con huevos. Se pasan toda la vida en los sampanes, aunque su número desciende poco a poco. Sólo los difuntos descansan en tierra de forma permanente. Los hombres de las barcas vestían siempre de negro y se tocaban con grandes sombreros de paja con los bordes vueltos. Algo curioso nos dijeron los barqueros de Tai O. A pesar de vivir en el agua no sabían nadar. La vida en una barca puede parecer romántica a simple vista. La impresión que saqué fue distinta, es incómoda y por añadidura los consideran una raza inferior, casi maldita. Dicen de ellos que los dedos de sus pies son como los de las palmípedas con seis dedos en cada pie y manos. Al vivir en el sampán reúnen el hogar y el oficio, la pesca. En un espacio tan estrecho se malvive. Un habitante de los botes es feliz cuando ve la posibilidad de saltar para siempre a tierra firme. Es allí, fuera de las barcas, donde están el agua limpia, los espacios holgados, la vida salubre, las escuelas, las oportunidades. La desconfianza mutua entre los pueblos de la superficie del agua y los habitantes de la costa cede con el transcurso del tiempo.

Hace más de doscientos años, en la época imperial, no les estaba permitido a los barqueros, hombres de los botes, ocupar cargos en la administración del Estado. En 1950 las embarcaciones navegaban a vela, hoy están motorizadas. El gobierno construyó para los barqueros bloques de casas y abrió escuelas para sus hijos. El estigma del *hoklo* o el *haka* desaparece poco a poco. Se han integrado en gran medida en la sociedad terrícola, aunque hay quien, anfibio, abrazado al agua, fundido con el mar, se niega a abandonar ese cuchitril flotante, un pequeño cobertizo de bambú o de lona en el que comen, beben, yacen y aman, nacen, mueren sacudidos como hojas cuando estalla la tempestad.

XIII

LOS *GURKAS*

Las barreras electrónicas no valen sólo para adivinar los propósitos del tifón, se dilatan a lo largo de la frontera con China. Al otro lado vivaquean las tropas del Ejército de Liberación Popular y a este lado los *gurkas* originarios del Nepal, el último ejército mercenario. Las dobles alambradas temblaron ante el impulso de los guardias rojos durante la revolución cultural (1966-1976). La colonia era un ultraje para ellos. Gran Bretaña desarrolló ante China una política exterior propia, equidistante. Londres permaneció neutral durante la guerra civil entre los comunistas de Mao y los nacionalistas de Chiang Kai Chek, al contrario que Estados Unidos, beligerante a favor del generalísimo. Sin embargo, los efectos de la revolución cultural desencadenada por los jóvenes para recuperar las esencias del maoísmo zarandearon la colonia desde esas alambradas y desde el interior.

Los «imperialistas británicos», los «cerdos de piel blanca», vieron saqueada su embajada en Beijing. Detuvieron los guardias rojos a un periodista de la agencia Reuter. El *Diario del Pueblo* arrojó leña al fuego al denunciar las «atrocidades fascistas» de los británicos y exigir un «ajuste de cuentas». La revuelta se extendió a Hong Kong donde los comunistas chinos y sus compañeros de viaje organizaron huelgas y manifestaciones con la intención de desestabilizarla. Casi lo logran en 1967 cuando pusieron a prueba la sangre fría y la capacidad de respuesta de la policía y el ejército de Su Majestad. En agosto los revoltosos del interior, émulos de los guardias rojos, pasaron a colocar bombas caseras y quemaron vivo en su coche a un comentarista de radio que consideraban hostil a la causa de Mao.

Durante cuatro días se interrumpió el suministro de víveres desde China. Fue un agosto de prueba para Hong Kong. Al cabo, las autoridades locales contaron los muertos, cincuenta y uno, y los heridos, ochocientos. El gobierno siguió en pie y la opinión pública contuvo la histeria de los prochinos. El efecto fue el contrario al que buscaban los revolucionarios. La agitación de ese año y la de 1989, la matanza de la plaza de Tiananmen, cuando Hong Kong vibró al lado de los estudiantes demócratas (y algunos no tan demócratas) de Beijing, señalaron el abismo que separaba a los chinos de la colonia con el gobierno del otro lado de la frontera. En diciembre cesó la violencia.

Los años setenta vieron la eclosión del desarrollo económico de la colonia del que China obtuvo beneficios crecientes. Hong Kong iba a más, pasado el sobresalto. El famoso Tercer Pleno del Comité Central en Beijing, a finales de 1978, liquidó los estertores de la revolución cultural y ocurrió algo que nunca se había visto: los nuevos dirigentes chinos invitaron a los extranjeros a invertir en China. Lanzaron un llamamiento a los «compatriotas de Hong Kong» para que contribuyeran a la «modernización de la madre patria».

Rastros de sangre

Los *gurkas* levantaron la verja de unos cuarenta kilómetros y la cubrieron de sistemas de alta tecnología, de detección, con nombres de ciencia ficción como Classic (Covert Local Area Sensor System) o Vindicator, para evitar la penetración de inmigrantes a través de las ciento cincuenta puertas. Entre 1975 y 1980, 480.000 chinos pasaron ilegalmente a Hong Kong. Todo les era necesario a los vigilantes: helicópteros, perros olfateadores, patrullas constantes, camiones, los prismáticos que tendían desde las torres de observación hacia territorio ajeno. La proximidad de la fecha de entrega no desanimaba a los «espaldas mojadas» de la República Popular, que caminaban días enteros, nadaban durante horas en aguas infestadas de tiburones para escalar la doble alambrada. Cada mañana los *gurkas* descubrían rastros de sangre y de ropa en la tela metálica. En 1979 hallaron cadáveres de evadidos en las playas, con sus neumáticos y sus bolsas de plástico infladas. Soñaron en vano con las calles de Hong Kong pavimentadas de oro. En 1980, el gobierno británico cerró el grifo y declaró la guerra a la inmigración ilegal: hasta quinientos refugiados intentaban saltar la verja de alambre de espino cada noche.

Hoy trataban de pasar un promedio de doce chinos al día. Nada comparable a la marea de doscientos mil hombres y mujeres que en 1961-1962 arrolló la frontera cuando la hambruna atacó a China. Los campesinos del sur se lanzaron en tromba hacia las alambradas. Se dice que los cantoneses miran hacia Hong Kong y los chinos hacia Cantón. Pronto serán una misma cosa. La mitad de los que entraron en territorio de Hong Kong para «votar con los pies», según la famosa fórmula de Lenin, debieron volver sobre sus pasos. Esta invasión desmentía las tesis del gran matemático que fue Bertrand Russell en *El problema de China*: «Pienso –escribía– que un chino de tipo medio, aun cuando sea miserablemente pobre, es más feliz que un inglés de tipo medio, y es más feliz porque su nación está construida sobre una concepción más humana y civilizada que la nuestra.» A Ortega y Gasset, que glosó el libro del premio Nobel de 1923 en *La Revista de Occidente*, le pareció un texto monótono y empobrecedor. Por entonces, el autor de *La rebelión de las masas* era defensor de la guerra «como oportunidad de oro para los pueblos». Russell parte de «suponer dogmáticamente que la guerra es el peor de los males, y la paz, el sumo bien. Al encontrar que el chino es pacífico, le parece maravillosa una cultura que genera tal mansedumbre. En cambio, la civilización europea le parece perversa porque combate con denuedo».

Bertrand Russell era pacifista profesional. «La inquietud y la combatividad –señalaba– no sólo nos causan daños evidentes, sino que llenan nuestra vida de descontento, nos incapacitan para el goce de lo bello y nos tornan ineptos casi siempre para las virtudes contemplativas. En este aspecto, hemos empeorado rápidamente durante los últimos cien años. No niego que los chinos van demasiado lejos en la dirección opuesta: mas por esto mismo creo que un contacto entre Oriente y Occidente sería fructuoso para ambas partes. Ellos podrían aprender de nosotros el mínimum indispensable de eficacia práctica, y nosotros podríamos aprender de ellos un poco de esa paciencia contemplativa que les ha permitido subsistir mientras el resto de las naciones antiguas ha perecido.»

Resulta curioso analizar el texto de Russell más de sesenta años después de haber sido escrito: China abandona el goce de lo bello para elegir lo útil. Camina en pos de esa «inquietud y combatividad que nos causan daños evidentes». El triunfo de los cuatro «dragones» o «tigres», de los cuales Hong Kong es el primero seguido por Taiwan, Corea del Sur y Singapur, viene a demostrar que la paciencia contemplativa pasó a segundo plano para elegir el que fue el lema de una empresa de carburante: «Ponga un tigre en su motor.» No sé si Bertrand Russell, hijo de vizconde y el filósofo británico más famoso del siglo («la matemática y la lógica son la misma cosa»), llegó a viajar a Hong Kong, pero la colonia y su espíritu se situaban en las antípodas de su visión del mundo y de la vida. No todo era complacencia con el que fue Imperio del Centro: los chinos para Russell son «cobardes, crueles y avaros». «Es decir –concluía Ortega–, les importa el dinero por el dinero más que al europeo, y si no mata al prójimo es por poltronería, no por humanidad.» Para los inmigrantes, el sueño terminaba, aunque no siempre, en la posición del loto y las manos en la nuca en la explanada de la frontera. Ahora les sirven un té y los entregan a los guardias chinos en una ceremonia que se celebra todos los días a las tres de la tarde. Puede que lo intenten de nuevo, escalen la alambrada y sigan atraídos como la mariposa hacia la llama por las luces y la pirotecnia de Hong Kong.

Leyenda

Los *gurkas* de la frontera la habrán defendido hasta el fin. Ésa ha sido su costumbre desde que pelearon las batallas del siglo XIX en la India a las órdenes de Su Graciosa Majestad hasta la guerra de las Malvinas o la Tormenta del Desierto en el golfo. Cuarenta y tres mil dejaron la piel en la milicia. En 1965, en el conflicto India-Pakistán, los vi combatir cerca del paso de Haji Pir. Paticortos, sobrios, berroqueños, disciplinados, atléticos, los *gurkas* han nacido, si ello puede decirse alguna vez, para hacer la guerra. Les pagan por hacerla. En Hong Kong el *gurka* nepalés, llamado así por la ciudad nepalesa de Gurka, ha sido siempre una garantía de seguridad. He visto la mirada de agradecimiento hacia el militar mercenario que les dirigían los asustadizos. Londres echó mano de los soldados nepaleses cada vez que necesitó de ellos. Doscientos cincuenta mil han combatido a lo largo de la historia a las órdenes de Su Majestad. Durante la Segunda Guerra Mundial, en 1944, les sacaron las castañas del horno a los aliados en la interminable batalla de la abadía de Montecassino contra los nazis. En las bombardeadas laderas del monasterio benedictino de los Apeninos, el centinela de Roma, la llave de la Ciudad Eterna, los *gurkas*, hijos del ventisquero himalayo, reptaron con su cuchillo, el *kukri*, en la boca hasta alcanzar las trincheras alemanas.

La leyenda ha acompañado a estos mercenarios allí por donde han pasado. Recuerdo que en Buenos Aires, en la guerra de las Malvinas, un recluta argentino que se dirigía a la zona de combate contra los británicos me mostraba lleno de orgullo su puñal: «Los *gurkas* –dijo el pobre muchacho– morderán el polvo en Malvinas. Mi cuchillo correntino [de Corrientes, el Albacete del Paraná] derrotará a los *kukris* de los mercenarios asiáticos.» Cuando llegó la hora de la verdad, los jóvenes soldados argentinos, mal vestidos y engañados, echaron a correr cuando se escuchó la voz: ¡que llegan los *gurkas*!

Nos invitaron al rancho. Les gustaba Hong Kong, más que Malasia o Singapur. «Éste es nuestro segundo hogar –dijo el comandante Man Bahadur Gurung–. Hemos pasado por otros lugares, pero aquí nos sentimos más a gusto.» Los mil *gurkas* desmovilizados o retirados quieren quedarse en Hong Kong cuando desaparezca la presencia militar británica en Asia. Han hallado trabajo como guardias de seguridad, y se cotizan alto. Eso es lo que venden, seguridad, confianza. Los hay alistados en el ejército indio, en la policía de Singapur y en las fuerzas de seguridad de varios estados del golfo Pérsico o bajo la bandera del sultán de Brunei, que paga dos batallones de *gurkas*. Se puede permitir ese lujo: su majestad Bolkia pasa por ser uno de los hombres más ricos del mundo.

La perspectiva de un regreso a Nepal, uno de los países más pobres del mundo, no se le pasaba por la cabeza al comandante Gurung. «Allí no hay nada que hacer. Lo malo es que hace diez años las fuerzas británicas empleaban a nueve mil de los nuestros. Hoy quedan dos mil quinientos. Al resto los han jubilado por anticipado o les han rescindido el contrato.» Es raro ver a ex soldados *gurkas* reenganchados como los antiguos *siks* barbados en la tarea de protección de un banco o la sede de un *hong*. Eso es poco para su destreza. Les contratan para zonas de alto riesgo, como el centro de la comunidad judía, el perímetro de construcción del nuevo aeropuerto, un proyecto muy costoso o las residencias de Pico Victoria. Cuando algo malo ocurre –atracos, amenazas de extorsión o secuestros–, lo primero que piden es un *gurka*. Son fieles, incapaces de ser comprados o infiltrados por las *tríadas*, la mafia hongkonesa. Las autoridades lo negaban pero en Pico, el barrio exclusivo de la isla, eran frecuentes los atracos atribuidos a los «inmigrantes ilegales». Tanta riqueza atrae a los forajidos del otro lado: los hongkoneses se preguntan si ésta será la norma (Hong Kong, ciudad sin ley), cuando lleguen los chinos con el general Liu Zenwu al frente.

Los ciudadanos del territorio elevaron a un *gurka* a la categoría de héroe popular en 1996, cuando un ladrón, inmigrante clandestino, intentó atracar el Banco del Asia Oriental. No debió consultar al astrólogo o al nigromante porque le tocó enfrente el peor enemigo, un guardián de la tribu montañesa del Nepal. Lo persiguió hasta un callejón sin salida en el distrito de Mongok, uno de los más poblados de la ciudad. El ladrón encañonó al *gurka* y éste al delincuente. Como en los telefilmes: el cañón de la pistola en la sien de los dos. El primero que parpadeaba perdía. Perdió el ladrón, incapaz de soportar tanta angustia y la mirada de acero del *gurka*. Arrojó el arma al suelo y se dio preso. El caco desconocía la historia de los soldados nepaleses. Hace ciento ochenta años se opusieron con éxito a la invasión británica del Nepal. Eran los mismos que en 1857 salvaron el imperio al estallar el motín en la India. El héroe de 1996 fue propuesto para varias condecoraciones. Se las merecía. Los ciudadanos aplaudieron, pero las leyes están por encima de su sentido de la gratitud: el *gurka* deberá abandonar el puerto fragante en cuanto caduque su permiso de residencia en 1998.

Hay que haber presenciado el cambio de guardia en el cuartel de Sek Kong para comprender el grado de compromiso militar de estos soldados. El oficial ordenaba que presentaran armas, y los hombres de las montañas del Himalaya retiraban el temible y temido *kukri* de la boca del cañón de su fusil semiautomático. Según la leyenda, un *gurka* sólo podrá sacar la bayoneta de la bocacha cuando haya corrido la sangre. Por eso, para respetar el mito, hay *gurkas* que al extraer el cuchillo del fusil se cortan el dedo de forma intencionada. Ésa es la sangre necesaria, siquiera sea una gota, para que la tradición se cumpla.

XIV

LA ÚNICA CHINA

Lo primero que vi al entrar en la China Popular desde Macao fue un lujoso cartel: «La Asociación de Golf de la República Popular China anuncia el II Campeonato de Aficionados.» Todo lo bueno y lo malo se contagia por la vecindad. Los usos y costumbres de los «demonios blancos» socavaban como termitas el ocio y el negocio, las bases del austero maoísmo. Oriente es, era, rojo. Nada más cruzar la frontera hacia lo que llaman el «Greater Hong Kong», un rapazuelo me pidió un dólar, a ser posible norteamericano. China descubría todos los vicios, la limosna, el viejo egoísmo, la sensualidad mercenaria, la explotación del hombre por el hombre, los verdes campos de golf.

Un microbús nos esperaba cerca de la aduana. Pertenecía a la Asociación China de Turismo. Bastaron unos pocos cientos de metros para descubrir hasta qué punto Hong Kong había drenado el *hinterland* chino: los mismos anuncios de multinacionales, refrescos y comidas rápidas, iguales vestimentas y programas de televisión, las óperas-culebrones retransmitidas por las estaciones de televisión de la colonia. Tres millones de chinos continentales trabajan para las fábricas de Hong Kong. ¿Quién resiste a la presión catódica, electrónica, informática, internética? Para Ortega y Gasset el chino es «ese pueblo equívoco, casi extrahumano, que hace todo al revés que nosotros». El tiempo y las costumbres lo acercan a nosotros. El severo, ascético revolucionario de las comunas se adhiere a los vaqueros y si es necesario a la comida rápida en perjuicio del uniforme Mao y el cuenco de arroz.

Los turistas nos acomodamos a bordo. El grupo estaba formado por un puñado de neozelandesas deseosas de romper el telón de bambú; una china norteamericana muy estudiosa, Lu Murray, ávida por descubrir los nuevos secretos de la madre patria; una pareja de japoneses, y un joven yanqui ataviado con una camisa floreada y pantalones bermudas: el típico «inocente en el extranjero» descrito por Mark Twain. La protagonista de la excursión, nuestra cicerone, vestía con recato. Lo nuevo no acaba de nacer y lo viejo no acaba de morir. Se llamaba Kiu. Debía rondar los veinticinco, su cara era de luna, sus cejas apenas dibujadas, su boca minúscula, su voz cantarina. Era dicharachera y mandona, empeñada en ganar para su causa a todo el pasaje. Lo primero que nos aconsejó por el micrófono fue esto: «Sepan que aquí la propina está prohibida, pero gasten con prodigalidad sus dólares. No regateen, ésa es una fea práctica del Hong Kong capitalista, incompatible con nuestros ideales y nuestra decencia. No se les ocurra perseguir a nuestros campesinos. Su vida es tranquila y feliz. Gracias.»

A partir de entonces, la «comisaria» Kiu procedió, con las técnicas de Fu Manchú, a un lavado de cerebro a fondo para que nos espabilaran los dólares. Todo por la patria. El patriotismo chino es inquebrantable. Se cree en el centro del mundo y es muy probable que vuelvan a serlo, porque Occidente devora la historia y China pacta con la eternidad. Son ya más de mil doscientos millones de habitantes.

Sí, venía a decir la señorita Kiu, decidida a dar un impulso decisivo al producto interno bruto de China a costa de los excursionistas. Un paisaje de arrozales sin fin, carabaos atenazados por la pereza, las familias de patos y ocas que cruzaban la carretera camino de la acequia, la banda de gansos que atravesaba un cielo de lapislázuli, la perfecta caligrafía de los ideogramas, la dinastía Ming, los soldados de arcilla. De acuerdo, sí, pero gasten sus dólares.

–Nuestro país –prosiguió la guía– está abierto al turismo, los negocios y a la comprensión de todos ustedes. Hagan un esfuerzo para entendernos. No somos bichos raros. Sean respetuosos con nuestra cultura, que es más antigua que la de todos ustedes. No se lamenten de que el WC no sea como el de sus casas; nosotros los chinos nos arreglamos bien sin el inodoro. Por favor, no nos llamen China roja, somos China, la única China, la República Popular China. La única nación del universo que se ha mantenido unida desde hace tres mil años. Los imperios de Babilonia, Persia, Grecia, Roma, España, Turquía, Gran Bretaña, Holanda o Francia han desaparecido, en cambio China es una prolongación viva de la China eterna, de la única China.

El norteamericano de los pantalones bermudas le interrumpió desde el fondo del microbús.

–Pero ¿no decía Mao que Oriente es rojo, tan rojo como la propia China?

–Ya no entendemos de colores –respondió–. Con que ya lo saben. China y sólo China, nada de Taiwan o de Hong Kong, sólo China, la única China.

–Pero ¿no hay peligro de que todo esto estalle, que vuelvan las turbulencias del pasado, las tribulaciones de un chino en China? –preguntó una de las turistas de Nueva Zelanda, pecosa, avispada–. Leemos en los periódicos que todo depende de lo que ocurra a la muerte de Deng Xiaoping.

–Los periódicos de Occidente son incapaces de comprender lo que ocurre en China. No les haga caso. No ocurrirá nada.

Kiu fue la descubridora del pensamiento único. La verdad brotaba de su corazón y de sus labios, la verdad de la ortodoxia.

Hacía diez años que no visitaba China. Las transformaciones saltaban a la vista superado el ecuador de los años ochenta. Ésta era la zona de penetración de la colonia de Su Graciosa Majestad en la termitera china. Y pensar que en 1983 no había un solo coche particular... Un Mercedes espantaba ahora a un batallón de ocas. El coche alemán era el símbolo de la arrogancia de los nuevos ricos del partido.

–Espero que adopten lo mejor de Hong Kong –me susurró

al oído Lu Murray–: la estabilidad, la libertad de expresión, la iniciativa o el sistema judicial. Pero si se empeñan en traer lo malo de aquí, la corrupción de los nuevos cuadros, de los nuevos mandarines, la burocracia, el bandidismo de Estado, estaremos listos.

COMUNAS

«Cuando China despierte el mundo se echará a temblar.» Napoleón. Los chinos se sienten incomprendidos, creen merecer del bárbaro Occidente algo más de lo que reciben. Ni siquiera tuvieron el buen gusto de adjudicar a Beijing la Olimpiada del año 2000. Le comento a Lu la frase de Napoleón y extiende el brazo por la ventanilla. No se movía el aire. Nada temblaba. China despertaba en las Nuevas Zonas Económicas hacia las que nos dirigíamos, Shenzen, donde Deng predicó el evangelio del enriquecimiento y extendió el certificado de defunción de las comunas populares, sin ceder por ello las riendas del Partido Único. La nueva China nos ofrecía su doble lenguaje visual: campesinas cargadas de balancines y cestas de frutas y hortalizas y fábricas en las que se manufacturaban toda clase de artilugios. Los campesinos, los hijos predilectos de Mao, la punta de lanza de la revolución, de la larga marcha, del salto hacia adelante, ya no vestían todos de azul ni se tocaban con el gorro del Gran Timonel. Desde que el modisto francés Pierre Cardin llegó a la plaza de la Paz Celestial, todos los aldeanos podían vestir como quisieran. Las comunas se abolieron en 1985. Poco antes de su cierre visité una que fue símbolo de la forzada revolución igualitaria, de la organización colectiva. Era la Comuna Popular del Lago Oeste, una ficción, un museo lleno de momias y telarañas. «La comuna agrupa varias aldeas con el fin de mejorar la colectivización agraria y de coordinar los trabajos de interés general», explicó la directora. ¿Creería en su propio discurso? Llegaba el tío Deng con las Nuevas Teorías Económicas y las cuatro modernizaciones, y despertaba el Gulliver de Asia, el Dragón somnoliento: lejos de nuestra bulimia por los derechos, China mantiene la ascesis de los deberes. La política y la moral como una misma cosa. Y el *mei-yu*, la palabra más odiada por los extranjeros que viven en China. Significa literalmente «no hay», o también, dependiendo de la pronunciación, de la hora, del humor del dependiente, algo así como «no me cuentes tu vida». *Mei yu* para esto, *mei yu* para lo otro, la eterna canción de los chinos.

La tierra de promisión se dilataba hacia el litoral deslumbrante. Hacia allí marchaban con lo puesto millones de labriegos decididos a probar fortuna. Les hablaron de un campesino que triunfó en la tierra prometida y se hizo de oro. Volvió como el indiano rico para pavonearse de su fortuna, la piel cubierta de oros, el cochazo a la puerta, el teléfono móvil, la tarjeta de crédito. Era impresionante comprobar el alcance de la emigración interior. Ochenta, cien millones de campesinos dejaron sus aldeas para correr hacia el becerro de oro. La gloria les estaba reservada a los elegidos. Había que apostar fuerte, conocer el tejido del que se labran los cielos del materialismo, empujar, allanar y dejar algún cadáver escondido en el armario. El resultado eran los nuevos ricos y los nuevos pobres, los indefensos, los que saben plantar semillas, gobernar piaras de cerdos y familias de patos, cosechar el arroz y ordeñar búfalos pero desconocen las recetas para labrarse una fortuna.

El viaje en tren desde Hong Kong hasta el lugar de nacimiento de Mao me puso al día sobre esta compulsiva larga marcha de los chinos del interior hacia las Nuevas Zonas Económicas. Era lo más parecido a una caótica película de chinos, porque cientos de miles de ellos, con sus familias o sin ellas, buscaban una salida del laberinto ferroviario. Destino: Shanghai. ¿Es Hong Kong la decadente Shanghai de la década de los treinta modernizada? La avenida del Bund resucita desde hace años vestida por Pierre Cardin, Gucci y Valentino, calzada por Ferragamo, desayuna con diamantes de Arpels. Es la estampa de la ensoñación. ¿Qué será de estos campesinos que abarrotan estaciones, corren hacia los vagones de la buena fortuna, dispuestos a robar el fuego de Prometeo, a cambiar los callos de la azada por los del taller de juguetes, *Made in China*, la única China, la despótica de las dinastías y la poscomunista o lo que quiera que sea ese limbo en que ahora se encuentra? El campesino busca el río Jordán. Está en la desembocadura del río Azul. Es un destino que le atrae más que la Gran Muralla, el único monumento de la Tierra que se ve desde la Luna, el palacio de Verano del emperador, la emperatriz Cheu Cheuhi, la Ciudad Prohibida. El emigrante interior quiere seguir la estela de su paisano que regresó al volante de un Mercedes. A ese arrebato le llaman los chinos «lanzarse al mar».

Campos de golf, pistas de tenis, karaokes, la imagen de la burguesía emergente. Diez años después de su muerte no veía retratos de Mao por ninguna parte, barrido por la liberalización, el *gaige* y el *kaifang*, la *perestroika* y la *glásnot* de los nuevos chinos.

TARJETAS DE VISITA

Visitamos una casa cualquiera. Por las calles nos cruzamos con algún pordiosero, niños pedigüeños, mujeres protegidas con sombrillas, aldeanos en bicicleta y ancianas centenarias a las puertas de sus casas. A instancias de la guía, el dueño de la casa, el señor Tang, nos invitó a pasar. El mensaje que nos transmitió la señorita Kiu fue transparente: «No les engaño, esto no es un palacio, pero tampoco una pocilga.» Tenía el televisor conectado a uno de los canales de Hong Kong, el cordón catódico unido al mundo de ensueño: «Vemos todas las películas de tiros, las operetas, los anuncios. Es muy divertido –dijo con inocencia–. De algo nos tiene que servir el hecho de que nuestra aldea se encuentre tan cerca de Hong Kong.»

La vida se confunde con la tele. La fotografía de los antepasados pasaba a un segundo plano. Había sobre la pared una abarquillada estampa de Manhattan, el otro Hong Kong. Si te gusta Nueva York te gustará la perla de Oriente. El señor Tang era dueño de muy poca cosa: una tosca máquina de coser en el zaguán, gastados sillones de bambú, una radio, armarios barnizados de laca, cintas de colores rojos y poco más. El hogar promedio, limpio, sobrio y honrado. El señor Tang era muy comunicativo, preguntón. ¿Cuánto ganábamos? ¿Cuánto costaban nuestros relojes? ¿Y la cámara de fotos? ¿Cuánto valían nuestras casas? «¿Trabaja su esposa? ¿Cuánto gana?», le preguntó al de los bermudas. Nos pidió la tarjeta de visita. Los chinos adoran las tarjetas de visita. Si no tienes tarjeta es que no vales nada.

En la aldea de Chingham escucharía años después en los transistores la música rockera de Beijing, pigmentada de cultura de Hong Kong:

Enróllate en 1997.
Me dejarán ir a Hong Kong,
dejadme entrar en el estadio Hung Hom.
Enróllate en 1997,
apúntate a 1997.
Podré ir al espectáculo de Medianoche.
Vamos a ello, quiero descubrir
lo fragante que es la bahía fragante.

Es por lo que suspiraban los jóvenes chinos, el estilo Kong-Tai: Kong por Hong Kong y Tai por Taiwan.

Los niños revoloteaban alrededor nuestro y pedían dólares, o probaban sus progresos en inglés con palabras como «*Allo*», «*allo*» o «*bye bye*». Hola y adiós. Nuestra guía nos advirtió de nuevo sobre los peligros infecciosos de la propina. El dinero tenía aún para ella algo que pudría, que profanaba. Salvo que fuera a parar en forma de dólares a las arcas del Estado, para impulsar la modernización del país que descubrió la pólvora, el papel, los tipos móviles de imprenta y el sextante.

Tocaba clase de gastronomía:

–¿Les gusta la cocina china? ¿Saben servirse de palillos? –se interesó Kiu.

Más que un viaje turístico aquello era un curso de chinología:

–¿Saben distinguir entre el *pinyin*, el nuevo sistema anglosajón de pronunciación y escritura del chino, y el que se usó hasta 1973, el francés de Wade-Giles?

–Sí, sabemos que antes se decía Pekín y ahora Beijing. Y que «enchufe», «contacto», palabra necesaria para sobrevivir en sociedad, se dice, antes y ahora, «*guanxi*».

Nos hicimos acreedores a un diploma.

Kiu nos condujo a los puestos de venta de abanicos, grabados, jades, cajitas de bambú, porcelanas. Al comprobar que no invertía en la reconstrucción de China, la única China, la guía me llamó a capítulo:

–¿Es que no le gusta la artesanía china?

–Me entusiasma –repuse–, pero he pasado por Shanghai hace poco y he comprado de todo.

–Cuanto más compre mejor turista será.

Los chinos creen, como los españoles de la posguerra, que todos los turistas extranjeros son millonarios.

Salí de allí con palillos policromados, vasos, pendientes, piedras y un grabado en seda con el dibujo de un junco difuminado en la bruma del río Amarillo. Kiu se sintió feliz.

–Es usted un turista modelo –aplaudió.

DEMASIADOS CHINOS

Dejamos la aldea de Chingham y nos dirigimos hacia la escuela de Sun Yat Sen y la casa donde nació Sun Yat Sen por la carretera de Sun Yat Sen. Cruzamos bajo el arco de Sun Yat Sen. El personaje en cuestión fue, ya lo hemos dicho, el primer presidente de la República China, tras el derrumbamiento de la dinastía manchú. Era cristiano, médico (en Hong Kong) ciudadano norteamericano (en Hawai) y el ideólogo del nacionalismo. Murió de cáncer en 1925. Las dos Chinas se disputan su memoria, la comunista y la nacionalista de Taiwan.

Almorzamos en un centro turístico. Kiu no paraba de hablar.

–Somos demasiados chinos –afirmaba ahora–, más de mil millones, y nuestro gobierno opina que estaría muy bien que fuéramos menos. Por eso estimulan las bodas tardías. Cuanto más tarde se case uno o una, menos hijos se tendrán. Como premio a quienes deciden casarse tarde, el gobierno les regala un mes suplementario de luna de miel. Nuestro lema es «una pareja, un hijo».

Hubo un tiempo en que Mao creyó que China sería más poderosa cuantos más habitantes tuviera. La política antinatalista de hoy ha dado lugar a una generación de niños mimados entre las clases medias, tiranuelos y caprichosos. Quieren todo lo que ven por televisión: zapatillas de tenis, vídeos, vaqueros, hamburguesas. «La ausencia de moralidad de los hijos únicos inquieta al poder», titulaba un semanario. Alguien ha escrito que los chinos tratan a los niños como adultos y a los adultos como niños. Entre los «pequeños emperadores» y los nuevos apetitos terrenales, el arroz y la berza perdían algo de terreno en relación con el pollo frito al estilo de Kentucky y la Pizza Hut. Para los pudientes, el arroz es alimento de menesterosos. Resultado: los niños engordan. Nuestra guía Kiu no contaba con una generación de gordinflones antojadizos en la era del socialismo de mercado.

Suzanne, una de las neozelandesas, de pelo corto, camiseta corta, que dejaba ver un ombligo acogedor, calcetines cortos, ganó el campeonato de los palillos. Fue la que con más destreza se sirvió de ellos. Regía la vieja cocina. Que el Hijo del Cielo la conserve durante muchos siglos: sabrosas sopas, rollos imperiales, vegetales, carnes agridulces, pato lacado, cerdo y bambú. Nada de estofado de tigre o caldo de leopardo.

En el mercado vendían televisores enormes, unos armatostes. Por la pantalla desfilaban los militares y el pato Donald. Diez años más tarde de esta visita, los televisores antediluvianos se transformarían en aparatos modernos de las mejores firmas europeas, norteamericanas y japonesas. Los chinos descubrían la apetitosa vitrina, el escaparate cubierto de electrodomésticos.

Los productos locales eran menos de fiar. Se fabricaba con rapidez pero también con notables defectos.

En torno a Cantón los chalets crecían como hongos después de la lluvia.

–Son los chinos de la diáspora, los *huagiaos* –informó Kiu–. Vuelven. Sienten la nostalgia de China. Vienen a morir o a pasar sus vacaciones. Han amasado grandes fortunas y contribuyen a que nuestra nación aspire a convertirse en la primera potencia económica del mundo.

XV

LOS HIJOS DEL EMPERADOR AMARILLO

En los hoteles de China, donde el camarero entra en tu habitación sin llamar a la puerta, el viajero se encuentra con esos chinos de ojos brillantes de orgullo procedentes de ultramar o de los países vecinos, de Tailandia, Malasia, Singapur, Indonesia. Han dejado de ser los capitalistas apestados de Mao porque vuelven con sus maletas llenas de divisas. En Chamcha, en cuya escuela estudió el Gran Timonel, vi a un orondo y calvo patriarca venido de Canadá congraciarse con la madre patria. Como en una boda repartía monedas y caramelos a los niños concentrados a la puerta del hotel. Son los parientes ricos, riquísimos. Nunca hablan de política. Los chinos nunca hablan de política o religión mientras comen. Para qué. Lo esencial es que China vuelva a ser grande y poderosa. Por eso en 1986 Deng Xiaoping declaró la siesta fuera de la ley.

Muchos de ellos proceden de Hong Kong e invierten sin el menor rendimiento. Es la «conexión china» que describe Lynn Pan en su libro *Los hijos del emperador amarillo*: «Un descendiente en Singapur, un hermano en Hong Kong, un tío en Manila, un primo en Nueva York y múltiples relaciones a través del globo.» Son unos cincuenta y cinco millones los chinos de la diáspora. Deben saber nadar como los patos, «tranquilos en la superficie pero capaces de palmear fuerte en las profundidades». Forman parte de esta Internacional china, Li Ka Shing, de sesenta y ocho años, alias Superman Li, de Hong Kong, considerado como el chino más rico del mundo; a su lado se sienta otro hongkonés, Henry Fo, de setenta y seis años, armador y hombre de negocios; y a la izquierda, Stanley Ho, otro *tycoon*, el rey del juego de Macao. Algunos de ellos han recibido de las autoridades de Beijing el título de «gran amigo patriota».

Como ocurre con los judíos, las persecuciones, los *pogroms*, los asesinatos en masa han aglutinado a los chinos del exterior hasta hacer de ellos una piña. Es probable que sean anticomunistas, pero les une el orgullo de raza y el amor a la tierra de los antepasados. China necesita a sus *huagiaos*, «portadores de valores tradicionales, eternos y de infinitas riquezas». Se diría que compiten para dilucidar quién pone más dinero, quién invierte más, porque lo que está en juego, en esta olimpiada de la emulación, es un lugar en el podio de los patriotas. Tanto inviertes, tanto vales. Los *huagiaos* concentran el día de hoy el 75 por ciento de las inversiones extranjeras en China.

Son astutos, eficientes, emprendedores y hábiles «porque son chinos». Algo de lo que ganaron con esas virtudes genéticas debe volver a quien les dio la sangre y la vida. Y lo devuelven en forma de templos, escuelas, filantropías, pero sobre todo en autopistas, puentes, karaokes, hoteles, restaurantes, gimnasios. Lo que haga falta, y que no falte de nada. Los reciben con los brazos abiertos. Kipling aseguró que Oriente y Occidente no se encontrarían nunca. Los hijos de la diáspora aprendieron de ambos, sobre todo en Hong Kong.

Sólo quedará Taiwan para la reunificación de la patria. El regreso de Hong Kong representa, si no hay empresas mayores, la restauración del orgullo nacional, la revancha frente a los «tratados injustos» que aceptaron los odiados emperadores manchúes.

NARCOS

Cuando Gran Bretaña invoca los derechos humanos, en Beijing responden con el sarcasmo. Así le ocurrió al primer ministro británico John Major en su visita a la capital china para firmar el protocolo de la construcción del nuevo aeropuerto de Hong Kong. «Antes de salir de Londres –le manifestó a su colega, el primer ministro chino Li Peng– he recibido una carta firmada por políticos del Partido Laborista en la que me piden que le plantee la cuestión de los derechos humanos en China.» Li Peng le contestó de inmediato: «También yo he recibido cartas de algunos historiadores chinos. Vienen a decir lo siguiente: nunca olvidaremos que China fue aplastada e intimidada por las potencias occidentales durante más de cien años y todavía no hemos ajustado las cuentas sobre la violación de nuestros derechos humanos durante ese período.»

Li Peng no es un santo varón, pero la historia se pone de su parte: Gran Bretaña fue el primer Estado narcotraficante del mundo. Declaró la guerra del opio para proteger sus derechos de venta de la droga a China. De ahí surgieron las grandes fortunas hongkonesas, los Jardine y Matheson, por ejemplo. Los grandes magnates de la colonia son los predecesores de los cárteles de Medellín y Cali, los Escobar y los Rodríguez Gacha de la época. La reina, lejos de los vapores del opio, les premió por esas guerras y su botín de Hong Kong con nobles títulos y no menos nobles sentimientos de gratitud.

Para ver claro, basta con cambiar la dirección de la mirada. Hoy son los gángsters de Hong Kong, las famosas *tríadas* que exportan heroína hacia el reino de Su Graciosa Majestad. Tal vez lo hagan como los comunistas vietnamitas con respecto al ejército norteamericano en Vietnam: para corromper a los ingleses. No, las mafias chinas, tan poderosas, saben que las sociedades occidentales se corrompen solas: basta con depositar en el submundo eso que De Quincey llamó «el veneno dulce y casto». Los policías ofrecen cerdo asado, vino dulce y se inclinan con respeto ante el altar del dios de la guerra en cada comisaría al enfrentarse con las *tríadas*.

El hecho es que el sur de China en la era preindustrial se apuntó al modelo Hong Kong con todas las consecuencias. Cuando Deng Xiaoping visitó la zona limítrofe de Shenzen, el laboratorio de la economía socialista de mercado a principios de 1992 tenía *in mente* el modelo de Hong Kong. En Shenzen le han levantado una estatua de bronce de seis metros. Deng tiene el rostro sonriente y la mirada dirigida hacia ese Hong Kong que por pocos meses no pudo ver en manos de la madre patria. «Lo que cambian los tiempos», decía la canción de Bob Dylan. Tenía razón. Allí donde el Che Guevara pedía para Latinoamérica más Vietnams, muchos Vietnams, el Pequeño Timonel de China, represaliado por Mao, su compañero en la Larga Marcha, pedía para los suyos más Hong Kongs, muchos Hong Kongs. La democracia es otra cosa. La única China de la señorita Kiu no dudará en asfixiar la gallina de los huevos de oro si lo que provoca es, al margen de beneficios económicos, un deseo de democracia que ya sofocaron en 1989 en la plaza de Tiananmen.

Capitalismo

Hong Kong ya no es ese lugar ganado por la apatía, el fatalismo y la indolencia con respecto a la *res politica*. El tifón que descargó en junio de 1989 como consecuencia de la matanza de Tiananmen –los estudiantes chinos pedían el fin de la corrupción y los privilegios– no impidió que la punta de diamante de las fuerzas democráticas en la colonia saliera a la calle en manifestación de protesta. Fueron cientos de miles los manifestantes. La represión de la plaza de la Paz Celestial sembró la discordia en los medios izquierdistas de Hong Kong y en el Partido Comunista: hubo dimisiones, despidos de disidentes, una purga teledirigida desde Beijing para los díscolos de la colonia. El índice Hang Seng de la Bolsa cayó por los suelos en aquellos días.

Los demócratas de Hong Kong empezaron a preguntarse si esto era lo que les esperaba, la brutalidad de un régimen que cuando se sentía amenazado atacaba y reprimía la exportación del modelo económico a la zona contigua, lo que dio como resultado la subida del nivel de vida, pero también una administración corrupta, la incompetencia, el repunte de la criminalidad. Al consejo de Mao «aprovechad el día, aprovechad la hora», le dieron la vuelta los chinos de la economía socialista de mercado. Era llegada la hora de aprovecharse de todo. En la aldea natal de Mao Zedong florecía el capitalismo en forma de tiendas de recuerdos y especuladores. El número de los multimillonarios superaba el millón y el de mendigos en Beijing llegaba a los veinte mil. Deng Xiaoping resolvió el dilema de qué hacer con la herencia del Gran Timonel: el 70 por ciento de Mao era bueno, y el 30 por ciento, malo. Reforma económica, sí; apertura política, no. Ése fue el nudo gordiano que trataron de romper en vano, con estatuas de la Democracia y cánticos jubilares los candorosos y divididos estudiantes de la plaza de la Paz Celestial.

En la patria chica de Mao un comerciante me mostró el último grito de la técnica de los dragones aplicada al centenario de Mao: un reloj holográfico con la imagen del Gran Timonel.

En el corazón del campesino late el romanticismo de *El sueño de la cámara roja*, la novela de la dinastía Qing, el señor feudal enamorado que entra en religión y se hace bonzo budista. Mao escribe a la muerte de su mujer, caída en las garras del sátrapa de Hunan:

Perdí mi orgulloso álamo, tú perdiste tu sauce,
el álamo y el sauce crecían hasta los cielos.

Después los guardias rojos prohibieron la música de Mozart y Beethoven por burguesa.

Feliz observo mil lentas ondas de arroz y trigo
desde todas partes los héroes se hacen presentes
en la tarde brumosa.

Del espejo retrovisor del taxi de Shaoshan, como del taxi de Nanjing, como del taxi de Cantón, colgaba, orlado de florecitas de plástico *Made in Hong Kong*, el emblema de hojalata con la efigie de Mao. «Trae suerte», me dijo el taxista, que sacó de la guantera un montón de chapitas iguales. También de la llave de contacto colgaba el retrato de Mao. «Por las noches se enciende», me dijo el conductor, asombrado por lo bien que hacían las cosas los ingenieros de Hong Kong. Mao era hoy una chapa de hojalata, un recuerdo más que una doctrina, un talismán, un fetiche, más que una ideología.

Los niños chapoteaban en las charcas de nenúfares. En la casa en que nació Mao, los peregrinos de Hong Kong y de otros lugares tocaban por curiosidad o por evangélico celo la cama donde fue engendrado el niño-dios, los cubos, el caldero en el cual ponían a cocer la comida de los cerdos, el gran horno de tierra y los utensilios de la cocina, los bancos de madera, las mesas, los armarios, el tonel donde guardaban las reservas de arroz, el aparador, los zuecos para los días de lluvia y los morteros de arroz que empleaban las mujeres.

–Éstos eran los zuecos de Mao –dijo extasiado nuestro guía–. Y utilizó esta rascadera para limpiar los búfalos.

Todo era falso. Me dijeron de buena tinta que habían encontrado todos aquellos objetos en la casa de unos vecinos. Así era. Nada de lo que vimos y que los turistas y chinistas occidentales tocaban con unción, a hurtadillas, perteneció a Mao. Pasa en todas partes. Adoramos, deificamos, sacralizamos cosas y trastos que nunca pertenecieron a nuestros ídolos.

Sinceridad en duda

El lazarista padre Huc escribió en su viaje del siglo pasado: «De sobra sabíamos que teníamos que vérnoslas con los chinos, es decir, con hombres cuya sinceridad poníamos siempre en duda.» La sinceridad, decía, es un concepto occidental. ¿En serio? La China de ayer como la de hoy no pidió ser vista, juzgada, vivida, interpretada, sentida con el rasero occidental. En *Un bárbaro en Asia*, Henri Michaux señala que desde el último *culi* –palabra, que en chino significa «trabajo agotador»–, hasta el primer mandarín, lo que más les preocupa a todos es mantener el prestigio, salvar la cara. La perdieron cuando Samaranch les negó la organización de la Olimpiada en el 2000. Los chinos son orgullosos pero no envidiosos. No fue la envidia, fue el orgullo pisoteado.

Mao puso en la comuna modelo de Dazahai sus esperanzas de la utopía rural. Le engañaron sus consejeros. Dazahai era una farsa, una ruina. ¿Cómo podía el presidente conocer tan mal a los campesinos, si era uno de ellos? Los campesinos odian una comuna en la que sólo pueden ser dueños de un par de palillos para comer el poco arroz que les queda. Quería devolver el orgullo a China, ese complejo de superioridad que dan la cultura y la historia y que hizo que el Hijo del Cielo exigiera al primer embajador de Gran Bretaña nueve genuflexiones en su presencia. La última emperatriz empezaba el texto de sus decretos con estas palabras: «Gobernando el mundo...»

En China la historia se repetía por segunda vez como negocio en torno a la figura de Mao. Los chinos de la diáspora, entre ellos los de Hong Kong armados de modernísimas cámaras de vídeo, representaban con sus coches alquilados, sus chóferes, su tren de vida, el contraste con los objetos que se guardan, sean auténticos o no, en la casa de Mao situada frente a un estanque.

Volví a Shaoshan;
maldigo el río,
el viejo patio de hace treinta y dos años,
las fustas de los tiránicos patronos.

Mao vuelve a su aldea natal. El alcalde de Shaoshan demuestra que ha leído a Lenin cuando me dice en el restaurante de la familia de Mao: «Olvidar el pasado significa traicionar la revolución. La rebelión de 1989 en la plaza de Tiananmen no hubiera ocurrido de haber educado mejor a los jóvenes, de haberles conducido por el camino recto. Se cometieron errores pero no hay por qué evocarlos.»

Con sus diecinueve habitaciones, trece de las cuales pertenecieron a la familia del Gran Timonel, la polvorienta alquería trae el recuerdo de la triste infancia de Mao, hijo de un labrador acomodado que atesoraba arroz en sus almacenes mientras los habitantes de Shaoshan se morían de hambre. Los biógrafos de Mao bucean en la psicopatología, explican su instinto revolucionario por el odio que sentía hacia su progenitor. La revolución maoísta es una forma de matar al padre. Mao es el perpetuo rebelde, contra su padre, contra los latifundistas, contra los generales nacionalistas de Chiang Kai Chek (algunos de los cuales, ya viejecitos, vienen a rendirle pleitesía), contra los rusos, y al final contra los compañeros de armas y contra el partido.

La encargada del restaurante Mao se llama Tan Ruiren. Tiene sesenta y cinco años, el pelo blanco y la mirada dulce. Como una de cada tres familias de Shaoshan, su marido lleva el sobrenombre de Mao. Tan fue guerrillera durante la revolución comunista y participó –me señaló con orgullo– en todas las fases de la construcción del comunismo. Durante la revolución cultural se plantó en la casa de Mao, el más poderoso emperador chino de todos los tiempos y de las 24 dinastías, para protegerla día y noche.

Fue en 1987 cuando Tan Ruiren abrió su casa de comidas, justo enfrente de la casa natal del Gran Timonel. Llegaba la hora de la empresa privada. Tomó con timidez, con vergüenza, con cautela la nueva aventura, el sacrilegio de la oferta y la demanda. Al principio se negó a cobrar por almuerzos y cenas o pedía cantidades simbólicas. Ésa le parecía una costumbre de Hong Kong. En las comunas en las que vivió le enseñaron que el dinero era un diabólico invento de los capitalistas. Después perdió el miedo. Tan Ruiren aceptó hasta las propinas. El sistema no era malo del todo. Ni había pecado en él. Al fin y al cabo, a su alrededor surgían las primeras empresas privadas o las primeras industrias autogestionadas. «Al principio –se refería Tan a la llegada de los métodos capitalistas– me asusté mucho. Después he reflexionado y creo que la sociedad tiene derecho a prosperar por sus propios medios.»

Sin olvidar la devoción a Mao, que en 1959 vino a sentarse a la mesa de su viejo domicilio, como confirmaba una fotografía que, ampliada, servía como atracción del restaurante y que enseñaba con orgullo, Tan viste ahora camisa de seda, chaleco de satén, muestra en sus dedos anillos de oro y un brazalete de jade en su muñeca. En el menú del establecimiento figuran los famosos pimientos picantes de Shaoshan, uno de los vicios culinarios de Mao. La señora Tan, superados los escrúpulos, se convirtió a la religión de la etiqueta occidental. Sonríe a los clientes, les muestra la carta y les recomienda platos típicos de Hunan que cocina con esmero. Paga los impuestos sin rechistar. Su conciencia está en regla y pone una vela a su pariente Mao y otra al partido y al ejército. «Le damos gracias al presidente Mao Zedong por todo lo que en períodos difíciles hizo por nosotros –me dijo la guisandera–. Lo admiramos mucho y protegeremos su casa natal mientras vivamos.»

LUCES OCULTAS

Los hombres de negocios de Occidente llegaban al hotel Pekín con sus maletines cargados de proyectos, de *joint ventures*, de iniciativas compartidas. Un mercader canadiense cruzó la Gran Muralla para vender carteles de plástico en los que se podía leer: «Prohibido escupir.» ¿Quién logrará que los chinos o los indios dejen de escupir? Ni siquiera Gandhi lo consiguió en la India, ni Mao ni Deng en China. Desaparecido Mao y el vandalismo de los guardias rojos, un estadounidense trataba de organizar carreras de caballos y un francés de vender a un país que desconoce el queso su sistema revolucionario para secar el *camembert*. Eran los tiempos heroicos del nuevo orden socialista-librecambista. Hoy como ayer los empresarios de Occidente se estrellan contra las dobles y triples murallas de la burocracia china, «la burocracia celeste», de los tantos por cientos de comisión, de los cuadros de la administración y la *nomenklatura*. «China es oscura, pero hay muchas luces ocultas. Buscadlas», aconsejaba Pascal. Los que conocen el terreno recomiendan tres cosas a los hombres de negocios occidentales: la primera es paciencia, la segunda paciencia y la tercera paciencia, una triple y mineral paciencia.

En los escaparates de las librerías reaparecieron títulos de clásicos de la literatura china como *El sueño en la cámara roja*, que tanto fascinó a Mao en su niñez, o *Cuento a la orilla del río*. Diez años después de la muerte de Mao, el *Diario del Pueblo* publicaba tebeos de autocrítica en clave de humor. Luego, asustado, el diario oficial tascó el freno y dio marcha atrás.

En Shanghai, «la más puta de las ciudades de Asia», como la llamó Malraux, los teatros se llenaban para ver, de nuevo, los ballets clásicos y las óperas prohibidas. La publicidad de vallas empezaba a mostrar pasta de dientes, relojes, detergentes, refrescos y la propaganda oficial: como máximo dos hijos y a una distancia de al menos cuatro años entre uno y otro. Otros consejos publicitarios, la publicidad como vehículo del posmaoísmo, giraban en torno a la armonía familiar, a la educación de los hijos y a la unión entre camaradas. Según estos anuncios, la edad ideal para casarse era de veintiocho años en el hombre y veintiséis en la mujer.

El amor: era algo novedoso ver en la pudibunda China a los enamorados haciendo manitas en los lagos junto a la casa de Mao. El amor dejaba de ser tabú.

Vendarse los pies

Hacía años que las mujeres dejaron de vendarse los pies, el suplicio chino que los hombres impusieron a sus esposas, hijas, concubinas. El pie bonito era el pie pequeño, «coqueto», constreñido en un zapato de metal desde el nacimiento a la pubertad. En una de sus primeras decisiones, la República de 1912 abolió la bárbara costumbre de la deformación de los pies, zona erógena. Los dedos se anquilosaban, se rompían los huesos, se doblaban sobre las plantas de los pies, se gangrenaban hasta quedar convertidos en un amasijo de muñones.

Las mujeres que sufrieron tal mutilación «marchan –escribió

Blasco Ibáñez, a su paso por Beijing en 1923– con una dificultad que causa cierta angustia al observador la primera vez que las ve. Avanzan con igual movimiento que una persona montada en zancos; parece que sus rodillas no pueden doblarse; se balancean con un contoneo grotesco, semejante al del pato. Y, sin embargo, los poetas chinos han cantado en el curso de los siglos este andar torpe comparándolo con los balanceos de la flor, con el sauce llorón, etc.».

Lu Murray me habló de la bárbara costumbre de los «lirios dorados de ocho centímetros», que eran los pies vendados, introducida en la corte por una concubina del emperador hace mil años más o menos. El hecho de caminar con los pies vendados se asemejaba «a un tierno sauce joven agitado por la brisa de la primavera». Lo primero que hacía la familia del novio era examinar los pies de la prometida. «Unos pies grandes y normales –recordaba Jung Chang en *Cisnes salvajes*– eran considerados motivo de vergüenza para la familia del esposo. La suegra alzaba el borde de la falda de la novia, y si los pies medían más de diez centímetros, lo dejaba caer con un brusco gesto de desprecio y partía, dejando a la novia expuesta a la mirada de censura de los invitados, quienes posaban la mirada en sus pies y murmuraban insultantes frases de desdén.»

No era la deformación de los pies lo que las hacía sedentarias, sino la dureza del régimen familiar. En China la mujer es la mitad del cielo, pero la mitad de nada. Un cero a la izquierda. Lu Murray me recordaba que a las niñas nacidas en el campo se las ahogaba en el arroyo, pero olvidó decirme que esa costumbre no había desaparecido del todo. Lo confirmó el documental británico sobre los orfanatos chinos. Cabellos largos, ideas cortas, era la definición de la mujer desde las altas instancias de la corte y el mandarinato. Por eso las mataban al nacer, las metían en una jaula o las comprimían en zapatos de metal. En China, raro fenómeno, hay más hombres que mujeres. El novelista Blasco Ibáñez se interesó, como hemos señalado, por el método de miniaturización del pie a juzgar por lo que nos cuenta en su viaje: «He encontrado en los museos y jardines ex imperiales muchas de estas damas balanceantes y casi faltas de pies. Reían con cierta vanidad al notar nuestra sorpresa y la atención con que mirábamos sus extremidades. Exageraban sus movimientos para que no sintiésemos duda alguna sobre su agilidad. Hacían toda clase de remilgos y monadas, como niñas traviesas.»

En el pasado, a los enamorados que descubrían en el flagrante delito de mirarse a los ojos los sometían a una cura de distancia de miles de kilómetros. Ése es privilegio de países tan extensos. El amor fue un sentimiento privado, íntimo, silencioso: se sentía, pero no se manifestaba. Era propiedad exclusiva de los enamorados. El *li*, el código de urbanidad de Confucio, entiende el amor como rubor, como pudor. Una noche en el bullicioso Cantón de los arriates de rosas, perfumada de jazmines y acacias, descubrimos cómo a falta de espacio para quererse y vistas las reglas sociales dos novios se encerraban, al amparo de las sombras, en un junco del río de las Perlas en el que ardía una lámpara de carburo. El amor furtivo. ¿Qué hacer hasta los veintiséis o veintiocho años con el mundo, el demonio y la carne?

XVI

SHANGHAI

«El amor –dijo en 1990 en un congreso de escritores un novelista ebrio de libertad, derrotada la banda de los cuatro que pretendió hacerse con el poder después de Mao– es un hecho de la vida. ¿Cómo será posible negar su evidencia?» Vimos parejas abrazadas en las avenidas de Shanghai o en los jardines de Hangzju. En un pasquín, un *dazibao* sobre la consigna de la banda de los cuatro, que atizó la hoguera de la revolución cultural, un audaz estudiante escribió algo que presagiaba la primavera de Beijing: «Tenemos derecho a hacer el amor cuando y con quien nos plazca.» Con sigilosos pasos llegaba sobre el tejado de cinc caliente el gato blanco o negro, daba igual, de Deng Xiaoping. Un instituto de Beijing llevó a cabo una encuesta entre estudiantes a los que preguntó por la diferencia entre comunismo y capitalismo. Casi nadie supo responder. En la Europa del Este tenían preparada una respuesta: «El capitalismo es la explotación del hombre por el hombre, el comunismo es justamente lo contrario.»

La revista *Pekín reconstruye* dejó de aparecer en los quioscos. En su lugar nos ofrecieron *Moda*, con fotos en papel cuché de modelos chinas y japonesas, imitación de la prensa frívola de Hong Kong. La serpiente entraba en el paraíso rural de Mao. Lu Murray, la joven norteamericana, me recordó el revuelo que armó Bianca

Jagger cuando en 1979 se paseó en traje de noche por la calle Nainjing de Shanghai. Empezaba otro tipo de revolución. Shanghai volvía al *glamour* de los años veinte. Bianca Jagger podía haber aparecido con su traje de noche en *La dama de Shanghai* de Orson Welles, el protagonista irlandés salva a Rita de un intento de secuestro en Central Park. Ya no se podía en 1946 rodar en Shanghai, pero la ciudad fue el escenario ideal para la intriga exótica, con el puñal y el veneno, el juego, el opio, el baile en el último piso del hotel Catay por donde pasaron enamorados Charlie Chaplin y Carol Lombard, donde Noel Coward escribió en 1929 *Vidas privadas*. En el cine sobre Shanghai aparecen mujeres fatales como Marlene Dietrich que estuvo allí con Eric von Stroheim, o Rita Hayworth, la *sex symbol* en proceso de divorcio de Orson cuando se rodaba *La dama*. Una Rita en traje de lamé, con sus pitillos de tabaco egipcio o turco en una larga boquilla de nácar. Shanghai nos recordaba al cine, como tantas otras ciudades, al monóculo de Von Stroheim o un Victor Mature que, tocado de ridículo fez, regañaba a Gene Tierney en el casino situado en la orilla izquierda del río Huangpu: «Por eso pierdes, querida, por tus continuos devaneos, miras a todos lados.» Isherwood dejó escrito: «El opio se toma aquí como el té de las cinco.»

Shanghai, un compromiso entre Liverpool y Barcelona, odiada por Mao y temida por Zu Enlai, era la ciudad más pecadora al este del canal de Suez, con sus burdeles, sus marinos borrachos, sus gángsters, atrincherados en el Gran Mundo, drogados y arribistas, sus *singsong girls*, sus espías que merodeaban por los alrededores de las concesiones extranjeras. Su prodigioso desarrollo databa de la guerra del opio. Se fundó allí el Partido Comunista de China. Uno de los trece camaradas reunidos en 1921 se llamaba Mao Zedong. En 1927, las tropas del nacionalista Chiang Kai Chek aplastaron el movimiento comunista con la ayuda de los gángsters locales. El sangriento episodio lo recoge Malraux en su novela *La condición humana*. Tronzaban las cabezas de los rojos a golpe de cimitarra. Aquí nació la banda de los cuatro, de la máquina de escribir de un periodista llamado Yao, puesto en libertad en 1996.

Cuando visité Shanghai en 1978, en fábricas y universidades nos mostraban los *dazibaos*, los carteles en los que se reflejaba a los espíritus del mal (los camaradas de la revolución cultural) en una danza salvaje, la danza de la muerte. Otro dibujo presentaba a la emperatriz roja, la viuda de Mao, admiradora de *El conde de Montecristo* y *Lo que el viento se llevó*, sentada en una especie de trono, con zapatos de tacón alto y los atributos de emperatriz. La señora Jiang, que se ahorcó en su celda, apareció en el funeral de Mao tocada con un pañuelo negro, al estilo occidental, cuando el blanco es el color del duelo en China.

Suicidios y divorcios

¿Hay algo más en la vida que los cinco principios cardinales: el amor a la nación, a su gente, al trabajo, a la ciencia, a las propiedades del pueblo, que son de todos? «Nuestros cerebros están a la izquierda, pero nuestros bolsillos a la derecha», leía en un mural. Y: «Si cierras la boca del pueblo, la bilis se queda dentro.» El campo es el refugio, el desaguadero, el falansterio de esa generación perdida en la década violenta de la revolución cultural. Enviaron a doce millones de jóvenes a las aldeas para regenerarlos. Las puestas de sol pueden ser fotogénicas, acreditan la armonía del paisaje, pero las jornadas de trabajo de sol a sol son agotadoras. Son novecientas mil las aldeas de China. Quedan bien en los opúsculos de Mao, pero en muchas de ellas se vive mal. Huele al cerdo que gruñe en la cochiquera, el suelo es de tierra batida. Habitan en una pocilga con cuatro taburetes, paredes ennegrecidas por el humo del hornillo, con un termo, esteras sobre bancos de madera. La literatura oficial habla de riachuelos cubiertos de lotos, de lánguidos sauces, de un paisaje proletario de tarjeta postal, pero la casa es de cañas y barro. Los días se hacen interminables y tristes.

Unas píldoras de maoísmo y la fiebre de la vacilación desaparecía. Los enfermos sanaban y los tibios veían la luz. El pensamiento Mao era «una bomba atómica espiritual de potencia ilimitada». El marxismo cayó con el muro de Berlín. Las certidumbres se desmoronaron. Pero China, temerosa del caos y la desintegración, se niega a correr la suerte de Rusia. Es la era del cinismo y no de la ilusión lírica de Mao. Los jóvenes han probado el arroz amargo de las comunas populares. «Estoy solo en el otoño helado», escribió Mao en un poema. Al otro lado de la Gran Muralla se abre un mundo fascinante, la luz y el sonido del capitalismo. La alegría de vivir que descansa en el consumo, algo más que los zuecos y los zapatos de trapo, el gorro azul con la estrella roja en el centro. Su único lujo era un bolso de plástico, el termo.

Las primeras faldas cortas llegaron a los bulevares de Shanghai. Pierre Cardin pronunció su veredicto: «La moda es lo que pasa de moda.» Era un desafío a las certezas del maoísmo. Mao no había contado con Pierre Cardin. Las 208 tiendas del Estado en Shanghai empezaron a fabricar quinientos modelos diferentes asesorados por los «estilistas del Estado». Con fondo musical de Glenn Miller llegó la *ko ka ko,* que para suerte de la planta embotelladora de Atlanta significa en chino «ser feliz al beber». Un viejo letrado chino heredero de algún mandarín se mesaba las barbas: «Desde hace mil ochocientos años hemos rechazado a los extranjeros. Pronto seremos como los japoneses.»

Los templos convertidos en museos o establos o almacenes de arroz por los vándalos de la revolución cultural volvían al culto. Según el artículo 46 de la Constitución china, «los ciudadanos son libres de creer en su religión así como son libres de no creer y de propagar el ateísmo». Los campesinos colocaban de nuevo el retrato de los antepasados en el altar familiar, los musulmanes se atrevían a inclinarse en público en dirección a La Meca. En Chentu apareció la secta de la transmutación que prometía la inmortalidad a sus fieles. Se registraban los primeros divorcios: una ruptura con el pasado, con los valores tradicionales. Divorciarse dejaba de ser un escándalo.

El suicidio dejaba de estar prohibido. Al menos se hacía la vista gorda. ¿Cabía mayor afrenta al mundo feliz de Mao que quitarse la vida? Los periódicos se referían al fenómeno, cada vez más alarmante, del número de los suicidas. Un joven obrero escribió una carta al director de un diario de Beijing en la que explicaba las razones del suicidio de su hermana: «No soportaba escuchar que sus compañeras hablaran tan sólo de dinero, cosméticos y vestidos nuevos. No estaba acostumbrada a ese lenguaje materialista. Cuando le subieron el sueldo porque ésa era una fórmula de la "vía capitalista" se negó a cobrar. No podía aceptar la frivolidad, la falta de disciplina y de rigor de sus mejores amigas.»

«El próximo siglo será nuestro», profetizó Mao a su amigo Malraux. Pero lo sería con procedimientos distintos a los suyos, o en ningún caso con «la energía nuclear de las masas» o con la taumaturgia de su solo nombre escrito hasta en las tazas de té. El sur de China, a horcajadas entre el XIX y el XX, entraba en el próximo siglo superado el ecuador de los años ochenta. Asombroso: por todas partes vendían cosas, fruta, trajes de sastres privados, tabaco de importación. Se construían suntuosos hoteles con alfombras de Nueva Zelanda, candelabros de Italia y sillas francesas. Nada tenía que ver ese paisaje consumista con la uniformidad que observé en mis primeras incursiones, que contrastaba ahora con los llamativos colores de la ropa, con las discotecas y clases de baile, con la explosión de publicidad en las vallas. Vi camisetas con la inscripción «Bésame». Todo un sacrilegio. Se veía en Cantón algún funeral subrepticio, bancos, mujeres fumando en público, chicas en minifalda a la grupa de una motocicleta japonesa. También aparecieron los mendigos entre signos tan evidentes de prosperidad. Cantón empezaba a ser una ciudad esquizofrénica como Hong Kong y no el enclave tranquilo y destartalado de otros tiempos. China exportaba servicio doméstico al territorio de la colonia.

Ninguna otra cultura ha estado ligada más al hombre que a Dios. «En un viaje largo –dice el proverbio chino– se ve la fuerza del caballo, en una larga prueba el corazón del amo.» China ha resistido todas las pruebas. Ahora veía de nuevo en Cantón y en Shanghai los peces rojos prohibidos por la revolución cultural, al mismo título que Shakespeare, la ducha, la masturbación y los pájaros canoros. Se proyectaban películas de *kung fu* rodadas en estudios de Hong Kong en lugar de los incomprensibles filmes albaneses. Soplaba el viento del Este, el de la vitalidad y la exuberancia. Pero no convenía perder de vista el dogma: «Nunca olvides la lucha de clases», decía un pasquín. El libro más vendido era la autobiografía del empresario del automóvil Lee Iacocca, o sea, las virtudes y los éxitos de la iniciativa individual.

¿Qué es lo que reflejaban aquellos rostros en Shanghai y en Cantón a la hora del cambio? ¿Angustia, esperanza, resignación, apatía? Más bien prudencia. La mejor palabra es la que no se pronuncia. Tan sólo los represaliados de la revolución cultural –destruir lo viejo para imponer lo nuevo–, como el profesor Tsuchan, abrían el corazón para contar los padecimientos. Se indignó al recordar que durante cinco años los de la revolución proletaria lo enviaron al campo para cultivar berzas. «Nos alimentábamos con cortezas cocidas y cáscaras de arroz», me dijo. Un pianista me confesó que le prohibieron tocar: «Es que el piano era un instrumento burgués.»

Un amigo mío norteamericano abrió oficina en Beijing y le preguntó el primer día de trabajo a su empleado Lao Wu cuántos hijos tenía. Le pareció una pregunta inocua pero Wu tardó en responder.

–No lo sé –contestó–, uno o dos.

UN MONTÓN DE ARENA

Las dinastías suben y caen, los vientos que barren el río abaten los árboles del reino anterior. El cambio de dinastía o de emperador presagia un tiempo de turbación, de tumulto. Había que ser un profesional de la supervivencia como Deng Xiaoping, al que saludé en la embajada de España en Beijing y que nos alabó con su aspecto de Papá Noel la calidad del gazpacho andaluz, para superar tantos obstáculos.

Deng Xiaoping significa «pequeña paz». Era un deportista bajito, nadador, fumador compulsivo, jugador de bridge y póquer, de una vivacidad picante como la mostaza. «Blando como el algodón por fuera, y duro como el acero por dentro», tal como lo vio su compañero de Larga Marcha (cien mil hombres lanzados a recorrer siete mil kilómetros a pie, de los que tan sólo doce mil llegaron), el camarada Mao Zedong. Después de admitir todas sus culpas ante los tribunales de la revolución cultural, salvó la piel y terminó en un lugar que le gustaba, como pinche de cocina en Mongolia. Hasta que un día un coche imponente aparcó frente a las marmitas, bajaron de él altos funcionarios de Beijing y pronunciaron su nombre con reverencia: era el nuevo mandarín, el pequeño emperador, el pequeño timonel. En 1992 sus fotografías aparecieron en la publicidad exterior de las Nuevas Zonas Económicas (Shenzen pasó en pocos años de treinta mil a tres millones de habitantes) con la frase de uno de sus discípulos: «El tiempo es dinero y la eficacia es vida.»

Los dirigentes chinos, los gerontócratas temen a la China invertebrada. «China –escribió Lu Sun, el Ortega y Gasset chino– es un montón de arena. ¿Cómo hacer de ella un bloque de cemento?» Tres veces surgido de las cenizas, Deng, el hombrecillo de Sichuan que levantaba poco más de metro y medio, comisario político del ejército en los años heroicos de la Larga Marcha, quitaba con una mano en Tiananmen lo que daba con la otra en Shenzen. De haber desaparecido antes de la matanza de la plaza de la Paz Celestial el 4 de junio de 1989 podría muy bien haber pasado a la historia como una especie de emperador Meiji del Japón, un déspota ilustrado.

Todo lo que ahora veíamos era obra suya, los monumentos al libre mercado, los atascos en la gran urbe de Shanghai, la semana inglesa –los chinos dejaron de trabajar los sábados–, las tasas de crecimiento más elevadas del universo, la presa de las Tres Gargantas, los escaparates de la calle Nainjing de Shanghai con Breitling, Dupont, Dunhill, Vuiton, Cartier, Dior, Cardin. Pero ni un gramo de democracia.¿Hasta cuándo? «Nosotros ganamos el dinero y Beijing se lo lleva», se quejan los ciudadanos de «la ciudad delante del mar». Han vuelto los descapotables, las *Singsong girls*. La tasa de crecimiento es del 14 por ciento, cuatro o cinco puntos por encima del promedio chino. Shanghai aspira a ser el faro de Asia.

El ritmo es el mismo de Hong Kong: demolición, construcción, demolición, construcción, su sístole y diástole. Esta ciudad de nuevo cosmopolita, poblada otra vez por *culis* y «mandarines» a los que llaman *daknans*, gatos gordos, tiene poco que ver con la que conocí en 1978, mellada, desvencijada, somnolienta, detenida en el tiempo.

Los remolcadores, las gabarras, las grúas, los contenedores, los oleoductos, el alarido de las sirenas de los barcos ponían a Shanghai en marcha por la senda del «enriqueceos». Dejaba de ser Lisboa para acercarse a San Francisco, con un *skyline*, un horizonte urbano digno de Chicago. La piqueta era, también aquí, la reina como en Hong Kong, con la que disputará el título de primera ciudad comercial de China. Se presiente el duelo entre las dos grandes metrópolis. El primer presidente de la Región Administrativa Especial de Hong Kong, C. A. Tung, admirador de las canciones de Nat King Cole y del fútbol americano, el Onassis chino, huyó de Shanghai en 1949 hacia la colonia. Después, la fortuna familiar, un oportuno préstamo de los chinos en tiempo de crisis de la empresa, 120 millones, su mano de terciopelo y sus contactos hicieron de él un potentado, adscrito a la bandera roja de las cinco estrellas amarillas. Tung vive en una casa de 600 millones de pesetas. También Jiang Zemin, ingeniero electrónico, presidente, secretario del Partido Comunista Chino, y jefe del ejército en una pieza, es de Shanghai. Fue su alcalde, como el mago de la economía y la banca Zu Rongji. La «mafia de Shanghai» gobernaba ya antes de la desaparición de Deng Xiaoping, que murió sin ver cumplido su sueño: asistir a la ceremonia de devolución de Hong Kong a China.

La admiración del jesuita padre Ricci en 1610 por Shanghai, el jardín de las Hespérides, «de murallas de varios kilómetros, de gente ingeniosa y longeva, que vive ochenta, noventa o cien años» enlaza con la de Christopher Isherwood en 1938 cuando llega Tintín para desarticular las redes de narcotraficantes de El Loto Azul. En Shanghai olía a carbón y a opiáceos. Se puede comprar todo lo que se quiera. El catálogo de las conquistas incluye la maquinilla de afeitar eléctrica, una cena francesa o un traje bien cortado. Puedes bailar en el restaurante de la torre del hotel Catay y cotillear con su director Freddy Kaufman sobre la aristocracia europea y el Berlín de antes de Hitler. «Si quieres chicos y chicas los puedes comprar a todos los precios en los baños turcos y en los lupanares –escribe Isherwood–. Si deseas fumar lo podrás hacer en la mejor compañía y con las pipas de opio servidas en bandeja de plata. El buen vino se adapta mal a este clima, pero hay whisky y ginebra suficiente como para que flote sobre las reservas de alcohol una formación de buques de guerra. El joyero y el anticuario sólo esperan sus órdenes para que puedan sentirse como en la Quinta Avenida de Nueva York o en la calle Bond de Londres. En fin, que si quiere arrepentirse de algo hay iglesias y capillas de todas las confesiones.»

Calcuta vestida de Chicago

Todo eso hubo de desaparecer o hacerse soluble en el comunismo de Mao, que puso a Shanghai bajo vigilancia para cancelar los vicios del pasado, el crimen organizado, los estupefacientes, la prostitución, las iglesias, las bellas de noche, mendigos, rusos blancos al volante de sus taxis, espías japoneses, músicos de jazz filipinos, pelotaris vascos, bailes de máscaras y cámaras de tortura. Como Hong Kong, la ciudad que ahora reúne a dieciséis millones de habitantes, era un divieso en el cuerpo de China, símbolo del vicio urbano y del capitalismo decadente. Calcuta vestida de Chicago.

Los recién llegados de las aldeas del interior se abren hoy paso como pueden, se hacinan en chabolas, se felicitan por el paso que han dado: han cambiado el estiércol, la boñiga y el búfalo por las gigantescas torres que rivalizan con el cielo. Pero ganan muy poco, siete mil pesetas al mes. Es el lado sombrío del milagro chino. Para que broten esos rascacielos, la piqueta debe reducir a polvo los viejos edificios neorrenacentistas, *art déco*, neogóticos y estilo Tudor. La famosa frase de Deng Xiaoping parecía hecha a la medida de las aspiraciones de Shanghai. La Bolsa es ya dos veces más grande que la de Hong Kong y tres veces más que la de Tokio. El nacionalismo, cada vez más agresivo, exhibe el mármol blanco y el granito rosa del capitalismo al estilo de China: «Queremos a la madre patria –dicen los carteles–. Trabajamos para hacer de nuestro país una nación rica y poderosa.» La China que se ofrece a tus ojos es como una inmensa cantera, donde antes se cultivaban las berzas y el té verde, las grúas y los martillos pilones tocan otra sinfonía.

Se han dado cita las grandes multinacionales. Al otro lado del Huangpu se alza la zona industrial de Pudong, que compite con Taiwan, Singapur y Corea. Los nuevos ricos se pelean por entrar en el *Guinness*. Es «la arrogancia de los advenedizos» de que nos habla Ian Buruma. Pero atención, Shanghai debe aprender la lección de los viejos de Beijing sobre las velocidades: que la economía siga su curso, pero la política debe esperar. De eso se encargan ellos, el partido y el ejército.

En la radio del taxi suena Julio Iglesias, que canta en chino, brillan los escaparates de Armani, huelen a gloria las panaderías francesas, las «boutiques del pan». Enjoyadas damiselas pasean chuchos de exóticas razas. Los perros, animales impuros que disputaban el condumio al hombre, estuvieron prohibidos bajo el maoísmo. Los restaurantes japoneses de Huiahai, las zapaterías italianas abastecidas en Hong Kong, las minifaldas de cuero, las discotecas llamadas Sueño de París, bloques de apartamentos El Sueño de Oro, Mercedes de contrabando con matrículas de la Policía, componen el reino de los fetiches de Shanghai. Es también, en parte, el reino del *guanxi*, del contacto en las altas esferas. Si tienes un padrino en el poder podrás abrir un bar como el Juddys. Por aquello del poder central, Beijing mira con desconfianza a Shanghai y Hong Kong, con mueca de rivalidad.

Nos despedimos de Kiu, en la frontera. Hicimos una colecta entre los viajeros. Lu fue la encargada de entregar el dinero a la guía: «No es una propina –dijo, para que pudiera salvar la cara–. Es un regalo en nombre de todos.»

XVII

EL PALACIO DEL GRAN KAN

De regreso a Hong Kong, la china norteamericana me habló de la proliferación de adivinos, palmistas, geománticos y nigromantes de los que ha oído hablar en el Shanghai Bar, el establecimiento de bebidas más grande del mundo, y en el Occidental Private Club, donde se sirven cócteles *Pink Lady*. Los funcionarios del partido hacen valer su carnet para obtener una consulta gratuita del palmista o del Rappel de turno. El imperio inmóvil se transforma al rito endiablado de la coctelera. En Beijing el retrato de Mao mira hacia el McDonald's; en Shanghai no quedan carteles de Mao, sustituidos por los emblemas de las grandes compañías multinacionales que combaten cuerpo a cuerpo con el papeleo: hay que engrasar la maquinaria burocrática. Los chinos tienen poca o ninguna tendencia a la contemplación. Ese positivismo, esa voluntad empírica les empuja hacia los escaparates y las modernas fábricas de Pudong y al «edificio más alto de Asia», la torre de la televisión. Shanghai quiere derrotar a Hong Kong en el *Guinness*, lo más alto, lo más hiperbólico, lo más rico, lo más numeroso, lo más rumboso, lo más...

No existe contradicción con el sortilegio, lo fantástico, la adivinación del porvenir, los curanderos, las brujas, las magias y los oráculos. Casi todo tiene una explicación sobrenatural.

«Los adivinos –me decía Lu, aficionada al esoterismo–, hallan explicaciones para el poder de Mao. Estaba escrito que un "hombre con rostro de mujer" sería el amo del Imperio del Centro. La gente descubrió que el rostro de Mao se parecía cada vez más al de la emperatriz viuda. Su alma se introdujo en el cuerpo de Mao, el libertador, para vengarse de las humillaciones de los extranjeros.»

Cuando el Gran Timonel murió en septiembre de 1976 un terremoto y un eclipse señalaron el final de una época. Al morir Deng no pasó nada, salvo la agitación en las calles de Urumchi, en Xinjiang, la musulmana. En Shanghai, como en Cantón, circulaban de nuevo los horóscopos y antiguos calendarios que separaban los días faustos de los infaustos.

«Estos horóscopos –añadía Lu, en la senda pedagógica de Pamela– no están basados en los doce signos del Zodiaco, sino en los diez tallos celestes y en las doce ramas primeras. Ofrecen pronósticos para todas las situaciones: el cariz del porvenir, la compatibilidad de dos novios o dos socios, el mejor día para matar a un enemigo o para celebrar la boda. Además de leer la cara y la palma de la mano, los adivinos se sirven de antiguas monedas guardadas en caparazones de tortuga, esquejes de bambú tirados al azar, trozos de papel seleccionados por el pico de un pájaro y los ocho trigramas del I Ching, el más antiguo manual del universo (siglo XII a. C.) sobre predicción de futuro.»

El regreso a Hong Kong nos devolvió a la otra cara de la moneda china. Lu Murray prometió llevarme hasta la aldea de Cheung Shui para explicarme los arcanos del *feng shui*, el viento y el agua.

Los incondicionales del *jogging* corrían por las alamedas para quemar toxinas y endurecer el cuerpo en previsión de jornadas de trabajo extenuadoras frente al ordenador o navegando por Internet. El movimiento occidental y horizontal del *jogging* y la gimnasia vertical china del *tai chi* de movimientos suaves, lentos, circulares que relajan la mente y mejoran la respiración. Chinos y británicos sorteaban transeúntes y turistas: el benéfico sudor era la recompensa. Hong Kong no es el mejor lugar para los corredores. Por eso, muchos de ellos buscan el relativo silencio de las madrugadas para castigar el esqueleto. Llegan incluso hasta las zonas despejadas de los Nuevos Territorios o el Pico Victoria, para sudar la camiseta y arrojar a los malos espíritus del organismo.

El deporte es uno de los pasatiempos preferidos de los hongkoneses. El tiempo es oro, falta el espacio, pero en cualquier rincón surgirá una inesperada pista de tenis, de críquet, un minigolf o una cancha de baloncesto o de bádminton. Los ingleses le daban con tanta pasión a la raqueta de tenis que un día un chino preguntó a dos jugadores blancos, batidos por el sol, descompuestos por el esfuerzo en la pista: «¿No tienen por ahí dos criados chinos para que jueguen por ustedes?»

Recorrer, andar, pasear, vagar, pingonear es el destino de los que visitan la península o la isla. ¿Tienen esos territorios algún tipo de imán, de adicción para los viciosos de la compra patológica? A esta pulsión los especialistas le han puesto un nombre: *consumopatía*. El hecho de comprar excita su sistema nervioso, provoca placer de fumadero de opio. Lo que importa no es lo que compran, sino el acto de comprar en sí. Dicen que es la mejor terapia para problemas emotivos o afectivos. Comprar es divertido, libera de frustraciones y problemas de autoestima y depresión. Por eso alguna vez he escuchado en los caminos de Asia lo que los sabihondos aconsejaban a los deprimidos: «Eso se cura con un viaje a la calle Nathan de Hong Kong.» El problema son los precios que rigen hoy.

Fantasías chinescas

Oriente fabuloso y espléndido, el del chinito pagano del Domund que ahora invierte en tierras extrañas. China del jeroglífico que lee los libros empezando por la última página, come con palillos, lleva coleta (esa costumbre desapareció, ahora la adoptan las estrellas de Hollywood), que tiene amarilla la tez y sesgados los ojos. Rarezas de la *chinoiserie*. «Mi gustal cosa lica.» Farolillos, cenefas, pagodas y decorados de puentes y sauces figuran en las vajillas «chinas» fabricadas en Occidente. El cine nos presentó a los orientales como astutos y crueles. Todos mezclados en una misma casa Fu Manchú, Madame Butterfly o los samuráis. Chinos de ojos diminutos, nariz roma, frente achatada, barba rala, grandes orejas y panza protuberante. El actor Bruce Lee con sus giros acrobáticos, el templo de Shaolin, las artes marciales, los discípulos del *kung fu* cambiaron esa imagen por la del dinamismo, el funambulismo y otros ismos. Mientras tanto, próximos al siglo del Dragón, el XIX fue británico, el XX norteamericano y el XXI será asiático (y estadounidense también). Hong Kong se preparó para la efemérides con el lanzamiento de la lista de oro: reunía el número de multimillonarios más alto del mundo.

Enhorabuena, Hong Kong. Lo has conseguido antes de que el general Liu desfile con sus hombres por tus calles. Por primera vez en la historia un territorio libre pasará a manos de un país comunista. Queda por ver si las nuevas autoridades de Beijing dejarán en paz el *feng shui,* a Suzie Wong o a los epígonos de Bruce Lee. Son muchos los que creen que sus antepasados curvaron los aleros de los tejados para dejar más espacio a los espíritus del agua y del aire. Así no se rasgan las alas ni se enredan en ángulos agudos, como los que ponen los «demonios blancos» en sus construcciones.

Los colonos británicos aprendieron pronto estas sutilezas. «Éste es el país de los geománticos», escribió Blasco Ibáñez a su paso por China. Antes de construir un edificio se pide consejo a la ciencia geomántica, y no se abren los cimientos ni se coloca una piedra sin que el adivino, enterado del revoloteo de los duendes y las direcciones amadas por ellos, estudie el solar y diga al arquitecto qué dirección debe seguir en sus planos. Son también los geománticos quienes señalan los terrenos más favorables para enterrar a los muertos, para que los espíritus sean clementes con ellos. Hace casi setenta y cinco años Blasco Ibáñez contaba que con frecuencia el adivino designaba como lugar favorable para la futura tumba el campo de algún amigo suyo. Los herederos se veían obligados a adquirirlos a un precio fabuloso. «Lo más extraordinario es que estos hechiceros que legislan sobre las buenas o malas condiciones del suelo únicamente reconocen a la tierra que los hace vivir una personalidad secundaria y pasiva. Los dioses, según ellos, sólo habitan la atmósfera. Son *feng* y *shui*, el viento y el agua.»

Es una fantasía chinesca que se sacaron de la manga los primeros viajeros occidentales a China, que fantasearon, idealizaron, el Imperio del Centro. Para Paul Valery, Europa venía a ser «el apéndice de Asia». En esa dirección, por donde sale el sol, vuelve a girar el mundo.

El adjetivo preferido por Marco Polo al describir su viaje a la corte del Gran Kan es «grande». Todo es grande para el italiano de Venecia, fanfarrón y aficionado a la hipérbole, inspirado por el Mapa Catalán del Mundo en 1375. Miembro de una familia de mercaderes venecianos, Polo habla de Hangchow, «sin disputa la más noble y bella ciudad del mundo con una extensión de cien millas y doce mil puentes de piedra, los más de ellos tan elevados que podría una gran flota pasar por debajo». Polo se extasia ante el río Yangtze: «pasan y repasan por sus aguas grandísimo número de navíos y más riquezas y mercaderías que por la totalidad de los mares y los ríos de la cristiandad puestos juntos». Marco Polo asegura que no ha exagerado nada: «Sólo he contado la mitad de lo que he visto.»

Es el asombro: «Los muros del palacio del Gran Kan están todos ellos recubiertos de oro y plata y el edificio es tan vasto, rico y hermoso que no hay hombre en la Tierra que pudiera pergeñar nada que lo superase. Entre los regalos que el Gran Kan acostumbra a recibir en Año Nuevo se cuentan más de cien mil caballos blancos, bellos animales, ricamente enjaezados.» Cuando sale de caza, el Kan («señor») lleva consigo al menos diez mil hombres, y en otra ocasión «aquellos 360.000 jinetes que reunió no eran sino los halconeros y monteros que en la corte había». Marco Polo explica esta magnificencia por el uso del papel moneda.

Otros viajeros se hacen lenguas en la tierra del Gran Kan, el emperador de Catay, de gigantes de ochenta pies de estatura, de hormigas excavadoras y de oro, de mujeres que podían dar muerte a un hombre con una sola mirada y de monstruos humanos a quienes les crecía la cabeza por debajo de los hombros. Un franciscano cuenta cómo los malabaristas de la corte del Gran Kan hacían volar ánforas de vino que se ofrecían a los labios de los comensales durante el banquete. A sir John Mandeville le parecen pocas esas habilidades y prodigios y habla de encantadores capaces de convertir el día en noche y la noche en día y de crear con sus artificios «hermosas bailarinas y galantes caballeros empeñados en un torneo».

Era insaciable la demanda popular en Europa de narraciones fantásticas, cuenta Raymond Dawson. La corte del Gran Kan es la fuente de toda clase de magias, quimeras y portentos que se hacen pasar por verdaderos. El trono del emperador es de oro y gemas, de cristal bordeado de oro y cuajado de piedras preciosas y amatistas, o de madera de áloe traída del paraíso, o de marfil sujeto por bandas de oro. Con el paso del tiempo se moderan esas visiones alucinantes que más parecen producto de una pipa de opio. El agustino español Martín de Rada, hombre culto y lleno de talento, hizo una descripción sistemática de China en doce secciones desde el tamaño y situación del reino hasta la justicia, la religión y el gobierno. Rada se adelantó a los jesuitas en la adquisición y estudio de los libros chinos. Pero nada fue comparado con la repercusión que tuvo el libro de un agustino de Toledo llamado Mendoza y publicado en 1585. Fue, como señala Dawson, la obra fundamental acerca de China durante una generación. Sus treinta ediciones en las principales lenguas europeas le aseguraron una influencia enorme: los pensadores y escritores de la época más renombrados, como Raleigh y Francis Bacon, debían casi todos los conocimientos que tenían de China a esta obra del fraile español. A la riqueza y el esplendor, al lujo de los palacios, a la abundancia de oro y piedras preciosas se añade en la nueva perspectiva la justa administración del país que los jesuitas, exportadores de Confucio y fracasados en su intento de convertir al Hijo del Cielo, subrayaron en el período siguiente. Entre las riquezas y el buen gobierno, China se transforma en Eldorado.

La más amarga decepción les espera a algunos aventureros aquejados por la fiebre del oro. Tamañas riquezas sólo existían en la imaginación de los primeros viajeros. Hasta Hong Kong era una isla desnuda, inservible.

En el siglo XVIII dura aún esa tendencia a la idealización de China. «Es el país de los ensueños, de las utopías, ejemplo hasta para los cristianos.» «Id a Pekín –se entusiasmaba Poivre–. Es la imagen perfecta y verdadera del cielo.» Los hagiógrafos han alimentado esperanzas que no pueden ser satisfechas. Pronto se desvanecerá el mito de las riquezas a flor de tierra y la bondad de la administración: «La delicadeza de sentimientos y la honradez de principios son desconocidos por los magistrados, los mandarines, y los más altos funcionarios del gobierno llegan a su destacada eminencia mediante artimañas y engaños.» Ésa fue la impresión del misionero W. H. Medhurst. Tal crítica es un indicio del nuevo sentido de superioridad occidental una vez despejadas las brumas de la leyenda dorada de China.

Los europeos perdieron el miedo y la capacidad de asombro. China por su debilidad militar era tierra conquistada. Gerónimo Romay llegó a decir que «con cinco mil españoles, como mucho» podía lograrse la conquista de China.

Europa mejora. No tardará en mirarse el ombligo. Sin embargo, han quedado marcadas las pautas de esa China fascinante de las páginas del toledano Mendoza: las casas de los gobernadores provinciales «son soberbias y admirables y edificadas con arte maravilloso, y son tamañas como una gran aldea, pues tienen en su interior grandes jardines, estanques y bosquecillos que las rodean. Todas esas casas son por dentro blancas como la leche, de manera que dijérase de papel satinado. Los techos parecen de damasco y del color del oro...» A esta literatura de lo superlativo volvemos al referirnos hoy a las mansiones de los archimillonarios de Hong Kong, a sus bancos ubérrimos, al tamaño de la Bolsa de Shanghai. Por esos parajes vuelan criaturas como Bruce Lee, el joven actor nacido en San Francisco y que saltó a la fama en Hong Kong. Se le ocurrió desafiar al *feng shui* y murió joven, derribado por el viento y el agua.

XVIII

LA VENA DEL DRAGÓN

Lu Murray vino a buscarme al hotel para emprender el prometido viaje al *feng shui*. El viento es el elemento destructor, el agua fuente de vida, de salud y de prosperidad. El dragón de la montaña simboliza la riqueza y el poder.

En la aldea de Sheung Sui se siente desde la piel a los huesos el encantamiento del viento y el agua, ¿o es que la autosugestión ha hecho mella en ti? Vamos, por fin, a dejarnos llevar por el *feng shui*. En la aldea de los Nuevos Territorios, el caserío y las tumbas se orientan de acuerdo con las reglas de la geomancia.

Lu Murray charlaba con un geomántico local, un hombre enteco de mediana edad, ojos de crustáceo y manos temblorosas que le contaba la relación que existe entre su aldea y el viento y el agua. Según la historia transmitida de generación en generación, «los aldeanos siguieron la pista del dragón –Lu traduce las palabras del zahorí del viento y el agua–, le siguieron por colinas y llanuras. El templo de los antepasados lo construyeron sobre el lugar en que descansaban la cabeza del dragón y las primeras casas justo enfrente. La aldea tenía forma de perla porque es tradición que al dragón le gustan las perlas».

El pueblo está orientado en dirección oeste-suroeste. Es el buen rumbo, el derrotero de la suerte. Pero no basta con eso.

«La aldea –añadió el geomántico– debe proteger sus espaldas con un bosque de buenos augurios.» El dispositivo de las aldeas de los Nuevos Territorios se pliega a las exigencias del guión. El pueblo se sitúa en el centro, el campo arranca enfrente y detrás el bosque de fragosa vegetación, casi siempre en forma de media luna. El sotobosque aparecerá cortado por senderos entre los que se levantan pequeños altares al pie de los alcanforeros. Con el Año Nuevo estos altares abandonados el resto del año se limpian, fregotean y renuevan: es la hora de depositar ofrendas en honor del dios Sol.

El alcanforero, con la copa coronada de orquídeas y helechos, es una de las más hermosas especies de la región. Algunos de los árboles alcanzan hasta los veinte metros de altura y cuatrocientos años de vida. Sus hojas son persistentes, enteras y coriáceas, sus flores diminutas y blancas, y sus frutos bayas negras del tamaño del guisante. Es el árbol *feng shui* por antonomasia. Proyecta una majestuosa sombra y los insectos no lo atacan. Con el alcanforero se fabrican muebles y ataúdes, cofres y baúles. El alcanfor, que desde el siglo IX fue objeto de comercio, se extraía por sublimación de plantas y raíces. Los lugareños se sienten seguros, protegidos, a la sombra del alcanforero.

Las fuerzas cósmicas

Un mal *feng shui* puede echar por tierra los más acabados y seguros proyectos de urbanistas, contratistas de obras y arquitectos. El geomántico de Sheung Shui nos recordó episodios como el de la aldea de pescadores de Ma Hing, cerca de Stanley, al sur de la isla de Hong Kong, cuando se iban a iniciar las obras de construcción de los lavabos públicos. Los «diablos blancos» eligieron muy mal la posición, en abierto desafío a los manes y simetría del *feng shui*. Los aldeanos, soliviantados, libraron la batalla durante un mes porque el edificio desviaría el viento procedente del sur y molestaría a la diosa del mar, cuyo templo domina la aldea. La decisión sobre las obras fue objeto de arduas negociaciones entre las dos partes. Al final vencieron las fuerzas tradicionalistas: los lavabos se construyeron en un lugar algo más alejado del pueblo, «pero conforme con las exigencias de la geomancia».

En Hong Kong cuentan, y no acaban, casos como el de Ma Hing, interrupciones de obras, cambios de colocación y altura de los edificios, estudio de horizontes favorables. Los arquitectos y aparejadores saben a qué atenerse antes de empezar las obras. Para evitar mayores males y revueltas de vecinos, harán bien en consultar el oráculo del viento y el agua. Así ocurrió también en el embalse de Plover Cove, al norte de los Nuevos Territorios. Los residentes en la zona sólo dieron el visto bueno para el comienzo de las obras cuando los exorcistas expulsaron a los malos espíritus. No bastó esa preocupación porque los técnicos hubieron de levantar una pantalla hermética para ocultar a la vista de los vecinos la tierra removida, amarilla y ocre, «evocadora de la sangre».

Deben respetarse las reglas al pie de la letra, la ordenación, la colocación de los muebles, de los sillones, del televisor, de la mesa del despacho, los colores. El rojo es el color de la felicidad, el amarillo el de la jovialidad, el verde el de la serenidad. Jean-Remy Bure, profesor de francés en la Universidad de Hong Kong, narraba las tribulaciones de un joven bibliotecario recién instalado en su apartamento: la puerta de la cocina estaba mal situada. Se quejó a las autoridades académicas porque tan pésima disposición sólo contribuía a las disputas conyugales y familiares. La respuesta no se hizo esperar. El conjuro llegó en forma de espejos octogonales instalados en la cocina, el salón y la habitación. En los bancos y oficinas nadie osará pintar de rojo las paredes si éstas dan hacia el oeste, ni de negro si están orientadas hacia el sur. Es la constante pesadilla con los puntos cardinales. Para los chinos, la casa es un organismo vivo. Las ventanas y las puertas son la nariz y la boca.

El hombre y la naturaleza deben vivir en armonía, de acuerdo con las leyes del yin y el yang, de las fuerzas cósmicas. El *feng shui* influye en la vida cotidiana, gobierna sobre las funciones del organismo, la salud, el matrimonio. En una palabra, guía tu destino. La montaña representa al dragón. Nada debe molestar a la bestia mítica. Por eso en las tiendas de Hong Kong, en ese dédalo de galerías y pasadizos de la ciudad comercial, se venden toda clase de amuletos, pinchos que desde los voladizos pueden ahuyentar a los malos espíritus, espejos y otra clase de talismanes. Las puertas de la casa nunca deberán estar en línea porque los demonios podrían entrar como Pedro por su casa. La posición de la mesa del despacho, de espaldas a la ventana o el mirador, serán objeto de cuidadoso estudio. Tu felicidad, tu buena suerte y hasta tu vida pueden depender de ello.

Como en tiempo de las cruzadas, cuando las ciudades de Europa se disputaban las reliquias de los santos –afortunada la que se hacía con un trozo del *lignum crucis*–, así también en la cultura china una ciudad con *feng shui* favorable era objeto de pasiones y envidias de los vecinos. Durante la dinastía Ming, la ciudad de Chauzu en la provincia de Cantón alcanzó cotas de prosperidad nunca conocidas antes. Parecía un cuento de hadas. Los negocios iban viento en popa, la suerte les sonreía a sus hijos en los exámenes para formar parte de la administración del imperio y en la selección para elegir mandarines, gobernadores y magistrados. ¿A qué se debía tanta ventura? Sin duda al buen *feng shui*. En las celosas ciudades fronterizas con Chauzu creció la cizaña de la venganza: decidieron sabotear el viento y el agua. Un geomántico contratado al efecto estudió sobre el terreno la mejor manera de acabar con las fuerzas benéficas que hicieron a Chauzu rica y poderosa. Al cabo de varias jornadas de observación y espionaje creyó descubrir la clave del éxito: un espíritu bueno que sostenía una vela. Para destruir al duende y su cirio, el experto aconsejó a sus clientes que cavaran un pozo en la ladera. Lo hicieron así guiados por el deseo de ver hundida Chauzu. Nunca mejor dicho: su gozo terminó en el pozo, porque la ciudad, lejos de sufrir del mal de ojo, prosperó aún más y mejor, se demostró que el geomántico era un chapucero: la colina escondía no al duende de la vela sino a la esencia del loto. En lugar de apagar el cirio el pozo regó el espíritu del loto.

LA MALDITA TORRE

Míster Wong es uno de los primeros especialistas en viento y agua de todo el territorio: conoce a fondo el arte de predecir el futuro interpretando los signos de la tierra. El tifón amenazaba con descargar sobre Hong Kong y los asustados ciudadanos se aprestaban a refugiarse en los refugios anticiclónicos.

–¿Qué es lo que pasa míster Wong? –pregunté al geomántico. ¿Qué pecado habrán cometido ahora?

–Toda la culpa es de esa maldita torre.

Señaló con el dedo índice hacia un rascacielos de reflejos azules en el Distrito Central. Era el Banco de China.

–Es el banco de los comunistas –afirmó adusto, con gesto de desagrado–. La figura geométrica del triángulo que recorre su estructura aumenta el efecto destructor de los tifones, lo mismo que las dos antenas que coronan el techo y parecen dos palillos cruzados. Son signos que atraen la desgracia. A quién se le ocurre –rezongó Wong.

De poco sirvió que el edificio se inaugurara antes de que estuvieran terminadas las obras para elegir una fecha auspiciosa, el 8 del 8 de 1988. El 8 es el número de la buena suerte, porque se pronuncia «*baat*», suena como «*fat*», que significa fortuna. El tifón pasó de largo para perderse en el tenebroso mar de la China. Por esta vez nos habíamos salvado. A pesar de su experiencia, míster Wong no fue capaz de adelantar un pronóstico sobre el futuro que le aguardaba a Hong Kong tras el cambio de guardia en julio de 1997. Ése era terreno resbaladizo, escapaba a sus alcances. Podía tal vez aconsejarme para ganar al *mayong* o al *fan tan*, pero se negó a entrar en las procelosas aguas del 1 de julio de 1997. Puso la misma cara de fastidio que los adivinos del bulevar Le Loi de Saigón cuando les pregunté en 1966 por el final de la guerra de Vietnam. Ni sabían ni contestaban. Los adivinos de Hong Kong sí contestan: para ellos, por la cuenta que les trae, todo irá bien en el futuro. Es natural, son chinos y se quedan en casa.

Lu Murray me dijo que el 80 por ciento de los ciudadanos de Hong Kong se servían de las claves del viento y el agua para elegir un apartamento, levantar una fábrica o emprender un negocio: «No te lo vas a creer, pero la afición no es exclusiva de los chinos, apasiona también a los *expats*, los expatriados, y seduce e inquieta a los extranjeros. Nadie desea quedar al margen del *feng shui*. Y los comunistas chinos que lucharon por destruir las supersticiones feudales, incluida la del viento y el agua, han aceptado sus designios. Toda la ayuda es necesaria para que China prospere.»

El aumento de la criminalidad, las bandas venidas del otro lado de la verja en los Nuevos Territorios, a los que en la jerga local se les conoce como i. i. (inmigrantes ilegales), preocupaba sobremanera al comisario jefe Li Kwan-Ha. ¿Tendría el viento de cara? Llamó a su geomántico particular que le aconsejó dos cosas: 1) Cambiar la alfombra de su despacho, y 2) trasladar la mesa de trabajo cerca de la puerta de entrada.

En 1961, el oficial del distrito recibió una carta en los siguientes términos:

> Señor:
>
> Al cerro situado detrás de mi casa se le conoce en la terminología del *feng shui* como La vena del Dragón. Comprenderá entonces que es de gran importancia para todos los vecinos del lugar.
>
> A pesar de todo, un forastero ha tenido la audacia y la insensatez de contratar una brigada de obreros para que caven la tierra con la intención de construir un chalet en un lugar tan comprometido. Ni siquiera ha tomado la precaución de consultar con los ancianos de la aldea ni le ha escrito a usted para hacerle partícipe del proyecto. Verá lo que ha pasado. Nada más ponerse a la obra, el ganado de la aldea, las ovejas y los cerdos, los animales domésticos, se han sentido enfermos y han dejado de beber y comer. Su estado mejoró cuando decidí tapar los ho-

yos y echar un encantamiento para invocar a los dioses con objeto de que expulsaran a los demonios.

De todos modos, este hombre se niega a respetar la tradición y se dispone a remover de nuevo la tierra. Como este señor tan poco respetuoso con la ley no demuestra la menor preocupación por nuestra seguridad, le ruego que envíe cuanto antes a un agente para evitar que lleve adelante su plan.

El extranjero se había atrevido a desafiar el equilibrio de las fuerzas cósmicas. Todo un sacrilegio y una ofensa. «Ese señor o no sabía o no quería saber lo que se jugaba al elegir ese paraje contraviniendo –dijo Lu– las leyes de la naturaleza. Pueblos enteros han sido evacuados a toda prisa porque el viento y el agua se sintieron de pronto molestos por algo.»

El siglo pasado los obreros locales en ningún caso se atrevieron a perforar túneles por los que iba a correr el ferrocarril. Hubo que traer mano de obra europea. Cuenta Jan Morris que cuando un buque inglés atracó en la isla de Lantau los isleños pidieron una indemnización al Ministerio de Marina, porque el capitán se había saltado a la torera las normas del *feng shui* y como resultado cientos de gallinas murieron de forma misteriosa. Las puertas del hotel Mandarín debieron cambiarse a un ángulo de la calle para evitar la entrada de «fuerzas poco amistosas». El mismo cuidado despliegan los arquitectos cuando se trata de colocar chimeneas, que no deben ser cuatro porque la palabra «cuatro» se acerca sospechosamente a la palabra «muerte». En la planta de electricidad de Aberdeen debieron levantar una innecesaria quinta chimenea para evitar problemas con los espíritus.

Un grupo escultórico

Los extranjeros que habitan Hong Kong nunca bromean, salvo con unas cuantas copas de más, sobre estas prácticas mágicas. Se han acostumbrado, se han sometido a tan extrañas leyes. No creen en ellas, pero como los gallegos concluyen que «haberlas, haylas». Aceptar el *feng shui* es una forma de calmar la ansiedad en torno a la salud, el dinero y el amor. El estudio del viento y el agua en ningún caso es una actividad oculta o furtiva, se hace a plena luz, con taquígrafos, academias, periódicos especializados, catedráticos del ramo y clubes privados, en programas de radio y televisión. Sung Siu Kwuong, licenciado en historia por una universidad estadounidense, es uno de los telepredicadores del *feng shui*, un tecnócrata del viento y el agua. Para Sung no se trata de una disciplina que tenga que ver con lo sobrenatural, sino algo más científico relacionado con el arte de las proporciones, la dirección, las orientaciones propicias. Sung tampoco viste como los antiguos geománticos, que llevaban túnica amarilla, sino con un terno elegante, marca Valentino, y corbata de Hermes sobre camisa de Dior.

Sung se guía por el compás de los geománticos, el *luopan*. Con la ayuda de sus instrumentos y fórmulas logarítmicas, que ésas sí son más o menos enigmáticas, decide sobre el mejor lugar para poner los cimientos de un edificio. No falta un toque del horóscopo chino: antes de dar el primer paso se empeñará en conocer la fecha y la hora del nacimiento de los inquilinos de la casa. Que nadie sonría con suficiencia o sarcasmo. Quien ignore estas normas puede exponerse a lo peor. Lo primero que hace la directora de una firma textil, Ira Dan Kaye, cuando decide cambiar de oficina o de rascacielos, es llamar al experto. «Uno de mis empleados se negó a pedir la opinión del geomántico –recuerda Ira–. Pues bien, su mujer se rompió la nariz al caer por las escaleras y su hermano sufrió un grave accidente de tráfico.» Los dos aprendieron la lección. Eligieron a un geomántico y se enfrascaron en el estudio de la asignatura. Supieron que el reverendo Ernst Eitel, un misionero alemán, fue el primero que se ocupó del *feng shui* en 1873 y publicó un estudio a fondo sobre la influencia del viento y el agua.

En su enfrentamiento con el Imperio británico, los chinos utilizaron esta arma secreta y arrojadiza. Cuando los ambiciosos colonos reclamaron tierras en las que instalarse en el puerto de Cantón, las autoridades se ocuparon de cederles parcelas marcadas por un mal *feng shui,* vulnerables a la inundación y a los ciclones, nunca al sur de la montaña en laderas protegidas de los vientos del norte. Circulan en Hong Kong innumerables anécdotas relacionadas con el *feng shui* y la actitud escéptica de los «demonios blancos» respecto a estos imponderables. El reverendo Eitel lamentaba en su estudio las enormes dificultades con que los enviados de Su Graciosa Majestad se topaban a la hora de comprar terrenos, construir una casa o izar una bandera.

El hotel Conrad de Hong Kong se inauguró en plena guerra del Golfo. Era un establecimiento elegante, lujoso, bien atendido y, sin embargo, los turistas le dieron de lado. No sólo eso, ocurrían hechos insólitos, incomprensibles. Al borde de la desesperación, el dueño llamó a un mago que no tardó en revelar la razón de tanta desventura: un grupo escultórico de bronce situado –mal situado– en el vestíbulo del hotel titulado *Gente de Hong Kong*, formado por dieciséis figuras representativas. La solución estaba a la vista: bastaría con sacar el grupo escultórico al exterior. Así se hizo para contento del dueño que empezó a ver cómo los curiosos se arremolinaban en torno a sus estatuas y, lo que era mejor, los turistas entraban en gran número. Las dificultades cesaron de la misma intrigante manera como habían empezado.

Míster Wong nos ilustró sobre algunos exorcismos y conjuros con los que combatir enemigos invisibles. No se trataba de encerrar en el frigorífico las fotos de tus enemigos o de pinchar muñecos con alfileres, sino de atraer energías positivas. Una de ellas es el acuario que, sin embargo, en nuestras tierras dicen que trae mala suerte. En la vasija o en el globo de cristal deben nadar peces de colores, seis negros y uno rojo o una carpa dorada. Junto a la ventana conviene poner tres macetas con plantas de hoja perenne o una calabaza seca capaz de absorber el *qi,* la energía negativa. Todo esto se enseña en las academias del viento y el agua. Aunque no figura en los planes de estudios de la facultad de arquitectura, la materia es conocida por los estudiantes en la intimidad del hogar. Saben que cuando los británicos eligieron construir Hong Kong en la marisma, en lo que es hoy el Valle Feliz, la comunidad china sufrió un ataque de terror. Sus peores premoniciones se vieron confirmadas cuando los ingenieros que trataban de desbrozar el terreno empezaron a morir de paludismo y otras fiebres malignas. El error se corrigió a tiempo al trasladar a los ingenieros y las máquinas a lo que hoy es Central, el corazón de la isla, frente al mar y entre colinas propicias en las que plantaron árboles de salvaguardia. El pánico desapareció por completo. Los «demonios blancos» habían recibido un buen escarmiento.

LEONES DE BRONCE

Las organizaciones de defensa del consumidor advierten sobre las tarifas abusivas que cobran algunos magos del buen y el mal agüero. «No paguen más de 640 dólares norteamericanos. Ése es el límite.» Por los geománticos que uno ha conocido, los expertos en lo telúrico son por lo general honrados. Cobran una discreta cantidad por sus servicios. Se diría que el prestigio de que gozan, una fama délfica, les compensa. Son los *gurkas* de la predicción, agoreros con brújula en la manga, una mezcla de alquimistas, echadores de cartas, anunciadores de la buena o mala ventura, psicólogos y consejeros de empresa. Un día aciago, una concatenación de pequeños o grandes desastres pone en manos del geomántico al humillado individuo, al desamparado mortal.

Uno de estos maestros de *feng shui* aconsejó hace poco a la dirección de la emisora de radio Metro Broadcast que sus empleados dejaran de utilizar la puerta principal: «De esta manera –sentenció– se obtienen dos ventajas: siguen el camino por el que entra el dinero y deben pasar ante el despacho del jefe, de modo que éste podrá vigilar las idas y venidas de sus empleados y reporteros.»

Los constantes cambios en el paisaje urbano, la demolición de los viejos edificios y la construcción de los nuevos pone a prueba el avatar de la geomancia, palabra que viene del griego *ge* (tierra) y *manteia* (adivinación). En la jungla de hormigón los más aprensivos comprueban los cambios arquitectónicos en la vecindad por si presagian buenas o malas vibraciones. El ya citado, el comunista Banco de China, obra del arquitecto chino-norteamericano I. M. Pei, el edificio más alto de Hong Kong, sembró la incertidumbre con sus ángulos cortantes y sus antenas diabólicas. Es poco menos que zona catastrófica que afecta con sus emanaciones negativas no sólo al Banco de Hong Kong y Shanghai, sino a la residencia del gobernador. A los chinos comunistas les apasiona lo más alto, tal vez porque, como dice el proverbio: «Nos encontramos en la cumbre de la montaña para poder contemplar la pelea de los tigres en el valle.» Necesitaban derrotar a los capitalistas con sus mismas armas y en su propio terreno. Al comprobar que sus leones eran más pequeños que los británicos los sustituyeron por otros más grandes y más fieros.

El laureado arquitecto sir Norman Foster tuvo buen cuidado al proyectar el edificio del Banco de Hong Kong y Shanghai (beneficios anuales de dos mil millones de dólares), en colocar dos guardianes, *ad hoc*, dos leones de bronce. Cuando el gobernador Chris Patten, tachado de «mentecato» por los chinos de Beijing, se instaló en el palacio de gobierno, a la sombra del imponente Banco de China, hubo de ser hospitalizado de inmediato por una dolencia en la garganta y más tarde por irregularidades en el ritmo cardíaco. Su hija hubo de ser operada de apendicitis, enfermaron los empleados y sirvientes y su perro desapareció sin dejar rastro. Los ángulos agudos del edificio apuntaban sobre el despacho del gobernador como una pistola en la sien. Sung, el geomántico, fue claro en su análisis: «Desde que se construyó el Banco de China ningún gobernador ha gozado de buena suerte.» Esos contratiempos fueron un aviso para el gobernador: lo primero que hizo en cuanto le dieron la baja en la clínica fue llenar de plantas protectoras el alféizar de la ventana y contratar a un arquitecto conocido por su familiaridad con el *feng shui*. Dicen que se puso el gobernador a estudiar las relaciones con la naturaleza colindante, la influencia del paisaje sobre la belleza de los edificios y la felicidad de sus habitantes. La inauguración del Banco de Hong Kong y Shanghai debió aplazarse hasta que el arquitecto Foster reajustó el ángulo de los ascensores del exterior, según los principios del viento y el agua.

La dirección del Departamento de Justicia ordenó la colocación de espejos en todas las habitaciones al sospechar que llegaban malos vientos desde el Consulado General de Estados Unidos. La previsión sirvió de poco: al consejero de justicia lo condenaron por corrupción y dos altos funcionarios terminaron en la cárcel acusados de tráfico de influencias y otros chanchullos administrativos.

De vez en cuando, en medio de la barahúnda hongkonesa, una manifestación que nada tiene que ver con el aniversario de la matanza de Tiananmen atraviesa las calles en dirección al palacio del gobernador o al Consejo Legislativo, máximo órgano de gobierno, o a la catedral de San Juan. En uno de los desfiles un ciudadano exhibía una pancarta con la leyenda: «Los habitantes de Pat Heung se oponen a la construcción de un edificio por su mal *feng shui*», y otro: «Defenderemos nuestros derechos hasta la muerte.» El grito de los manifestantes no era otro que éste: «*Feng shui*, *feng shui*.» El edificio en cuestión se iba a levantar sobre las tumbas de los antepasados. En China, los muertos son sagrados. Los respetan porque los temen. Veneran las tumbas de unos abuelos remotísimos cuyo nombre ignoran. Se arruinan para costear funerales caros. Como temen a los muertos, procuran mantenerlos tranquilos, para que no vengan a atormentarles durante la noche, ni siembren de fracasos y desgracias el camino de su vida. Veneran a sus antepasados porque se han convertido en «dioses». Esperan, sin duda, recibir el mismo trato cuando mueran. Es una inversión para la eternidad. Blasco Ibáñez recogió la definición de China al decir que era «una aglomeración de quinientos millones de chinos [en 1923] aterrados por la presencia de millones de muertos.» Es la pega de naciones tan antiguas y tan extendidas: los muertos ocupan mucho espacio porque los chinos llevan cuatro mil años muriéndose.

Las consecuencias de la obra en la aldea de Pat Heung, que lanzó a los manifestantes a la calle, no se hicieron esperar: en el transcurso de cinco semanas fallecieron diez personas. Uno de los maestros del *feng shui*, Ho Yuen, diagnosticó la situación como grave: «El dragón protege la aldea, desde la cabeza hasta la cola. Si la obra se hace destruirá la cabeza del dragón y los efectos se dejarán sentir en toda la aldea. Les aconsejo que paren las obras.» Las obras se interrumpieron. Una semana más tarde volvió a llover sobre Hong Kong tras una prolongada sequía. El fabuloso monstruo premió así a los prudentes y dejó de echar fuego por la nariz.

La matrícula de la suerte

No deben escatimarse esfuerzos para apaciguar a los dragones. Cuando se construyó el hotel Regent los expertos temieron que no dejara ver la bahía. A los nueve dragones de Kowloon se les impediría el paso hacia el mar en el que se bañaban todos los días. El problema se resolvió con la instalación de un atrio de cristal a través del cual los dragones podían contemplar la bahía fragante. Los dos leones de bronce del Banco de Hong Kong y Shanghai, de los que ya hemos hablado, *Stephen* y *Stitt*, fueron depositados a la entrada del palacio de acero y vidrio a una hora concreta dictada por los geománticos: las cuatro de la tarde de un domingo. Para que uno de los leones no se sintiera celoso del otro por llegar primero a su puesto de guardia se usaron dos grúas simultáneamente. La inauguración se hizo con todos los honores. Tomó parte en ella la plana mayor del banco, las autoridades locales que se inclinaron en señal de reverencia sobre los leones y les acariciaron el lomo.

A un encargado de los restaurantes de la cadena McDonald's, el maestro del viento y el agua le aconsejó la colocación de un acuario con pirañas en la misma entrada con objeto de sosegar al *feng shui*. No sólo los espejos, los *bat gwa*, tranquilizan a los dragones, sino las estatuas de caballos rojos o las tortugas de madera. En la sección de lencería fina de los grandes almacenes Marks and Spencer junto al cuadro de luces pueden verse cuatro tortugas de madera.

«En el hipódromo de Sha Tin –me informó Lu– se sucedían las desgracias de los jockeys con caídas, choques, desvanecimientos.» Tras llorar a los maestros del *feng shui* y a los bonzos budistas, éstos marcharon en procesión por la pista para exorcizar con mantras y agua lustral el hipódromo endemoniado. La naturaleza no es una fábrica inanimada para los chinos, sino un organismo vivo, palpitante, con el que se funden y confunden. Los chinos, como afirmaba el reverendo Eitel, tienen un concepto emocional de la naturaleza.

El número en las matrículas de los coches es objeto de cuidadosa búsqueda. El número 2 representa la felicidad, el 3 la vida, el 9 la perpetuidad. Ya hemos visto que el 4 significa muerte, el 138 refleja riqueza para toda la vida. El 782 en la matrícula del coche significa «prosperidad eterna en los negocios». Kevin Rafferty recoge el dilema de David Wilson, gobernador en 1987, que se vio obligado a cambiar la transliteración de su nombre a los caracteres chinos. Le tocaba llamarse Ngai Tak Ngai, muy mal nombre porque el primer Ngai se traduce por «falso» o «falsificado» y el segundo por «dos fantasmas llaman a la puerta». Por eso se convirtió, o le convirtieron los calígrafos, en Wai Yik Shun, que se traduce por «defender y proteger con fe y confianza». Así estaba mejor.

El héroe invulnerable

En Hong Kong el futuro es tuyo si pagas un canon. Basta con acercarse al templo taoísta de Wong Tai Sin, el más popular de la ciudad. Huele a incienso, a pollo y *chau min*. En la cultura religiosa iraní los chiítas acuden a los cementerios con el cestillo de la merienda. Los he visto departir con los muertos. También aquí el camposanto es un punto de encuentro y remembranza. El templo de Wong Tai Sin es un supermercado del taoísmo, budismo, confucianismo, mitología, magia y folklore en una sincrética pieza. Es un descanso para la agitada vida diaria. Es la comercialización de la buenaventura. Hasta tiene su avenida de los quiromantes. El remedio de los males se encuentra aquí para atraer la suerte y evitar el desastre. El viajero occidental se siente en Wong Tai Sin como un fisgón en el bingo de lo sobrenatural. Se escuchan oraciones musitadas, cacofonía de rezos, respuestas de nigromantes. Todo lo que viví con los mercaderes chinos en dosis homeopáticas aparecía aquí en todo su esplendor contable y especulativo. Nada que ver con los trapenses de Lantau. Wong Tai es una feria de feligreses inclinados sobre el altar. Lanzan al suelo palillos de bambú con el número de la suerte o se interesan por tu salud, tu dinero y tu amor, sobre los que decide el pico de un ruiseñor, o encienden tres varillas de incienso y se inclinan tres veces: una para el cielo, otra para la tierra; la última reverencia es para la humanidad.

El maestro del *chim*, el número de la fortuna, me cobra setecientas pesetas por él y me envía a la cola. Hasta para conocer el futuro hay que ir a la cola. Ya sabía el día, el mes, la fecha de mi nacimiento al llegar mi turno. Cuando me tocó, tendí las manos al palmista, que dio enseguida con algunas características de mi personalidad: inseguridad, impaciencia, etc. Se volcó hacia mi futuro con la firmeza del profesional. Mi energía corporal, el *chi*, necesitaba de unos cuantos ejercicios de meditación y *tai chi*, unos restregones de espalda con la corteza de los árboles, el fluido natural, una visita al acupuntor y al herbolario.

De pronto miras alrededor y te sientes un poco ridículo. Hay que tomárselo con calma y sentido del humor. A tu lado una mujer, ya entrada en años, de cabellos plateados, llora con pudor. Es posible que el palmista o el *chim* con las varillas de bambú o el horóscopo chino alivien sus penas que parecen evidentes y profundas. El maestro en el estudio de la fisiognomía Richard Tsui, un personaje que hubiera hecho feliz a otros expertos en fisiognomías como lo fue Julio Caro Baroja, examinó mi rostro y advirtió un reflejo de libertad, melancolía y sentimentalismo. Pagas unos duros y te dicen lo que quieres oír. El señor Tsui es un padre bondadoso y gentil que descubrirá más o menos lo mismo en todos los rostros: inteligencia, bondad, desprendimiento, amor y un corazón sano. Das las gracias y regresas reconfortado a la jungla de hormigón, reconciliado con el mundo. Los viajeros de Occidente somos como niños.

En uno de los tenderetes pude ver el retrato del actor-karateka Bruce Lee convertido en una especie de deidad, de talismán de la buena suerte. Al cabo de tantos años su muerte era un misterio. Hay quien asegura que no fue una crisis cardíaca. Una tarde de julio de 1973 lo encontraron agonizando en su alcoba. Murió en el hospital Reina Isabel II. El héroe invulnerable, el vencedor de mil combates, sucumbió según algunos a una amante celosa que le introdujo una aguja de oro en el cerebro. La policía se apuntó a la versión de la intoxicación por droga, una sobredosis. Bruce Lee, conocido por los chinos como Siu Lu Lung o Pequeño Dragón, cometió el error de trasladar su residencia a Kowloon Tong, un barrio de jóvenes triunfadores en los negocios, pero con mala fama entre los versados en el arte del viento y el agua. Se lo advirtieron: vas a vivir en un valle y los valles tienen mal *feng shui*. Seguro de sí mismo y de su buena estrella, colocó un espejo, un *bat gwa*, en un árbol situado frente a la casa. No fue suficiente. El tifón derribó el árbol, hizo añicos el espejo. No le dio mayor importancia al percance, olvidó reponer el espejo protector y murió quince días después cuando rodaba su quinta película, *Juego de muerte*. Hubo quien afirmó que Bruce Lee llegó demasiado lejos al despertar los celos de los nueve dragones de Kowloon, que acabaron con él en cuanto bajó la guardia, sus dedos de acero. Don Bruce Lee o la fuerza del sino...

XIX

UNAS GOTAS DE YIN
Y UNAS GOTAS DE YANG

En la colina de la Bahía de Aguas Claras, a quince kilómetros de Kowloon, los soldados hacían la guerra con sables de madera y bambú entre nubes de humo artificial. Junto con Bombay en la India, Hong Kong era, y es, la metrópoli cinematográfica de Asia. Llegué a la Bahía de las Aguas Claras, a los estudios de los hermanos Shaw, en su época dorada. Desde los estudios de la Shaw Brothers Company se fabricaban casi todas esas películas de *kung fu* que han sacado de su sopor, aunque sea a mamporros de ficción, a miles y miles de millones de espectadores. La producción cinematográfica es uno de los filones de Hong Kong. Hoy, las películas se ruedan en mandarín, entre ellas una titulada *Jiayu Xishi 1997* (Un feliz acontecimiento para 1997). «Hace tiempo que Hong Kong entró en la era del mandarín», declaró Leslie Cheung que se hizo famoso por *Adiós, mi concubina*. En China se fabrican 200 películas al año, algunas de ellas, como las de Kaige o Yimu premiadas en los festivales internacionales.

En Saigón, en plena guerra vietnamita, pude comprobar hasta qué punto la realidad imitaba al cine: los soldados norteamericanos caminaban como John Wayne, se soltaban el barboquejo como Errol en *Objetivo Birmania* o sufrían con el rictus de Montgomery Clift en *De aquí a la eternidad*. Esas y otras referencias han pasado de moda poco a poco para dejar al descubierto la epilepsia de los golpes asiáticos, el choque de alfanjes y silbido de puñales. Al salir de un cine de Saigón, de Manila, de Bagdad, de Alejandría o Johanesburgo, de Beirut o de Managua, las secuencias de artes marciales habían ganado la calle. Todos los chinos querían ser Bruce Lee. Es el gran invento hongkonés, acción sin fin por unas perras. No habrá trampa ni cartón, los buenos son buenísimos y los malos malísimos.

A Hong Kong se le conoce como *Dongfans Haolaiwu*, el Hollywood de Oriente. En la Bahía de Aguas Claras, la factoría de sueños de los hermanos Shaw, las fortalezas eran de plástico, las pagodas de cartón piedra, las montañas de papel. En lo alto del cerro vivía el señor Run Run Shaw, en una casa tan sólida por lo menos como la muralla de China. Desde allí dirigía sus once estudios de rodaje mientras que su hermano mayor, Rumne, se ocupaba desde su despacho en Singapur de la red de distribución de las películas, las más rentables del mundo.

A razón de cincuenta películas al año y cien muertos por película, con medio litro de hemoglobina por «fiambre», el cine de los hermanos Shaw, nacidos en Shanghai como muchos magnates de Hong Kong, consumía 2.500 litros de hemoglobina al año: lo bastante como para ensangrentar el cine español durante por lo menos treinta años. En los estudios de la Bahía de Aguas Claras se rodaba a una cadencia infernal. Se escuchaban llantinas de viudas, los gritos, los aullidos de las heroínas violadas y de los presos torturados. Los regimientos japoneses se cruzaban con hordas mogolas, gángsters en motocicleta y procesiones de monjes budistas. De vértigo. En una cantera se enfrentaban dos bandas de criminales en titánica batalla, a golpe de excavadoras y grúas. La consigna del señor Shaw no era otra que ésta: nada de arte o política, sangre, mucha sangre. Derrotados los malos, la película debía tener un final feliz. Antes, unos y otros, buenos y malos, se habían machacado a golpes de sable o de *nunchaku*, los palos y cadenas.

A lo largo de dos horas de visita a los estudios anoté las situaciones siguientes, de las que fui testigo:

–Dos soldados japoneses violaban a dos campesinas coreanas.

–Una bella princesa vestida como en los biombos chinos mataba de certera puñalada a un mogol con bigotes de Taras Bulba, que acababa de asesinar a su buen padre, el rey.

–Una odalisca semidesnuda descubría que en el brazo del hombre que la deseaba (ella aparecía tendida en un diván) había dibujado un tatuaje: albricias, era su hermano, que desapareció en la infancia.

–Suspendida de un hilo invisible, una moza vestida de príncipe guerrero volaba por los aires. Frágil e invencible, ágil como el antílope, decapitaba a golpe de cimitarra a diez bandidos montados sobre humeantes caballos.

He visto el efecto que estas secuencias de acción y fantasía causaban en las audiencias de medio mundo: la estupefacción, el dolor cuando el héroe o la heroína perdían pie, la recuperación, la angustia de nuevo, las lágrimas, los gritos corales de apoyo cuando su héroe saltaba sobre muros de varios metros o derribaba de un patadón una puerta de bronce, los aplausos, la apoteosis. La caja registradora de los Shaw funcionaba al ritmo vertiginoso de las secuencias. El *kung fu* les hizo de oro. La fórmula no podía ser más china, trivializada: unas gotas de yang en la coctelera, la fuerza cálida, activa, positiva, luminosa (masculina), y unas gotas de yin, la pasividad, la quietud, la oscuridad, la fertilidad (femenina). El cielo y la tierra, el viento fragante y la suave lluvia. Unos gramos de piedad filial y unos gramos de doctrina ancestral, el sendero recto y hemoglobina. Doscientos cadáveres de promedio por película.

El Pequeño Dragón

La filosofía quietista del taoísmo saltaba por los aires transformada en alquimia y hechicería. Los guionistas de Hong Kong tenían en los libros de caballerías materia abundante de inspiración. A toda esa farfolla chinesca se le unía la imitación del cine norteamericano. Entraban a saco en *El último tango en París* o en *Indiana Jones*, y la coloreaban de pagodas, lagos con nenúfares, bandas de maleantes en la trituradora de trucos, efectos especiales y ketchup. Los héroes, émulos de Lietzu, cabalgaban sobre el viento. «Impulsados por la brisa fresca, podían viajar quince días sin descender a tierra. Hombres que brotaban de los acantilados y planeaban en el aire entre humo y llamas, consumían plantas y frutas milagrosas que guardaban de la vejez y de la muerte.»

Un célebre alquimista, Chan Tao Ling, afirmó a los sesenta años, tal y como lo cuenta E. O. James en su *Historia de las religiones*, haber recobrado la juventud bebiendo Dragón Azul y Tigre Blanco, un compuesto que descubrió cuando, a lomos de un tigre subió al cielo en busca del elixir de la inmortalidad. También se decía que sus pócimas eran eficaces para matar a los demonios, ahuyentar a los duendes, proteger el reino y traer la paz al pueblo. El taoísmo aconsejaba ejercicios de respiración y una dieta vivificadora. Es lo que hizo Bruce Lee toda su vida: ni fumaba, ni bebía, consagrado en cuerpo y alma al ejercicio físico, al castigo del músculo, el fortalecimiento de sus dedos, fuertes como escarpias.

El cine de *kung fu* es una parodia de las leyendas, de las fantasías épicas, de la filosofía mística de los fundadores del taoísmo: a las masas supersticiosas les encanta que caminen a través del fuego y sobre el agua, vuelen y se hagan invisibles. Los gobernantes utilizaban las prácticas mágico-religiosas para que el pueblo alcanzara satisfacción emocional y seguridad, como «fuerza estabilizadora del imperio». La función era la misma que el pan y el circo de los romanos, o el fútbol inventado por los británicos para alejar a los mineros de las calles.

Después de visitar durante dos horas los estudios de Hong Kong de los hermanos Shaw me zumbaban los oídos, me hacían chiribitas los ojos y mi cerebro parecía una jaula de grillos.

Antes que las criaturas de los hermanos Shaw, el cine de Hong Kong triunfó en el mundo por medio del arcángel del poder amarillo (rama no comunista), el Pequeño Dragón, Bruce Lee. Desde la Costa Oeste, en la Universidad de Washington donde conoció a una mujer, Linda, de origen sueco, y dio clases de kárate a Steve McQueen, Lee Marvin, y James Coburn a cambio de cuarenta dólares a la hora, Bruce Lee volvió a Hong Kong para dar el salto a la fama. Lo dio con todas las consecuencias. Cuando murió a los treinta y dos años se le organizaron dos funerales. El primero, simbólico, en Hong Kong, que atrajo a treinta mil personas, el segundo en Seattle, Estados Unidos, donde, entre otros, sus amigos James Coburn y Steve McQueen llevaron el féretro a hombros. Había nacido el James Dean del cine hongkonés: el mismo fin prematuro, la misma gloria, la misma leyenda. De James Dean se dijo que había sobrevivido al accidente de coche y se recuperaba de incógnito en una clínica secreta. De Bruce dijeron que había sido secuestrado por los gángsters de las *tríadas*. La versión más fiable aseguraba que sometido su cuerpo a una violencia cada vez más excesiva hizo *crack*. Según la última versión murió de un edema cerebral causado por la reacción a un tranquilizante que tomó sin consultar a su médico. Así entró el Pequeño Dragón en el Olimpo de una mitología del espectáculo que alimentó desde entonces el fuego sagrado de las taquillas.

Los filmes de *kung fu* invadieron las pantallas de todo el mundo. Era la dialéctica de los puños y las pistolas. El héroe Bruce Lee saltaba como un meteoro sobre las cabezas de sus adversarios, se abatía con su mano vengadora sobre ellos y los hacía papilla: son *Los cinco dedos de la muerte*, *Los cuatro dedos de la furia*, *La mano de bronce*, *El puño invencible*, *El vengador de los puños de acero*. Es un puño que puede penetrar la carne, decapitar y cortar en dos al adversario. Esta variación oriental del superhombre tenía sin embargo un origen pacífico, no violento. No estaba hecho para destruir. En sus dos formas reconocidas, la escuela dura (fuerza y velocidad) y la escuela suave (equilibrio y coordinación), nació en un monasterio más de seiscientos años antes de nuestra era bajo la dinastía de los Tang. El patriarca Bodidarma lo instituyó para desarrollar la fibra moral de los monjes zen. Era una disciplina espiritual, un arma de disuasión, una escuela de dominio individual. «Las artes marciales –afirmó Bruce Lee– son una forma de conocerse: una patada o un revés de mano no tratan de aniquilar al enemigo, sino de provocar miedo, golpear la vanidad que anida en nuestros corazones. Es un medio de expresión.»

El boxeo tailandés, el kárate, son sucedáneos del arte verdadero, el *kung fu*. Todas esas variedades se entremezclan en las películas del género en que sobresalen los ojos llameantes de Bruce, sus músculos restallantes, los brazos en jarras o en guardia, las piernas separadas. Cuando Bruce desata su fuerza empieza una coreografía de golpes sin par. «Comparado con él –escribió un crítico–, Nureyev es un descargador de muelle.»

Su gesto es desdeñoso, su repertorio está formado de gritos, alaridos, exclamaciones, gorgorismos, jadeos, onomatopeyas orientales, acrecentada esa polifonía por una banda sonora exasperante: quebrantamientos óseos, crujir de extremidades, estallido de maderas y vidrios, truenos y relámpagos. Bruce Lee tenía su propia escuela, su método personal, el *jet kune do*. Sus ensayos eran constantes, su gimnasia interminable. Se entrenaba ante los espejos, adoraba su propio cuerpo y leía a los filósofos en los que buscaba energía e inspiración para la mente. El kárate y el *kung fu* penetraron en el resto de las cinematografías y en la televisión. El pequeño saltamontes, David Carradine, obtuvo un éxito inmediato con su serie de televisión. «Dime, maestro...» El mundo se disolvió en artes marciales. Florecieron las academias en todas partes. Bruce no era un actor, no necesitaba emular a sir Laurence Olivier, le bastaba con pegar a la velocidad de la luz y poner cara de estreñido.

Éxito de un rencor

Una guerra fría estalló entre el productor de las películas de Lee, Raymond Chow, y los hermanos Shaw, quienes habían crecido en el teatro de su padre en Shanghai. Eran principios de siglo. Sobre el escenario se enfrentaban soldados ágiles y elásticos que lanzaban gritos desgarradores. En 1920 Run Run y Rumne Shaw asistieron a la metamorfosis del modesto teatro de su honorable padre, que ese año se transformó en cine. Fue el primero que se abrió en China. Run Run y Rumne tienen la misma edad que el cinematógrafo, veinte años, de modo que se lanzan a la producción para alimentar los proyectores de la sala paterna. Su primera película se tituló *El hombre de Shanghai*. Esta versión cinematográfica de un espectáculo ofrecido por la Ópera de Pekín se rodó con una cámara de manivela; una orquesta de pífanos, gongs y címbalos subrayaba la acción dramática. Los subtítulos en mandarín sustituían a los diálogos. La guerra civil interrumpió el éxito del espectáculo, y los Shaw tuvieron que hacer las maletas y marchar a Singapur.

La guerra les seguía los talones, porque cuando contaban en su haber una veintena de filmes desembarcaron los japoneses. Los combates destruyeron los estudios de rodaje, los proyectos de producción de la naciente industria. A cambio los japoneses se hicieron a partir de entonces un enemigo formidable que disponía de una poderosa arma arrojadiza: el cine. En todas las películas realizadas después de la guerra los culpables, los malos, los abominables eran los nipones o los blancos caucásicos. El gángster, el espía, el sádico japonés quedaba en ridículo ante el héroe chino, guapo y valiente.

Los hermanos Shaw, uno en Singapur, el otro en Hong Kong, alzaron el estandarte del cine chino de bajo presupuesto. El actor que necesitaba más de dos o tres tomas por escena iba a parar a la calle. Se rueda a veces sin guión y hay actores, como en el cine de Bombay, que protagonizan tres o cuatro películas al mismo tiempo. El otro, el de Mao, no salía de las fronteras de China. Sus títulos no parecían tan prometedores como para arriesgar una carrera comercial en el Occidente capitalista: *Héroes de Yunan*, *La vida de una mujer conductora de trenes*, *La larga marcha de un obrero metalúrgico*. El cine de los Shaw empieza a verse en Saigón, Bangkok, Singapur y en Kuala Lumpur. No planteaba ningún problema de reflexión: bastaba con dejarse llevar por las contorsiones del héroe.

Fue el éxito de un rencor. Para vengarse del ridículo yudo de los japoneses, Shaw inventó el nuevo tipo de héroe, el chino intrépido e invencible, el campeón de *kung fu*. Se rodeó de una batería de guionistas, más de veinte, que trabajaban a destajo y por cuatro o cinco perras. Uno de los primeros guiones que salió de la fábrica Shaw respondía, línea a línea, a los deseos del jefe. Un chino de Hong Kong abre en Roma un restaurante de *chopsueys*, rollos imperiales y cerdos agridulces. Empieza a encontrarse con dificultades porque se niega a pagar el impuesto a la mafia. Le birlan a la novia. Entonces llama a su hermano que es profesor de *kung fu*. Viene. La escena final se desarrolla en el Coliseo romano. Como un gladiador, pero con la ayuda de sus solas manos y pies, destroza a todos los gángsters de Roma.

Nada puede con él, ni las metralletas ni los lanzagranadas, ni las *luparas* de perdigón lobero que usa la mafia contra el titán de las manos desnudas y los puntapiés escalofriantes. Golpe al bajo vientre del adversario que provoca un reflejo de protección, el héroe chino aprovecha para abalanzarse con los dedos en forma de horquilla sobre los ojos del enemigo. El *kungfunista* no cierra los puños, golpea con las puntas replegadas de las primeras falanges. Así, la mano puede deslizarse entre el mentón y la espalda para romper la carótida del adversario. Si golpea con la punta de los dedos sobre las costillas, podrá provocar el infarto de miocardio.

Centros nerviosos

Por el estudio de la Bahía de Aguas Claras pululaban los entrenadores de *kung fu*. Uno de ellos me explicó algunos de los golpes más famosos, la forma de defenderse de ellos. «Hay centenares de formas de lucha de *kung fu* –dijo–, pero le diré algo, si un maestro conoce diez clases de *kung fu*, sólo le enseñará nueve. Se guardará para sí el golpe secreto para asegurarse que nunca podrá sobrepasarle su discípulo.»

Al comprender que nunca utilizaría sus consejos para malas

artes, el entrenador me desveló el secreto del «golpe de la segunda muerte».

–En el curso de un combate –explicó–, podrá usted paralizar los centros nerviosos de su enemigo. Pero el golpe debe descargarse en el momento preciso. Una fracción de segundo de más o de menos, y fallará el plan; pero el maestro conoce el lugar y el instante en que debe pegar.

–He leído algo sobre el golpe mortal de efectos retardados...

–Sí, consiste en que si usted pega a alguien con la punta de los dedos sobre el plexo solar podrá morir tres días después a la misma hora a menos que le conceda el perdón y el contragolpe liberador. Convencido de la autenticidad de este poder, puede ocurrir que el tipo muera de miedo antes de la fecha fatal.

Raymond Chow, hijo del presidente del Banco de China y ex periodista, productor de películas de Bruce Lee como *Operación Dragón*, *Big Boss* o *El furor de vencer*, luchó con los hermanos Shaw por la hegemonía de la producción cinematográfica de Hong Kong. En 1973, el fallecimiento del Pequeño Dragón despejó el camino de Run Run y Rumne. Dieron con su sucesor, David Chiang, que nunca llegaría a la altura de Bruce. La fama del Pequeño Dragón, como símbolo vivo del triunfo, fue tal que en su última entrevista confesó que se sentía abrumado por el peso de la púrpura: «La mayor desventaja del éxito –afirmó– es la pérdida de la intimidad, de la vida privada, que se confunde con la pública. Suena a ironía, pero todos luchamos por convertirnos en ricos y famosos, y una vez que alcanzamos la cumbre comprobamos que no todo era del color rosado que esperábamos.»

Bruce se sintió fagocitado por Hong Kong. «Apenas hay un lugar donde pueda ir sin que la gente se fije en mí o me pare para pedirme un autógrafo. Ésa es una de las razones por las que paso tanto tiempo en mi casa haciendo mi trabajo. En este momento mi casa, con la compañía de mi mujer Linda y mis hijos Brenda y Shannon, y mi oficina son los dos lugares más tranquilos para mí. La última vez que fui al cine, la acomodadora me enfocó con su linterna y me pidió un autógrafo. Ahora entiendo por qué las estrellas evitan los lugares públicos. Al principio no me importaba toda esta publicidad, pero pronto se convirtió en un dolor de cabeza el tener que contestar a las mismas preguntas una y otra vez, posar para los fotógrafos y forzar una sonrisa. Más que la gloria, la fama o el dinero, lo que busco es la felicidad, la paz interior.» Su hijo murió en 1993 cuando rodaba *El cuervo*. Su hija, de 27 años, aceptó un papel principal en un largometraje. Con una condición: «No quiero aparecer en ninguna escena de *kung fu*», exigió.

Tigre y serpiente

La primera película de Bruce se tituló *Green Hornet*. Lee, que había actuado como comparsa en filmes chinos desde que era niño junto con su padre, un cantante de ópera china, no tenía sin embargo ninguna experiencia en Hollywood. Un año, mientras hacía una demostración de *kung fu* en el campeonato internacional de kárate en Long Beach, California, un productor de Hollywood que estaba entre el público se fijó en él: «Esa misma noche recibí una llamada telefónica en mi hotel para una prueba. A la mañana siguiente acudía a los estudios de la 20th Century Fox. Me dieron clases de arte dramático durante un mes. Para los actores de Hong Kong los estudios de Hollywood eran un reino mágico, inalcanzable.»

Big Boss batió las plusmarcas de taquilla en Hong Kong y superó a *Sonrisas y lágrimas*, la reina de las recaudaciones en la colonia durante diez años. Nada proporciona tanto éxito como el exceso. Fue su primer papel como protagonista, y Bruce Lee, el «Fred Astaire de las artes marciales», iba camino de convertirse en el actor mejor pagado del mundo. *Puño de furia* superó a *Big Boss*, y *Operación Dragón* a estas dos. Era un cine de tebeo, infantil, lleno de un movimiento continuo, acelerado, sin desmayo, de golpes, escorzos, volatines, escaramuzas. El grito de Bruce, el *kiai*, casi tan famoso como el de Tarzán, presagiaba ruptura de huesos, patadas fulminantes, penetración de dedos en las costillas del enemigo. Hong Kong, lleno de gente, aparecía en todo su fulgor. Luego le imitarían en los mismos escenarios los Bond (*El hombre de las pistolas de oro*), las series de televisión, entre ellas *Dallas* y *Dinastía*. Hong Kong es fotogénico. A un junco que navega frente a los rascacielos se le puede sacar mucho partido.

Al contrario que sus rivales cinematográficos, Bruce Lee no dudaba en combatir desnudo de cintura para arriba con objeto de mostrar sus relucientes bíceps y su pecho de titanio. Mientras tanto sus músculos faciales, escribía un crítico, «se estremecen como el oleaje que se estrella contra las rompientes». Era el *number one*, el mejor embajador de un Hong Kong en ascenso. Pero mientras la Perla de Oriente vendía cacharrería fina, los más modernos aparatos, a Bruce, tigre y serpiente, le bastaba con sus dedos, su esqueleto de acróbata, sus certeros punterazos a la yugular del enemigo. En tan sólo una secuencia de *Big Boss* llegó a matar a catorce adversarios. Era el triunfo de un cine que un crítico llamó el de los cinco ultras: ultraviolento, ultrasexy, ultrasangriento, ultramelodramático y ultrarrápido. El nivel técnico era mediocre, imágenes desenfocadas, encuadres casuales, abuso del *zoom*, pésima iluminación, desprecio del color y del sonido…

Run Run Shaw habló siempre claro, hijo victorioso de la experiencia capitalista: «No creo en el cine de arte y ensayo –se sinceró cuando hablamos con él–. Una película debe hacer reír y llorar, pero sobre todo debe hacer ganar dinero para que los productores puedan volver a filmar. Si he podido llegar lejos, es porque el sistema de Hong Kong me lo ha permitido. Aquí hay libertad, dinero e iniciativa. Estoy abierto a todo y a todos, sin restricciones ni reservas mentales. ¿Hay quién pueda dar más?» La reina de Inglaterra lo ennobleció con el título de sir cuando acababa de comprarse su Rolls-Royce número ocho. «Me queda poco tiempo de vida –afirmó–. He rodado mil películas en veinticinco años y a partir de ahora me consagraré más que nunca a mis dos pasiones, los Rolls y el cine.» «Tanta violencia –le pregunté–, ¿es un tributo a la historia de China?»

–La acción –respondió–, es un lenguaje universal. Al público le molesta la lentitud, la morosidad. ¿Por qué los circos romanos se llenaban en las peleas de gladiadores? La acción vale más que el diálogo. En nuestro cine hay más violencia que sexo, es cuestión de tradición y cultura.

Como todos los chinos Run Run, delgado y seco, sin un gramo de grasa, era nacionalista y gimnasta aficionado, no del *kung fu* sino del *shadow boxing*, el boxeo de las sombras: «Cuando uno envejece –nos explicó con mal disimulada coquetería–, lo primero que se debilitan son las piernas. El boxeo de las sombras es el mejor ejercicio para evitar la oxidación. Es muy sencillo, un pie baila sobre el otro, se golpea al vacío. Lo esencial es poner el espíritu en reposo y dejar pensar al cuerpo para que no pase nada.» El problema es que el hombre es un dios cuando sueña y apenas un mendigo cuando piensa (Hölderlin).

En sus películas, como hemos señalado, triunfaba el pueblo chino. Los truhanes eran los japoneses, los europeos y las meretrices. Si por casualidad aparecía un chino en el papel de forajido, era porque lo habían pervertido los blancos. Shaw dejaba la política en manos de Mao Zedong. El productor más rico del mundo adoraba al Gran Timonel: «Ha devuelto la dignidad a China, y eso es lo que importa –nos dijo–. Comunistas o no, y yo no lo soy, todos somos chinos.»

Un punto de humor

Hollywood se rindió a los métodos del cine de Hong Kong. Bruce Lee ya tiene a su heredero en la persona del actor Jackie Chan, el protagonista, entre otras, de *Rumble in the Bronx* y *Broken Arrows*, dos minas de oro en la taquilla. Hong Kong es el segundo exportador de cine del mundo, tras Estados Unidos: vende al año doscientas películas. La fórmula de Shaw no ha cambiado en este tiempo: ni arte ni política, puños y pies al viento, sangre. El príncipe valiente derrota a los malvados. *The end.*

Jackie Chan le añade a la receta Lee un punto de humor, de

autoparodia. Los productores de Hong Kong quizá no hayan leído a Aristóteles, para el que la tragedia debe provocar dos reacciones en el público: la piedad y el terror, pero ésa es la fórmula que han impuesto en sus películas. Jackie, el anti-Rambo, es el policía que desafía a sus superiores para combatir a su aire contra los rufianes, el soldado de fortuna que arriesga su vida para buscar el tesoro escondido desde hace siglos. También el director John Woo, tímido y afable, ha triunfado en Hollywood: su cine es un baño de sangre. Aparecen personajes de gafas oscuras y gabardina hasta las corvas que besan el asfalto a cámara lenta. Hay derroche de munición, a ráfagas o tiro a tiro. Un olor a pólvora y cordita invade la sala de proyección. A Woo lo llaman «el poeta de la hemoglobina» y también «el Mozart de riñas y peleas». Hasta tal punto salpica la sangre que las películas norteamericanas parecen anémicas en comparación con las suyas. Pero su violencia no es nihilista. Sus héroes pueden fracasar, y fracasan en el romanticismo y la acción. Uno de ellos se pregunta, tras una titánica lucha contra sus malos instintos: «¿Por qué es tan difícil para un hombre ser bueno?» O «tú y yo estamos en la misma barca, no podemos luchar contra nuestro destino».

Jackie Chan es el actor más popular de Asia. Vive en Hollywood desde hace dos años. Le ocurre lo mismo que a Lee, debe pagar el precio de la fama. En cuanto sale de casa le asedian los hinchas. Le gusta hacer *jogging* por la noche en las calles desiertas de Pico Victoria, pero sus admiradores han descubierto el truco y le asaltan con sus cámaras fotográficas. Es el hombre orquesta del cine de Hong Kong, mantiene un mercado de mil millones de espectadores en potencia, y además de ser actor, es realizador, productor y embajador de la Oficina de Turismo.

Se dice en Hong Kong que la prosperidad de la colonia se debe en un 95 por ciento a los emigrantes de Shanghai. También los padres de Chan vinieron de allí con una mano delante y otra atrás. Nadie se explica cómo Chan, que nació en la colonia en 1954, sigue vivo. Se ha roto huesos, costillas, extremidades y tres veces la nariz en el curso de sus acrobáticas intervenciones para el cine. Tiene el esqueleto hecho un cristo. Es un perfeccionista, enemigo de la penuria técnica del cine hongkonés. No le gustan los dobles, prefiere jugársela él para dar mayor verosimilitud a las secuencias de acción. «Sólo Buda decide sobre tu destino», afirma Chan. Cuando rodaba *Armour of God*, en Yugoslavia, en 1986, se tiró de un globo sobre el bosque, aterrizó en la copa de un árbol y se hirió gravemente la cabeza. «Bruce Lee era un luchador, yo soy un comediante –acostumbra a decir–. A los jóvenes les atrae la fuerza a condición de que no se la tome demasiado en serio.»

Las *tríadas*, el crimen organizado, mandan mucho en el cine de Hong Kong. Obligan a los actores y actrices a intervenir en sus películas: si se niegan ya saben lo que les espera. Los gángsters de la industria del cine secuestran a directores y actores, sabotean rodajes, roban rollos de rivales y matan. De película. Bruce Lee y Chan llegaron tan lejos que escaparon al control de la mafia.

Un viento de preocupación recorría los estudios de Hong Kong en vísperas del regreso de la colonia a la madre patria. Algunos de los directores decidieron coger el dinero y echar a correr. Otros temen lo peor porque han rodado en Cantón o en Shanghai «con censura, burocracia y corrupción». ¿Señalará 1997 la decadencia del cine hongkonés? Los síntomas son preocupantes. En 1993 se rodaron 234 películas, un centenar en 1996. También ha descendido el número de espectadores. En Shanghai, la gran rival, piratean las copias. Shu Kee, realizador de un documental sobre los sangrientos sucesos de Tiananmen (*Días sin sol*) ha abandonado por prudencia el cine político. «Estos últimos tiempos –opina–, Hong Kong se ha convertido en una ciudad muy "estresante". Por eso la gente se inclina por la comedia que ofrece un agradable contraste con la realidad.»

Mientras algunos directores se van, la mayoría se quedan. «La China de hoy es el motor de un Mercedes en una carrocería oxidada. Nos obligan a adorar un caballo muerto como si estuviera vivo. La ficción socialista al estilo chino terminará por volvernos locos a todos. Ni política ni sexo, esa es la consigna, lo que nos pide el régimen es la civilización socialista espiritual. ¿Quién ata esa mosca por el rabo?», afirmaba un realizador que pidió que silenciaran su nombre.

El padre de Jackie Chan, cocinero, y su madre, sirvienta, eran tan pobres que intentaron vender al bebé por veintiséis dólares al médico inglés que lo trajo al mundo. Cuando Chan contaba siete años, sus padres se largaron a Australia y lo dejaron abandonado en una academia de interpretación de Hong Kong. Allí aprendió el arte de la Ópera de Pekín, a cantar, maquillarse, saltar, pegar y manejar más de una docena de armas blancas y de fuego. Estudió y practicó artes marciales, mimo, acrobacia, esgrima y nociones de cultura general: todavía hoy no es capaz de leer y escribir con fluidez en chino. Su actor preferido es Buster Keaton. Cuando en 1996 un periodista le preguntó a Jackie lo que esperaba de 1997 contestó con su cachaza habitual: «Nunca pienso en el mañana, tan sólo en lo que hago hoy. Cuando la gente me pregunta "¿Tienes miedo de lo que pueda ocurrir en 1997?", yo respondo: "No sé si estaré vivo en 1997."» Es probable que también él se interrogue sobre el inmediato futuro. ¿Será el comunismo soluble en el *kung fu*?

XX

EL NUEVO MUNDO DE SUZIE WONG

Una tarde salí a descubrir el nuevo mundo de Suzie Wong. El personaje creado por el novelista británico Richard Mason en 1957, que William Holden y Nancy Kwan protagonizaron en el cine, en 1960, se hizo tan popular en Asia que allí por donde ibas te señalaban con el dedo a las Suzie Wong con apertura lateral en la falda o sin ella. Todas las chicas alegres y sueltas por la vida, desinhibidas y ligeras de ropa en los bares, clubes nocturnos, discotecas, salones de belleza y masaje eran Suzie Wong, la prostituta bondadosa y sentimental que se enamora del artista para el que posa.

El decorado del bar de Yao Mei era más bien sobrio, intimista, un lugar inapropiado para una cinematográfica pelea entre marinos de la VII Flota y de la armada británica, la Royal Navy. Ya camino del año 70, el mundo de Suzie Wong cambiaba de decoración, de estilo, de atmósfera, de clientela. Los combatientes de Vietnam evacuaron el barrio de Wanchai, el «Wanch», al terminarse las R-R, los períodos de *rest and recreation*, «descanso y recreo». En un par de días de permiso los G. I., los soldados estadounidenses, se dejaban la hijuela para olvidar los arrozales, las sanguijuelas, la sangre, el sudor y las lágrimas de la ratonera vietnamita.

Yao Mei los vio irse con pena. «Eran buenos chicos pero

bronquistas, ruidosos, malos bebedores y algunos de ellos malos pagadores. Eso sí, se dejaban una fortuna, hasta quinientos dólares en un par de días de permiso», me dijo. En medio de una teoría de anuncios de neón y tiendas para turistas, el bar de Yao Mei (Belleza Distante), en el centro comercial de Tsimshatsui, destacaba por su discreción y recato. Nada llamaba la atención, ni siquiera las chicas de Yao Mei, jóvenes en minifalda que se comportaban como hijas de familia. Las copas se tomaban sin risas histéricas, en cháchara lenta y compañía. Los clientes parecían a la altura de las circunstancias. En la gramola del fondo sonaba sin estridencias una melodía romántica de Mantovani.

A los treinta y cinco años, Yao Mei era una mujer avejentada por las noches de Hong Kong. La piel de su rostro era pálida, láctea, translúcida, un rostro alejado del sol en mucho tiempo. Se sentía feliz porque la clientela respondía a su idea de paz y un sereno negocio, sin sobresaltos, sin marineros borrachos. ¿Era ella la nueva Suzie Wong que buscaba? Podía ser.

«La nuestra es ya una profesión normal, un oficio como otro cualquiera –me dijo en un inglés trufado de expresiones de la jerga que utilizaba la soldadesca británica o norteamericana–. La mala fama está reservada a los locales de Wanchai. Nosotras hemos perdido ese estigma. Todo lo que quiero es que mis parroquianos disfruten, descansen, beban lo más posible sin que tenga que venir la policía militar a por ellos. Me da igual que sean hombres de negocios o marinos de paso, con tal de que se comporten como caballeros. Las riñas están bien para el cine.»

Todo lo que Yao Mei echaba de menos eran la playa, el verano, el sol, las olas, el viento del mar: «En cuanto llegan las vacaciones de verano compenso estas jornadas nocturnas y me empapo de mar. Mi piel se tuesta, renace y yo me siento feliz. Adoro el sol.»

Yao Mei no dejaba de aludir a su honorabilidad: «Nosotras, sabe usted, contribuimos con largueza a la economía de Hong Kong. Además de los bares, de los salones de baile, regentamos apartamentos, y los vendedores de aparatos de aire acondicionado, vestidos, perfumes, electrodomésticos, nos visitan con sus folletos y sus ofertas de venta. Somos diez mil y compramos tanto o más que las *taitais* [las damas respetables de la sociedad hongkonesa]. Tenemos el visto bueno de la Asociación de Turismo.»

El mundo de Wanchai era más agitado, tumultuoso, más pendenciero. Es aquí donde nació la leyenda de Suzie Wong, en la calle Lockhart, a caballo de la novela y la película de marras. El Luk Kuok Hotel, el hogar de Suzie, se transformó en una posada familiar, limpia y decente. Terminaría por caer a golpe de piqueta. El Wanch, con el fin de la guerra de Vietnam y el tifón del sida, que mi amigo el capitán Katz llamaba Adidas, tiene hoy el sello de la respetabilidad. El precio del metro cuadrado en el centro de Kowloon empujó a los hongkoneses hacia este barrio en que en otro tiempo los marinos de la VII Flota pegaban la hebra con las *mamasans*. Los bares que por aquí quedan conocieron tiempos mejores. Las *red light activities* (el negocio de los burdeles) se ha desplazado hacia Tsimshatsui, el área de Yao Mei, donde te acosan los intermediarios de los placeres de la carne. Las chicas semidesnudas llaman desde los anuncios con sugerentes poses y guiños de ojo: «Chicas, chicas»; «No es obligatorio beber»; «Establecimiento limpio y de ambiente agradable»; «Tómeselo con calma»; «Está usted en su casa»; «Disfrute al máximo con el mínimo gasto». Las Suzie Wong se llaman ahora modelos, azafatas, señoritas «de escolta», de compañía.

En Hong Kong no se castiga la prostitución, aunque tampoco está legalizada. Es la vista gorda, el *laissez faire*. A las chicas del pecado se las llama *family girls*, y en paz. La vida nocturna es menos estruendosa que la de Bangkok, a pesar de la circulación de proxenetas y correveidiles. Los alcahuetes de Bangkok, de la calle Pat Pong, son más groseros en sus solicitaciones: están convencidos de que lo que el turista occidental busca desde el desayuno a la noche son masajerías, chicos, chicas, lúbricas exhibiciones, bestialismos, películas porno. De todos modos, los defensores de la moral sexual no cejaban en su cruzada de limpiar la ciudad de tanta basura.

DÁDIVAS QUEBRANTAN PEÑAS

El diario *South China Morning Post*, uno de los pilares de la sociedad hongkonesa, propiedad hoy de un multimillonario chino-malayo que ha acercado la línea editorial a los aires de Beijing, incluía el texto de un debate en el seno del Consejo Urbano:

–Esto es inmoral, una vergüenza, una desgracia; todo Hong Kong es una casa de putas. Hay que hacer algo ya. No podemos seguir así –dijo un miembro del Consejo Urbano al borde del ataque de apoplejía.

–De acuerdo, hay una brecha en la legislación –intervino el propietario de un restaurante de Causeway, en comedida respuesta a su colega de escaño–. Eso hace que los establecimientos abran sin problemas. Pero ¿quiere usted saber de verdad de quién es la culpa de la proliferación de esos burdeles? De la corrupción. Lisa y llanamente de la corrupción. Con un par de miles de dólares al mes entregados en el lugar adecuado y en manos oportunas tapará la boca todos los meses a quien haga falta. Sin el soborno algunos de estos garitos cerrarían sus puertas sin remisión.

«Dádivas quebrantan peñas», que escribió Cervantes.

Cuando madame Randall desembarcó en 1851 con su compañía de teatro australiano, Hong Kong descubrió los placeres del serrallo. El carro de Tespis traía bullangueras muchachas con cara de juerga. Era justo lo que necesitaba Hong Kong. Madame Randall se instaló con carne fresca en el que hoy es el callejón del Gato, rastro, mercado de los ladrones también venido a menos. Los solitarios colonos necesitaban un *saloon* al estilo del Salvaje Oeste. Madame Randall, la primera *mamasan* de la colonia, no se salió un centímetro del gusto victoriano de la época. La entrada de los clientes, el primer tanteo, la elección y el trato se hacían en un salón floreado, burgués, coquetón, familiar en que sólo faltaba el retrato de los abuelos colgado de la pared. Madame abrió su terraza Lyndhurst con un anuncio que decía así: «Miel. En casa de la señora Randall les ofrecemos una pequeña cantidad de buena miel en jarras pequeñas: también se sirve ginebra, brandy, oporto, champaña, clarete, cerveza embotellada, etc. Victoria, 12 de junio de 1851.»

A Kipling le horrorizó descubrir entre las chicas de madame Randall a pimpantes damiselas británicas. ¡Cómo podían haber caído tan bajo! No se lo esperaba el premio Nobel. Tanto madame Randall como madame Morrison, nacida en Rusia, que gobernó una elegante mancebía en los años treinta, gozaban de la consideración y el respeto de la sociedad. No era para menos porque los funcionarios del gobierno, incluidos los que iban a misa o cantaban en el coro de la catedral de San Juan, los comerciantes, los caballerosos oficiales de Su Majestad visitaban sin rubor las casas llanas. Cuando murió madame Morrison, el funeral se celebró por todo lo alto en la catedral anglicana con ilustres clientes y pelanduscas en los primeros bancos haciendo pucheros.

En el hotel Luk Kuok de la calle Lockhart alcancé a ver en el salón de baile una placa que recordaba a Suzie y los días y noches de gloria. Ahora por el antediluviano ascensor subían respetables parejas de japoneses y jubilados ingleses ajenos sin duda a la bullanga que el Luk Kuok vivió en la imaginación de Richard Mason. El cine y la televisión, Hong Kong, ciudad telegénica, han reflejado el alma de estos locales siguiendo la pauta del Rick's, el bar americano de Casablanca como el Tweedie's, de la calle Nathan que aparece en *Cita en Hong Kong*, con Clark Gable y Susan Hayward. Se ven sombreros cónicos a modo de adorno en las paredes, ventiladores de aspas en el techo (siempre a poca velocidad para que se pueda apreciar su aleteo).

«Una mujer sola es un conflicto. No se sirve a mujeres solas», le dice de muy malos modos el dueño del Tweedie's a Susan Hayward, la Jane de la tediosa película. «No se pinta, sus uñas no están rojas, no mira a los clientes», sale René Dupont en su defensa. «¿Qué hay nena? ¿Cree que éste es un lugar para usted?», le pregunta el petimetre francés a la chica norteamericana que ha venido a rescatar a su marido, fotógrafo, de las garras del comunismo.

Cita en Hong Kong es como tantas aburridas películas de Hollywood sobre esta ciudad, un vehículo de propaganda antimaoísta, muy de los años de la guerra fría, y del «peligro amarillo». Los refugiados de la China roja entraban en tromba en la colonia. Clark Gable enarca las cejas y cínico y engreído le dice a Jane, Susan Hayward: «Con tantos refugiados en Hong Kong el suministro de agua es muy escaso. Yo ahorro agua y bebo whisky.» Cuando ruge el tifón en la distancia, Gable afina su misoginia: «¿Por qué les pondrán nombre de mujer a los tifones? Como no sea porque tienen reacciones inesperadas...»

Las ninfas de los bares de Wanchai mascaban chicle, algo que hoy está considerado como de muy mal gusto. Esa y otras perniciosas costumbres las trajeron los marinos vencedores de la guerra del Pacífico. Las muchachas se hacían llamar Meilin o Fun Fun, porque sonaban a jazz y eran nombres fáciles de retener por parte de clientes tan elementales.

Vaivenes del oficio

Yao Meilin no conoció a su madre, y nunca preguntó a su padre por ella. Ni siquiera sabía si era hija única. Su confesión parecía el arranque de una fotonovela. Llegaron desde Shanghai a Hong Kong donde su padre encontró empleo como taxista. Fue él quien escogió un futuro para su hija: sería *dancing girl* en Wanchai, que bullía de salones de baile como consecuencia del mito de Suzie Wong y la afluencia de marinos. «Todo el mundo hablaba de ella, de Suzie. Por fin comprendí que era la heroína de una novela, pero el caso es que el escritor debió tomar el nombre del Wanch, porque era muy común después de la guerra. Primero se llamaron Siusi, Sisi o Suetsi. Nosotras bailábamos en la pista para dejarnos ver por los clientes. En cuanto las bailarinas envejecían los jefes las retiraban de la circulación y las ponían en los bares a servir copas.»

Pregunté a Yao por la clientela, por los vaivenes del oficio, por el ritual: «El camarero ofrecía una taza de té y un plato de dulces. Ése era el primer paso en los buenos salones de baile de Wanchai, la típica hospitalidad china. Después le entregaba la carta, llegabas tú, saludabas, te presentabas. El cliente hacía lo mismo. La conversación duraba el tiempo de dos canciones interpretadas por la orquesta del local. Nunca te sentabas con un mismo señor durante toda la noche; estaba prohibido por el reglamento de la casa. Te llamaban de otras mesas y hacías la ronda. En 1970 cobrábamos unos treinta y tres dólares al mes. Antes de esa fecha, los bares de alterne te pagaban una comisión, un tanto por ciento de lo que consumiera el cliente y lo que pagara por tu "agua coloreada".»

El cliente más cotizado por las *dancing girls* era el rico que aparcaba un cochazo a la puerta, el turista de abultada billetera en busca de las exóticas emociones del Oriente, pero sobre todo el *playboy*. «Salir del bar o del salón con un *playboy* del brazo –añadió Yao– era bueno para el negocio. Daba lo mismo que pagara o no pagara. Te paseaba por los bares y tu prestigio crecía. En ocasiones te gustaba un chico y podías mantener con él una relación prolongada como una inversión a largo plazo. La verdad, sin embargo, es que quedaba poco espacio para el romance. La mayor parte del tiempo te tocaba salir con hombres de negocios entrados en años. Te invitaba a cenar para impresionar a sus socios. Sería su *geisha* por una noche. Era un aburrimiento. Después de la cena te llevaban a un club nocturno. La fiesta terminaba a las dos de la madrugada y cada uno se iba por su lado. El cliente pagaba en el salón a nuestros jefes y nosotras no veíamos ya un duro. A veces los de más clase nos daban una propina. De esta manera se aseguraban que pudiéramos salir la próxima vez con ellos. Ya ve, una vida más bien vulgar, con pocas sorpresas...»

Fue su padre el que la condujo al salón de baile. Necesitaba cuatro mil dólares para comprar la licencia del taxi. «Yo pensaba entrar como vendedora en una tienda para turistas o en unos grandes almacenes, pero la de bailarina fue la profesión que mi padre eligió para mí. Ya sabe, una hija china nunca dirá que no a su padre. Me enseñaron a bailar, vestirme, maquillarme y atender a los clientes. Los jefes me concedieron un crédito para comprar ropa. Después aprendimos por nosotras mismas a conocer a los hombres, sus manías y egomanías, sus flancos débiles. Aprendimos a decir no sin que se sintieran humillados, a curar sus resacas y sacarles dinero no como pago mercenario sino como regalo voluntario. Trabajábamos duro. Aprendimos los trucos del oficio, el arte de la seducción. Tardé un año en devolver el préstamo por los vestidos y el aprendizaje. Fueron los propios clientes, mis amigos financieros, los que se encargaron de invertir mis ahorros.»

De esta forma Yao Meilin pudo abrir el bar de su propiedad. Los bares de éxito se llamaban entonces Plaza, Red Chamber, Cathay, Tonnochy, Oriental. Hoy en Happy Valley o en Nathan Road se llaman Bottoms Up, Pussycat Bar, Hot Lips, Joe Bananas. Los tiempos del peinado hortera, del chicle, del *slang* de los marines, de las voces chillonas y las microminifaldas pasaron a mejor vida. Los trajes eran ahora elegantes, las voces delicadas y sugerentes, el inglés sin acento. Lo exigía así la nueva clientela, los japoneses en viaje de negocios o de turismo sexual, los jóvenes profesionales pendientes de la apertura de la Bolsa en Nueva York. La decoración interior mejoró y subió el precio de las consumiciones. Suzie Wong es una chica que se adapta con facilidad a los cambios. Ésa era la clave de la supervivencia. Estas mujeres lucharon por la vida con la ferocidad, las agallas y la picardía de un gato callejero, con la intuición y la inteligencia de las mujeres que viven de las debilidades de los hombres.

Yao Meilin vivió muchas vidas además de la suya. La que le contaron sátiros, misántropos, hombres desconcertados, necesitados de sexo o de cariño, náufragos de los sentimientos, marinos deseosos de un poco de conversación y una copa. Nunca me habló del amor. Quizá lo había dado por perdido. O había renunciado a él. Los príncipes azules no abundan en estos sitios.

Cuando volví años después a Tsimshatsui, un club muy distinto ocupaba el lugar del establecimiento de Yao Meilin. Los *ballroom*, *dance hall*, *health club*, *beauty parlor*, que escondían sórdidos cubículos con malolientes camas, con su espejo, su rollo de papel higiénico, su palangana, novelas chinas baratas y una escupidera, dieron paso a las grandes superficies del galanteo. En estos lugares se respetaban hasta cierto punto las reglas: no había en venta, al menos a la vista, niñas de doce o trece años. Si una pupila escapaba del burdel las *tríadas*, las sociedades secretas que controlan los bajos fondos de Hong Kong, las perseguían por todos los rincones. Las que se negaban a volver aparecían a veces muertas con un tajo en la garganta o flotando sobre las oleaginosas aguas de la bahía.

El tiempo que las chicas pasan con los clientes se mide ahora electrónicamente en lugares como el Club Boss, levantado donde Yao Meilin tenía su bar. Antes, el pago se ajustaba en dos categorías: la primera se denominaba *small hour*, de cuarenta minutos; y la segunda, *large hour*, de sesenta. Durante el día poner un disco en la gramola costaba veinte centavos de dólar, y por la noche, treinta. En el Club Boss las *mamasans* del siglo XXI atienden con teléfonos portátiles las demandas de la clientela y cronometran el tiempo que las chicas pasan con ellos. Como si se tratara de una partida de ajedrez, un reloj digital conectado a un ordenador empieza a correr en cuanto se inicia la conversación o la *restrained flirtation* (coqueteo restringido sin llegar a mayores), que parecen ser los dos modelos que el club tolera, al menos en el interior de sus instalaciones.

El Boss y el China Club de Tsimshatsui, este último propiedad de David Tang, el rey de la jet-set, importador de los puros habanos, son los dos centros de diversión más grandes del mundo. Así lo aseguran al menos sus dueños. Los nuevos ricos del Pacífico imitan el colosalismo norteamericano. A pesar de las dimensiones de su territorio, Hong Kong reúne un número sorprendente de récords mundiales, desde el Buda gigante de Lantau, llevado allí para atraer a los turistas, hasta el consumo de naranjada, de Rolls-Royce y Mercedes. Los hongkoneses, insaciables bebedores, ganaron en 1996 la plusmarca mundial del consumo de brandy y coñac. Cada uno de ellos bebió un promedio de 0,41 litros. También son los que más naranjas comen del mundo: deben estar convencidos de que la vitamina C alivia los deletéreos efectos del alcohol. Vivir en una isla da mucha sed. Otro dato para el registro de lo exorbitante, de lo monumental: el Ocean City es el restaurante chino cubierto más grande del orbe, con capacidad para seis mil personas. Hong Kong también cuenta con el mayor porcentaje de teléfonos portátiles y buscapersonas. El móvil es para los habitantes de esta ciudad como un segundo apéndice nasal o la tercera oreja electrónica. Algo tienen que hacer para curarse las neurosis. Asimismo, en ningún otro lado hay más coches Mercedes, después de Alemania, claro está. Como he contado al principio de este libro, todo lo alemán (yo he sido el ingeniero alemán de las píldoras de vitaminas), tiene un ilimitado crédito en Asia. El señor Wong Ming, uno de los archimillonarios locales, compró en una subasta para su Mercedes, del que se desprendió el secretario de Hacienda, la matrícula número 2, por la que pagó unos doscientos millones de pesetas. Cuando le preguntaron por la razón de tan desmedido capricho respondió con el laconismo de los potentados de Oriente: «A mi mujer le gusta el número 2.» Era un brindis al sol, porque Wong Ming disfrutaría muy poco de su número 2: el 1 de julio llegarán los chinos de Beijing con nuevas matrículas bajo el brazo.

Hong Kong podría aspirar también al título de ciudad más congestionada del mundo, pero prefiere exhibir otras conquistas, como la escalera mecánica de casi un kilómetro gracias a la cual los peatones pueden superar la salida del saturado distrito Central para desembocar en la zona residencial de Mid-Levels. Así, Hong Kong batió su propia marca, pues hasta entonces ese título de mayor escalera rodante le correspondía al Ocean Park, el parque de atracciones de la colonia. La mayor apuesta en una carrera de hipódromo en un día pertenece también a Hong Kong: mil millones de dólares.

La Bolsa es sagrada

El Club Boss, llamado Club Volvo hasta que la firma sueca llevó a los tribunales a los dueños, tiene una sala de baile con una extensión que equivale a la de dos campos de fútbol. Para que llegue descansado a su mesa el visitante viaja a bordo de un carricoche, réplica del Rolls-Royce, propulsado por baterías. Es como moverse en un aeropuerto, de hecho ésa es la impresión que da todo Hong Kong. El club se inauguró en 1984, y una de sus fundadoras es Loretta Fung, hermana de Ana Chennault, viuda del legendario general que organizó la escuadrilla de los Tigres Volantes en China durante la Segunda Guerra Mundial. Es una típica empresa capitalista, pero los chinos de Beijing no dudaron en sumarse a la ceremonia de apertura del local. Entre los que cortaron la cinta se encontraba el subdirector de Xinhua (Nueva China), la agencia de noticias que ha actuado hasta ahora como embajador y representante de la República Popular. Más de mil azafatas y cien *mamasans* elegidas por su belleza, su prestancia y sus habilidades en el palique, circulan en torno a las mesas. Una botella de coñac viene a costar en este local unas quince mil pesetas. Las esposas están vetadas.

La inauguración del Club Boss suscitó los celos de las *tríadas*, y una de las más poderosas mafias locales, la 14K, amenazó con la colocación de una bomba horas antes de la apertura. Alguien ha definido este club como «un burdel tipo guerra de las galaxias».

Loretta Fung es una de las mujeres más ricas de Hong Kong. La familia era protaiwanesa y pronorteamericana. Ella, como tantos otros próceres hongkoneses, se inclinó hace tiempo hacia Beijing. En la pared de su alcoba cuelga una fotografía en la que puede verse a Loretta en una jornada de caza junto al denostado primer ministro chino Li Peng. La nueva clase de la colonia no vio con buenos ojos los pasos por la democratización del gobernador Patten: opinan que quiso lavar la mala conciencia del pasado imperialista o impulsar su propia carrera política para cuando regresara a Londres. El caso es que la Bolsa sufrió oscilaciones y la Bolsa es sagrada.

Loretta Fung es una de las accionistas principales del Club Boss, muy visitado por los prohombres de Beijing. Sus azafatas son las mejor pagadas de Hong Kong, sin embargo sus obligaciones no van más allá de sentarse con los clientes y departir con ellos, servicio por el que cobran la módica cantidad de cuatro mil dólares. Pagar es reinar. Los altos funcionarios posmaoístas han descubierto en Hong Kong que el dinero es la lámpara de Aladino.

XXI

LA SOMBRA DE FU MANCHÚ

La sombra de Fu Manchú se extiende como mancha de aceite sobre la ciudad de los cien mil multimillonarios. Es el reino opaco de la todopoderosa mafia hongkonesa. Preguntar aquí por las *tríadas* es como preguntar por la mafia en Sicilia. Silencio. Sus tentáculos se prolongan más allá hacia las comunidades chinas desperdigadas por todo el mundo, en los Chinatowns. El 90 por ciento de la heroína mundial está controlada por las sociedades secretas de Hong Kong. Uno de cada dieciocho ciudadanos de esta ciudad es un dragón de las *tríadas*, culpables de una infracción de la ley cada seis minutos y de un crimen cada cinco días.

Nada escapa a la atención de estas organizaciones. Si en Madrid aparece apuñalado y muerto en un callejón, cubierta la cara de mondas y desperdicios, el dueño de un restaurante chino, las investigaciones apuntan a un ajuste de cuentas de los grupos mafiosos, las sociedades secretas del submundo de Hong Kong o de sus ramificaciones por el Pacífico y Europa. O no había pagado el impuesto de la mafia o tenía algo que ver con el tráfico de inmigrantes. Alguien mueve los hilos desde un rascacielos o desde una decrépita oficina del Wanchai, con tecnología moderna, vía satélite.

En abril de 1992 encontraron en la estación de Irún una

maleta con la cabeza y el tronco de una mujer china, Mao Li Zu. La parte inferior apareció en otra maleta en Lisboa. La Banda de los Siete secuestró en agosto del mismo año en España a un chaval de once años. En 1993 Li Min Jin, hermano mayor de la *tríada* Sol Rojo, mató con arma blanca a Yun Lin en el restaurante madrileño Tiananmen. En diciembre, seis chinos fueron asesinados en Gandía, Valencia. Luego la policía investigó otras fechorías, crímenes, palizas por no pagar rescates, tiroteos en plena calle. Las *tríadas* se encuentran entre nosotros.

Eliminad a éste, comprad esto o lo otro, el cargamento de heroína llega a tal hora, hay que perseguir a tal chica fugada de un burdel, disolver la timba de tal zona, arreglar la cuarta carrera, emboscar a una banda rival en Aberdeen, sobornar a tal o cual policía, extorsionar a fulano, cortarle una oreja o un dedo a mengano, darle un susto y un aviso a zutano... Las actividades de la mafia de Hong Kong no tienen fronteras. Pueden llegar a donde quieran. La colonia es, junto con Panamá, Liberia (de antes de la guerra), las Bahamas, las Antillas Holandesas, las islas Caimán y las Bermudas, un paraíso para los que quieren poner su fortuna a salvo de la intervención del Estado, eludir los impuestos o escapar de la justicia.

La honorable sociedad

La *tríada* nació hace más de trescientos años con la sana y patriótica intención de luchar contra los odiados emperadores manchúes. Es la conjunción de la triple unión: la trinidad del cielo, la tierra y el hombre, el Tin, el Tei y el Wui. Como en la Sicilia de la mafia, las organizaciones chinas envuelven en el secreto la *omertà*, el pacto de silencio, sus ceremonias de iniciación, juramentos de sangre y fuego, acuerdos de familia.

Es muy difícil que la policía se infiltre en sociedades tan herméticas, cuyo éxito depende de la boca cerrada. Nadie conoce con exactitud el entramado de la mafia hongkonesa. Tan sólo caben sospechas, aproximaciones. Se calcula que incluye a más de cincuenta sociedades que agrupan entre cien mil y trescientos mil miembros, desde el último bribón de Wanchai hasta el socio del Club de Hong Kong que sonríe junto a sus pares en torno a una taza de té. La honorable sociedad lo mismo vende armas y pasaportes a precio de oro, que falsifica documentos y tarjetas de crédito, conduce taxis, trabaja en hoteles y restaurantes, aparca coches, vende vídeos porno, vigila en tabernas y billares; que se cuela en la red de Internet para transmitir mensajes o hacer chantaje, prestar dinero a intereses abusivos, organizar juegos prohibidos y redes de prostitución y pasar inmigrantes ilegales a Estados Unidos o Europa, y sobre todo distribuir la droga –«cazar el dragón» se llama esa figura–, la heroína que viene del Triángulo de Oro entre Birmania, Tailandia y Laos. Cada vez se decantan más por invertir el dinero negro y sucio en los negocios limpios. Como el Buda que mira en todas las direcciones desde el templo de Katmandú, las *tríadas* dominan el universo del crimen. Son seres normales, con aire de desapercibidos que operan desde respetables oficinas del distrito Central. Los fines de semana acuden a los templos con sus mujeres para depositar ofrendas a los hados, apuestan en los combates de peces o de pájaros, juegan al *mayong* con fichas de marfil, se solazan con sus hijos en el parque temático del Océano. Al regresar el lunes a su bufete de abogados, míster Jekyll se convierte en Hyde, para dividir su tiempo en actividades más bien ilegales. Dispone de un cúmulo de información y todos los medios para burlar la ley en nombre del sindicato del crimen. A la policía hongkonesa no le gustaba nada que nos interesásemos por las *tríadas*. «¿Por qué no investigan sobre la mafia de Nueva York?», preguntaba el portavoz, Terry Coombs. No le faltaba razón: en Hong Kong asesinaron a 73 personas en 1996, en Nueva York, por primera vez en varias décadas el índice de asesinatos bajó de los 1.000. El número de los presos en Hong Kong es de 12.929, menos de los que reúne una sola cárcel de Nueva York, la de Rickers Island.

Estas organizaciones mafiosas reclutan a sus acólitos en la escuela o en los primeros cursos de la universidad, para que interpreten los papeles principales. Para los secundarios escrutan en los bajos fondos, donde compran voluntades por medio del suministro de droga. Serán ellos, los jóvenes atraídos por el peligro, el machismo de las armas y el dinero fácil, los que puedan un día aspirar al codiciado título de Cabeza de Dragón, distinguido, dada la afición de los chinos por la numerología, con el 489, o al grado de Segundo Mariscal, número 438, o al de Estrella Roja, Palo Rojo o número 426, encargado de castigar a los renegados y trapisondistas. El Papel Blanco, número 415, que viene a continuación en la jerarquía, es el administrador de la banda, y luego el Sandalia de Paja, 432, es el que cobra las deudas y organiza las redes de extorsión y «protección» en figones, karaokes, comercios, etc., a cambio de dinero. En la escala más baja de la sociedad figuran los Cuarenta y nueve Chicos, cuya influencia es notable en las calles, a ras del asfalto.

«Yo creo –me decía en 1966 el periodista Richard Hughes–, que Mao no ha logrado desmantelar del todo las *tríadas* de Cantón y Shanghai. No lo ha hecho porque es un tejido a veces invisible, bien conectado, que puede hacer favores a los poderosos. No olvide que la mafia siciliana ayudó al desembarco aliado en Italia durante la Segunda Guerra Mundial. Por lo demás –añadió Richard–, yo he saludado a honorables socios de la *tríada* 14K en Yakarta, en Singapur, en San Francisco y en Melbourne. Tampoco los nacionalistas de Taiwan o los británicos han podido derribar la muralla de estas organizaciones.»

A finales de los años treinta, el general nacionalista Koi Suihegong resucitó y rejuveneció las bandas en Cantón. Se sirvió de ellas como instrumento de información de la agencia secreta del Kuomintang, el corrompido régimen nacionalista. En 1949, al perder la guerra, el general Koi se refugió en Hong Kong como en otro tiempo lo hicieron Sun Yat Sen, el vietnamita Ho Chi Minh, Zu Enlai o el patriota filipino Rizal, fusilado por los españoles en el centro de Manila. El general chino nacionalista trasladó a Hong Kong la urdimbre de la organización mafiosa 14K, llamada así por la K de kárate y porque su cuartel general estaba situado en el número 14 de la calle Powah de Cantón. Llegó a Hong Kong con su cohorte de informadores, agentes y saboteadores, con la intención de llevar a cabo lo que era una misión imposible: el general Koi no pretendía otra cosa que recuperar el poder en China para el generalísimo Chiang Kai Chek.

LA PUERTA DE LA PIEDAD

Las *tríadas* se movían entonces a horcajadas entre la acción política y la delincuencia de alto bordo; el segundo sector debía financiar al primero. Hasta que se confundieron las cartas. Los generales nacionalistas chinos, de los que me hablaron en Birmania, empezaron su carrera como estrategas de Chiang Kai Chek, y replegados a las impenetrables selvas birmanas lindantes con la República Popular se convirtieron en barones de la droga.

«Las ceremonias de iniciación y juramento –explicaba Hughes– son agotadoras, cargadas de prosopopeya y drama. En primer lugar deben prestar juramento al menos treinta y seis veces, después beben vino en abundancia, jugo de resina de un árbol llamado Sangre de Dragón, sangre de gallo blanco y varias gotas de su propia sangre extraída de un dedo. Deben jurar también ante los Diez Artículos Preciosos que incluyen una lámpara roja, un abanico de papel blanco (que tiene la virtud de espantar a los traidores) y una espada de madera de melocotonero (capaz de descabezar a un enemigo con tan sólo lanzarla al aire). Pasan por un aro, que es el círculo del cielo y de la tierra. Luego dejan sus pebeteros ante un altar de estilo budista con la promesa formal y solemne de que sus vidas se extinguirán del mismo modo que el incienso si incumplen sus promesas o traicionan a sus hermanos. El castigo para los felones incluye la pena de muerte, los diez mil cortes de navaja en la piel y los "golpes a la velocidad del rayo".»

Las ceremonias de hoy son más sencillas; queda menos tiempo para pompas y ritos, por lo que se reducen a verter un par de gotas de sangre en un rincón perdido de la Ciudad Amurallada. Hay que andarse con cuidado con los intercambios de sangre por el azote del sida. De lo que se trata es de robar, herir y matar, de blanquear el dinero de la droga y otras fechorías de no menor calado.

El enfrentamiento entre bandas rivales ha sido frecuente en los últimos años. Las organizaciones menos disciplinadas se fragmentan, lo mismo que en el cine de gángsters, se destruyen en tiroteos y venganzas de la noche de San Valentín. Como en la vida misma y en el reino de los animales, sólo sobreviven los más fuertes. Los hombres que por el 1700 dieron origen a estas sociedades secretas de tufillo confuciano, las llamaron Sociedad Benevolente y Unida, Puerta de la Piedad o de La Hermandad Risueña. Sun Yat Sen fue miembro de una de ellas. Todo eso se diluyó en la perversión, la vileza y el delito. El halo romántico de las organizaciones desapareció hace tiempo.

Mientras que la policía apenas si ha podido infiltrarse en las *tríadas*, éstas han permeado sectores de las fuerzas del orden de Hong Kong. Las bandas se hacen con toda clase de apoyos para luchar por sus zonas de influencia. La colonia es también un supermercado de gángsters. A los jefes de las *tríadas* les atrae el desorden. «Nunca vengo a Hong Kong sin mi metrallera israelí», decía el policía Aiello en *El protector* de Jackie Chan.

Esa malévola inclinación explica el apoyo hasta tiempos recientes de la mafia local a todo tipo de disturbios y agitaciones, como la de 1956 que terminó en la declaración de estado de excepción; la de 1966 promovida cuando subieron el precio de los blanquiverdes transbordadores de la Star Ferry, y la de 1967 con el estallido de la revolución cultural. Los guardias rojos de Cantón aspiraban a exportar la revolución a la colonia: sabían de sobra que el éxito de Hong Kong se explicaba por el aislamiento de la República Popular China, el repliegue a sus fronteras después de la victoria de Mao en 1949.

Las *tríadas* han desarrollado un lenguaje propio, críptico, del que se descuelgan algunos términos identificables como «lavarse las orejas», que es la orden de asesinato; «nacer» que significa la adhesión a la banda, y «corriente de aire», forma como se hace referencia a la policía. La juventud ociosa es presa fácil de los Hermanos Mayores reclutadores: el código secreto, los tatuajes y juramentos, la camaradería y la fraternidad, el enemigo común, los uniformes raros, las armas y la navajería y las insignias, el santo y seña, son otras tantas tentaciones para los jóvenes deseosos de vivir peligrosamente. Niños de nueve y diez años se enganchan a estas organizaciones por dinero y para huir de hogares hostiles. Mandy, de 14 años, es la jefa del 14K en la escuela de Taifo. Los alumnos pagan 36 dólares para entrar en la organización mafiosa. Para reclutarlos Mandy ordena que peguen al candidato, de modo que busque seguridad en la *tríada.* Esta inquieta adolescente vende droga y tranquilizantes. «A mis padres nunca les ha preocupado si vuelvo o no a casa, están demasiado ocupados tratando de ganar dinero. Saben que trabajo en las *tríadas* y mantengo relaciones sexuales desde los doce años; tampoco les importa. Vivo al día. Sé que nunca podré salir de la *tríada.* Es un compromiso para siempre. Me da seguridad y dinero –añade Mandy–. Los directores de la escuela saben que me dedico a esto, que tengo a mis órdenes quince "hermanos" y diecisiete "hermanas", pero guardan silencio por la cuenta que les trae.»

Una vez pasado el período de iniciación, el catecúmeno del crimen organizado debe convertirse en un profesional. Abandonará toda ostentación para llevar una vida vulgar. Como dicen en la mili, el secreto está en pasar inadvertido. Nadie diría que detrás de su apariencia común, de sus metódicas costumbres se esconde un asesino. Si mantiene esa fachada de honradez y espabila en el sindicato del crimen, podrá llegar lejos: su fotografía aparecerá una mañana en el *Tatler* o en el *The Peak*, que premia los logros económicos y sociales, jugará al tenis en el Country Club, tomará té en el salón Clipper del hotel Mandarín o almorzará en el Félix del Península. Es éste el cosmos en que se juntan, embrollan, rozan, confunden, sin que puedan delimitarse, fronteras del bien y el mal.

ESPUMA DE SANGRE

La más conocida de las *tríadas* es la 14K, pero la mejor organizada es la Sun Yee On, que según la policía contará con cien mil miembros a principios del siglo XXI. La SYO se fundó, en 1919, en la región de Chiuchau en China; se cree que la familia Heuns Chin controla desde entonces la organización. Sun Yee On, que se traduce por «Nueva Justicia y Paz», está formada por unos sesenta mil malhechores y entre sus socios se encuentran estrellas de cine, presentadores de televisión y multimillonarios. Con las credenciales de la justicia y la paz han llegado a dominar parte del mundo del cine, el espectáculo y el mercado de la heroína en Holanda; veinte abogados trabajan para ellos, y tienen su propia seguridad social y planes de jubilación. Su *longa manu* se extiende desde Macao a Valparaíso, de Amsterdam a Nueva Zelanda y a Estados Unidos.

Se han preparado a conciencia: la Sun Yee On ha invertido cientos de millones de dólares en Cantón o Beijing. El episodio que describe el periodista Simon Winchester da idea de hasta dónde puede llegar la osadía de las bandas hongkonesas: «A principios del verano de 1990 se pusieron a la venta por sorpresa unos bloques de apartamentos en un suburbio de Kowloon. Los *capos* de las *tríadas* decidieron que, dado el carácter altamente especulativo del mercado inmobiliario en la colonia, harían el negocio del siglo comprando todos los apartamentos para venderlos unas semanas más tarde. El caso es que fueron numerosas las *tríadas* que tuvieron la misma idea y al mismo tiempo. Una de las bandas tomó la iniciativa y ordenó a unos mil de sus miembros que se apostaran ante la oficina de venta de los pisos, con un guante blanco en la mano derecha y el dinero para pagar la compra en el bolsillo de la chaqueta. Los sicarios llegaron en autobuses de aire acondicionado como disciplinados seguidores de un equipo de fútbol o miembros de una cofradía religiosa. La policía no pudo hacer nada ese día, ni al día siguiente cuando el segundo mariscal de la *tríada* dio una conferencia de prensa en un restaurante conocido por la excelente calidad de su pescado.»

Los diarios no han dejado de publicar estos años informes, artículos de investigación y noticias de tribunales sobre la venalidad de la policía. «La corrupción –aseguraba el personaje del policía en la novela *El honorable colegial* de Le Carré– conduce al descubrimiento de espuma orlada de sangre.» La mafia no se para en barras: aparece no sólo espuma de sangre en alguna de las dos centenares islas de Hong Kong, sino cuerpos hechos picadillo, cadáveres mutilados por el arte cisoria oriental. Los suplicios chinos en las interminables guerras del pasado incluían el corte paulatino de los órganos no vitales. Se dejaba el cuerpo expuesto al sol en la senda de los hormigueros.

A finales de los setenta habían detenido a 170 policías por confabulación con los sindicatos del crimen de Hong Kong. Al más famoso de los agentes, nada menos que el superintendente Peter Godber, condecorado con la medalla de Mérito al Servicio de la Policía Colonial, lo tenemos, o lo teníamos, como huésped en España. Godber escapó justo cuando sus colegas iban a por él. Se pasó unos años tumbado a la bartola en su residencia de Sussex (Inglaterra) rodeado de fotógrafos de la calle Fleet. Peter amasó una gran fortuna gracias a sus relaciones *anti natura* con las mafias de Hong Kong, hasta que en 1975 dos policías testificaron en su contra. Lo condenaron a cuatro años de los que cumplió poco más de la mitad. Al quedar en libertad se retiró a un chalet en el sur de España donde se encontró con numerosos compañeros, amigos, simpatizantes y admiradores. Me encanta el estilazo de los gángsters británicos y su alegría de vivir. También el caso del inspector MacLennan fue muy sonado en Hong Kong. Metido en amores con un chino, al inspector lo encontraron muerto en su lecho. «Suicidio», escribieron los periódicos; pero la voz de la calle aseguró que le habían liquidado sus propios compañeros con la intención de protegerse. John MacLennan sabía demasiado.

XXII

SANDOKÁN 1997

Bajo el hospitalario sol de España, mientras golpeaba la pelota de golf, el superintendente Peter Godber recordaría, si estudió en la academia la historia de Hong Kong, las salvas de honor que disparaba a finales del siglo pasado el buque de Su Graciosa Majestad, cuartel general del Comodoro, el día del cumpleaños del rey de España o la concesión que Madrid tenía en isla Victoria. Las órdenes religiosas españolas pusieron un pie en Hong Kong y Macao poco después de la fundación de la colonia por los británicos. Venían de la Manila española. Un agustino de El Escorial, el padre Castrillo, llegó sin duda más lejos que ningún otro misionero en Shanghai. Era muy conocido en los círculos sociales y políticos de la metrópoli china, donde se le respetaba como si fuese uno de los fundadores de la moderna ciudad, «admirándolo además por sus dotes de organizador y financiero. Adivinó el porvenir de este puerto, antes que los ingleses, los norteamericanos y todos los que explotan hoy sus negocios». Hizo rica a su comunidad porque el padre Castrillo compró terrenos alrededor del viejo Shanghai en el momento en que estaban más baratos, «cuando eran frecuentes las revoluciones, y la sangre de enormes matanzas humanas –escribe Blasco Ibáñez– corría por las riberas del río Azul».

Un arquitecto madrileño, Lafuente, construyó el Gran Hotel de Shanghai; otro, apellidado Ramos, era dueño de las mejores salas de cine. Los pelotaris vascos retirados en Manila, que jugaban al frontón en la ciudad de Marlene Dietrich-«Shanghai Lily» («necesito más de un macho para cambiar mi nombre por el de Shanghai Lily»), me recordaban la época de esplendor, cuando las gradas vibraban ante los campeones de cesta punta de Markina, Vergara o Durango. Sin embargo, el frontón de Macao, como el de Yakarta, hubo de cerrar, al igual que el de Manila, tras la caída de Fernando Marcos, muy aficionado al «deporte más rápido del mundo». La familia de la «dictadura conyugal» controlaba la explotación del frontón y las apuestas. Muchos de los misioneros españoles expulsados por Mao a partir de 1949 cruzaron la frontera en Hong Kong.

Piso 57

El Centro Hepwel, en el distrito de Wanchai, es un laberinto de sucursales de bancos, compañías comerciales, gabinetes jurídicos y empresas inmobiliarias. Hay sin embargo una oficina que no figura en el directorio del vestíbulo. Las secretarias nunca responden a la llamada telefónica con el nombre de la firma, sino con un más neutral «Hola». Es una oficina sin nombre en el piso 57 con puertas de hierro, baterías de teléfonos y ordenadores sobre las mesas. No es la guarida de una banda, sino el centro de operaciones de una de las organizaciones más heterodoxas de la policía de Estados Unidos que combate al imperio del mal con algunas de sus mismas armas, entre ellas el secreto impenetrable. Como las *tríadas*, el Centac, que así se llama el ejército de agentes desparramados por todo el mundo, tiene oficinas disimuladas en grandes ciudades, en rutas de la droga, junto a escondrijos de malhechores.

El Centac combate desde hace años una guerra sin cuartel contra una persona que es un cruce entre Fu Manchú y uno de esos tiranos delirantes, Goldfinger, Spectre o Karl Stromberg

(Curd Jurgens), contra los que debe enfrentarse James Bond. La reserva en Centac es tan sólida que policías y agentes que han trabajado para ella lo han hecho sin saberlo. Ni siquiera sabían que una organización llamada Centac era el cerebro de las operaciones que les llevaron de parte a parte del mundo en persecución de un nido de narcotraficantes.

Es una lucha de dos colosos en las sombras. Lu Hsu Shui es uno de los hombres más poderosos del mundo. Su obsesión es la seguridad, la reserva, el sigilo sacramental. Se sabe que este patriarca del crimen, maestro de la ocultación, nacía el 8 de octubre de 1926 en la aldea de Dao Yung, en Swatow, China. Lo que Sicilia es para la mafia, Swatow lo es para la China de los maleantes. A los nacidos allí se les llama *chiuchau*. Lu es un hombre grueso, carirredondo y penetrantes ojos negros. «Cauteloso como la cobra, se mantiene oculto del mundo, pero se mueve con velocidad y astucia en los pasadizos asiáticos de las drogas, la banca, el comercio y la política», le retrata James Mills en *The underground empire*. Es un analfabeto, sus únicos estudios los hizo en el hampa de Bangkok, entre golfillos y perillanes. Su hermano es dueño de una joyería a orillas del Chao Praia.

Desde mis tiempos de corresponsal en Vietnam oí hablar de este pérfido y misterioso Lu. Un piloto francés, resto del naufragio indochino que trabajaba para la fuerza aérea laosiana, me contó en la base de Luang Prabang que se servía de los aviones de la compañía para lanzar fardos de opio en aguas de Hong Kong que luego recogían en lanchas de la organización. Lu ha comprado a políticos y policías de Bangkok y Hong Kong. Su símbolo, en las barras de oro, es el gallo y el dragón.

El superintendente de la oficina de narcóticos de la policía de Hong Kong trazó un perfil del traficante asiático de altos vuelos: «Nació en la región de Chiuchau y está en el ecuador de la vida. Viene de la jungla. Adora a la familia, sobre todo a sus hijos. No le gusta llevar una vida rumbosa. Como tradicionalista y budista que es, habrá buscado una cierta respetabilidad por medio de acciones filantrópicas que le permitirán hacer méritos para el más allá. Prefiere los viejos amigos a los nuevos. Hará donaciones de caridad y se sentirá a los ojos de su familia y de sus amigos como un miembro útil de la comunidad a la que pertenece. Es un hombre muy ocupado. Los beneficios que obtiene de la droga los lavará en otro tipo de negocios. Sus contratos son verbales y siempre cumple la palabra.»

Se diría que esta descripción es una perfecta fotocopia de Lu Hsu Shui.

El rey de la droga recibía el opio y la heroína cultivados por los ejércitos privados del general chino Lung Yun. Fue el último señor feudal. Gobernaba en Yunan sobre un reino provincial de una extensión mayor que la de Italia. Sus hombres en desbandada después de la victoria comunista de 1949 corrieron a refugiarse en Birmania con la ayuda de la CIA (el servicio de espionaje de Estados Unidos) y el gobierno tailandés. El opio trasladado a lomos de mula se refinaba en laboratorios del Triángulo de Oro y lo vendían a los agentes de Lu en la ciudad nortailandesa de Chiengmai.

El hijo del general Lung Yun vive en un lujoso apartamento de Pico Victoria en Hong Kong. Lleva un ostentoso tren de vida, lejos de las fortalezas medievales, de los ejércitos familiares, de las legiones de siervos que conoció en su infancia en Yunan. El hijo menor, heredero de las lealtades de su padre y de su tela de araña de tráficos y contactos, sigue las costumbres del general: come solo. No es raro verle en el Gaddi's del hotel Península, refinado en sus gustos, tratado con suma consideración. Lung Shing es el número 02 y Hong Kong su base de operaciones.

La policía de la ciudad habla de dos frentes de la droga y el contrabando de armas: el frente norte, en China, y el frente sur, en Filipinas y Tailandia. El tráfico de armas incluye el alquiler de un subfusil de asalto Kaláshnikov o un M-16. Se sospecha que son elementos del ejército chino los que alientan este comercio armamentístico: quieren su parte del botín. Al Ejército Popular de Liberación no le están vedados los negocios. En Shanghai puede verse a los soldados limpiando zapatos y a sus jefes, al frente de una fábrica de juguetes o de un hotel.

El secuestro y posterior asesinato del multimillonario Wang Dehui en 1990 puso de nuevo al descubierto los establos de Augias de policías conchabados con las *tríadas* de Hong Kong, Taiwan y Japón. Tampoco fueron ajenos al crimen los servicios secretos chinos en la colonia fragante. Pidieron por Wang un suculento rescate. El cadáver apareció decapitado y emasculado porque, según dijeron los periódicos, llegó a identificar a sus secuestradores, funcionarios chinos.

Coches y piratas modernos

Al margen de los episodios de sangre, la cada vez mayor ósmosis entre Hong Kong y el continente y la porosidad de la frontera (si se compra al aduanero) ha destapado un nuevo tipo de trapicheos: el robo de coches en la colonia para venderlos en China. Los automóviles de lujo corren peligro en los estacionamientos de Hong Kong. En 1993 robaron 1.052 Mercedes Benz y 649 BMW. Al otro lado de la frontera puede verse a los altos funcionarios al volante de sus Mercedes concebidos para circular por la izquierda cuando en China se circula por la derecha. El resultado de esta demanda es que la estadística de los coches robados en el puerto fragante crece de año en año. Los traficantes, los contrabandistas de droga, tabaco americano y coñac francés están equipados de potentes fuerabordas de seis o siete motores que escapan con suma facilidad a la persecución de las lanchas de la policía. Hace cinco años, según cálculos de las autoridades hongkonesas, se elevaba a 40 millones de dólares de Hong Kong el total de las mercancías pasadas de matute desde la colonia a suelo continental.

Otro tanto ocurre con los piratas modernos. En una ocasión viajaba desde las islas Andaman a Hong Kong a bordo de un carguero chino, el *Cheng*, que navegaba a quince nudos, cuando de pronto aumentó la velocidad y el capitán ordenó que se doblara la guardia. Pregunté al segundo oficial, Fu Yen, cuál era la razón de las severas medidas: «Hemos llegado al estrecho de

Malaca, donde se juntan las aguas del Índico y las del mar de la China. Los piratas malayos, filipinos e indonesios infestan estas aguas. Ya no se libran ni los portacontenedores de cincuenta mil toneladas. Hace una semana los piratas treparon hasta la cubierta de un buque australiano a la altura del faro de Hornburgh. Eran las cuatro y media de la madrugada. Ataron y amordazaron al capitán, le taparon el rostro con una manta y se llevaron todo lo que de valor tenía en el camarote. Asaltan hasta media docena de buques al mes.»

La recomendación de los armadores de Hong Kong es la siguiente: apagar las luces de a bordo, preparar focos y linternas potentes, aumentar la velocidad ante la presencia de cualquier embarcación sospechosa, cambiar el rumbo y hacer sonar las sirenas y la alarma de incendio. Los Sandokanes modernos van armados hasta las muelas y abordan toda clase de yates y navíos. Vimos por estribor que se acercaba un catamarán. Se tensaron los músculos de los tripulantes del *Cheng*. El bajel, que no era de piratas sino de pescadores, pasó de largo.

Michael Farlie, director de la Asociación de Armadores de Hong Kong, pedía a las autoridades que intensificaran las operaciones de patrulla y vigilancia. Ésta es la línea caliente del filibusterismo moderno, junto con la costa occidental de África. En el último abordaje, los herederos del Olonés se hicieron dueños de un *bulkarrier* australiano de sesenta mil toneladas que procedía de las Filipinas.

A finales de los años veinte la reina de los piratas de Macao, Lai Choi San, codiciosa y bestial, secuestraba barcos y se los llevaba a su base de la bahía de Bias.

«No han pasado muchos años desde que el archipiélago de las Sulu y las islas Cuyo –escribía Emilio Salgari en *La flor de las perlas*– eran nidos de formidables piratas que recorrían casi impunemente el mar, mostrando fieramente sus banderas, sobre las cuales lucían las puertas de La Meca en campo de plata y rojo.» Sandokán, los tigres de Mompracén, atacan de nuevo. Los relatos de Salgari o del marino polaco llamado Conrad siguen vivos. El *kriss*, el cuchillo en los dientes, ha cedido su lugar al fusil de asalto en los estrechos de Borneo y de la Sonda, las Molucas, las aguas próximas a Hong Kong, donde los piratas olfatean el sustancioso botín.

«Hace tres años –me explicó Fu Yen– los piratas atacaron una nave que hacía la ruta entre Borneo y Sitagkai, en las Filipinas. Mataron a 33 pasajeros, violaron a las mujeres y se llevaron valiosas mercancías. Se disfrazan de inofensivos pescadores y acechan a sus víctimas en puntos desprotegidos. Abordan también los barcos de refugiados vietnamitas. Tan sólo en 1982 mataron a 400 refugiados y violaron a 522 mujeres que se dirigían hacia Hong Kong. Nadie parece capaz de seguir su paradero, se refugian en covachuelas y grutas de las islas perdidas.»

Han sido aguas codiciadas por los piratas desde que los galeones españoles y portugueses, holandeses y británicos, los juncos chinos, las falúas árabes, buscaban en las islas el té y el alcanfor, la porcelana, las especias, la nuez moscada, las perlas, el oro y la plata, el jade y los perfumes.

Los gángsters de Hong Kong son más mirados que los que llegaron del continente chino en los años ochenta. Los primeros tienen sus obligaciones y cortesías con respecto a la policía local. «Les repugnan –apunta Jacques Surre en *Chinese Connection*– los crímenes de sangre salvo que sean absolutamente necesarios.» El estreno de las bandas rojas en Hong Kong fue muy comentado: entraron en una joyería armados de fusiles-ametralladores y granadas. Recogido el botín regresaron a su base en China. Les da igual que haya muertos o no. Estos atracadores que vienen del frío son unos profesionales: hacen con tan extremada precisión su trabajo que parecen comandos militares. Procedentes de la región de Hunan o de zonas situadas más al norte, son contratados por las *tríadas* de Cantón por su falta de escrúpulos, su brutalidad y su eficacia. No son como esos pardillos, aficionados que se subieron al primer taxi de Hong Kong para ordenarle: «Vamos, condúzcanos a una joyería.» Cuando llegaron a la primera tienda de joyas no les gustó lo que vieron: «Ésta no que es pequeña –dijeron–. Queremos la mejor joyería de Hong Kong», me contó la anécdota Arnold Cheng. Me recuerdan al que está considerado como el atraco peor organizado de la historia. Sucedió en Ostende, Bélgica, cuando un grupo de ladrones sin experiencia intentó varias veces desvalijar un banco. La primera vez lo encontraron cerrado porque era fiesta, la segunda un empleado reconoció a uno de los ladrones, le dijo «¡hola!» y se vieron obligados a irse. Después de otros dos intentos fallidos lograron llevarse unas cuantas sacas de dinero, pero habían aparcado en zona prohibida y al llegar los atracadores con el botín se dieron de bruces con el policía que tomaba nota de la sanción. No hace falta decir que fueron detenidos.

Son como marcianos, algunos ni siquiera hablan cantonés. Los han contratado a tiempo parcial. Una vez «quemados» los devuelven al otro lado del río Sinkiang, que baja de los riscos de Cantón y separa Hong Kong de Macao. Me decía Arnold Cheng que para algunos ciudadanos de la colonia los gángsters se dividen en «buenos» y «malos»: los primeros, como hemos visto, coexisten con la policía, se dedican al proxenetismo, al cobro por «protección», los segundos llegan más lejos, fogueados en los violentos combates durante la revolución cultural y se atribuyen licencia para matar. El maoísmo les inculcó el odio de clase. Hong Kong es su banco de pruebas con fuego real: si enriquecerse es grandioso, como afirmaba Deng, también debe serlo robar a los capitalistas a punta de pistola.

Las *tríadas* de Hong Kong temen a sus colegas de Cantón y de Shanghai, que pueden convertir a Xianggang en el Chicago años treinta. ¿Habrá para todos? «Hong Kong estaba ya en parte en manos de las *tríadas*. Con la llegada de los comunistas estaremos por completo en su poder. Se han cambiado de chaqueta. Es la "mafia" roja. A los de aquí habrá que unir a partir del 1 de julio a los de Cantón y Shanghai, que ya se encuentran entre nosotros. Tenemos la mayor densidad de Rolls-Royce, pero también de criminales por kilómetro cuadrado», me decía el jefe de la sección de sucesos de un diario local. En Cantón y Shanghai las organizaciones mafiosas participan de la economía sumergida con la complicidad de la policía y la administración comunista. «En las *tríadas* –afirmó en 1992 Tao Siju, encargado de la tentacular seguridad pública comunista– no son todos bandidos. Si aseguran la prosperidad de Hong Kong debemos respetarlas.»

A pesar de los decomisos de droga y las ejecuciones de los narcos por parte de las autoridades chinas, el circuito de la heroína del Triángulo de Oro pasa por el Yunan antes de su exportación a Occidente desde Hong Kong. Sin la complicidad de las autoridades chinas, las *tríadas* no podrían organizar ese tráfico. El año pasado detuvieron a quince policías de Hong Kong acusados de corrupción. A medida que se acercaba el 1 de julio era mayor el número de los oficiales de policía que pretendían enriquecerse con urgencia. Todo el mundo, incluidos los británicos que huían de las dificultades y el paro de la metrópoli para vivir los últimos días de Pompeya, quería hacerse rico antes del día D y la hora H. Es un final de reino con morbo. Ni el ejército de Su Graciosa Majestad se libró de la invasión de las mafias: doce soldados del régimen de infantería Black Watch se confesaron miembros de la banda Sun Yee On; eran los responsables de la seguridad nocturna en los puntos calientes del Wanchai.

XXIII

EL ÚLTIMO FADO EN MACAO

Macao: otro final de imperio. El somnoliento enclave portugués, que el 20 de diciembre de 1999 volverá a China a los sones del penúltimo fado de Amalia Rodrigues, ve con preocupación cómo se acercan la mafia china y hongkonesa. Se acabó la larga siesta lusitana. En noviembre de 1996 el teniente coronel Manuel Antonio Apolinario, subinspector de la Dirección de Inspección de Juego, encargado de mantener el orden en los diez casinos, recibió varios disparos de una Estrella Roja 7,65, reglamentaria en el ejército chino. Era la primera vez que un representante del gobierno portugués era atacado en Macao desde que al gobernador João Ferreira do Amaral le colocaron una serpiente venenosa en la cama y ponzoña en el pan. Por fin un chino lo mató con una daga. Pagó así la lucha contra la corrupción que le valió la enemistad de los chinos, británicos y algunos de sus compatriotas. En 1849 la cabeza y una mano del gobernador fueron enviados a los mandarines de Cantón a los que había ofendido.

En una de mis visitas a la «provincia ultramarina portuguesa» comprobé que la gente era presa de una gran agitación. Algo raro en Macao. Habían liquidado a tiros, en el mejor estilo de Chicago, mientras hacía *jogging*, al lugarteniente del hombre más poderoso del Montecarlo de Oriente, el *taipan* chino-portugués Stanley Ho. Medio Macao es suyo. Desde entonces se mueve más protegido que nunca entre círculos de guardaespaldas. El hidrodeslizador en que viajaba desde Hong Kong era propiedad de Ho, lo mismo que el hotel Lisboa, construido en 1970, con la cúpula en forma de tarta nupcial, símbolo fálico y ruidoso casino de la ciudad a la que fue deportado en el siglo XVI Luis de Camoens, autor de la epopeya nacional *Os Lusiadas*. San Francisco Javier murió no lejos de aquí. El asesinado Chung Wahn Tin era el gerente de las compañías marítimas de la Sociedad de Turismo e Diversoes Macau y de otras empresas del grupo Ho que también han invertido en España. El asesinato de Chung nunca fue aclarado. Su cadáver apareció descuartizado por los matarifes de alguna *tríada*: ajuste de cuentas.

Durante la revolución cultural los guardias rojos humillaron al gobernador portugués. Un comentarista de Hong Kong escribió en aquellos negros días: «Si Pekín hubiera pedido a Lisboa que guillotinaran al gobernador, Portugal hubiera entregado su cabeza en bandeja de plata.» Los contrabandistas de oro, los turistas deseosos de un día de calma tras el ajetreo de Hong Kong, los curas y monjas, se echaron a temblar. Llegaba la revolución. Los patrones del sindicato del juego, Macao como Las Vegas, Stanley Ho y Teddy Yip, se aflojaron el nudo de la corbata, se pasaron la toallita perfumada y helada por la frente tras el susto y todo volvió donde solía estar, las fichas a las mesas de la ruleta, del *blackjack*, del *chemin-de-fer*, a los juegos que enloquecen a los chinos, el *fan tan* o el *daisui*. En 1987 me contó la jefa de relaciones públicas de las casas de juego que diez millones de apostadores desfilaban por los casinos de estilo neorrococó y dos mil cuatrocientos crupiers trabajaban veinticuatro horas sobre veinticuatro. Ahora, olvidadas las empleadas chinas de vestidos de lamé, se ven hermosas «azafatas» rusas en torno a las mesas y funcionarios chinos con pantalones de golf de poliéster.

Cuando los jóvenes capitanes de Portugal se alzaron en abril de 1974 contra la dictadura más antigua de Europa, ocurrió un fenómeno que ha pasado a los manuales de derecho internacional. Portugal, mal que le pesara al espíritu de Salazar, el dictador, volvía a ser un país pequeño y entregaba, devolvía, regalaba Macao a su legítimo dueño, Mao Zedong. «No, gracias –respondió éste–, todavía no, es suyo por un tiempo.» «Gracias –replicó Lisboa–, pero no es justo, se lo devolvemos. No queremos ser imperialistas.» ¿Para qué cambiar las cosas si de todos modos el enclave más antiguo de Europa en el Extremo Oriente, la Ciudad del Nombre de Dios, la muy noble y leal ciudad de Macao, era suya? A partir del 20 de diciembre de 1999 se convertirá también en Región Administrativa Especial.

Casi el 95 por ciento de los habitantes de Macao son chinos. Los portugueses han sido más generosos que los británicos con sus funcionarios públicos. Tres mil de ellos podrán abandonar el enclave, si así lo desean, antes de 1999. Lo llamaron «el paracaídas portugués». El gobierno de Lisboa concedió carta de ciudadanía a cien mil residentes de Macao, derecho que el Parlamento de Su Graciosa Majestad negó a tres millones y pico de personas nacidas en Hong Kong. De ellos tan sólo cincuenta mil escogidos funcionarios pudieron acogerse al permiso de residencia en Gran Bretaña. A última hora Londres se acordó de las minorías étnicas, de sus indios o paquistaníes, ceilandeses, malayos o portugueses, singapurianos y les concedió derecho de ciudadanía a 8.000 de ellos.

LEONES DANZANTES

Sólo dos acontecimientos lograban turbar el silencio monacal de las *ruas* de Macao: el Gran Premio Automovilístico y el Año Nuevo Chino, con ambiente de fallas valencianas, con crepitar de petardos y agitación de dragones de tela y leones danzantes. La pirotecnia, después del juego, que proporciona el 70 por ciento de los ingresos del gobierno, el turismo y el negocio inmobiliario, es su principal recurso económico. Macao, «mala hierba de la Europa católica», la llamó con muy poca misericordia Graham Greene, ha sobrevivido desde 1557 porque nunca entró en guerra con China, evitó, al menos de forma abierta, el contrabando de opio que era negocio de las compañías holandesas o británicas y mantuvo la neutralidad durante la Segunda Guerra Mundial. Los japoneses ni siquiera la tocaron. Hasta que irrumpieron con sus oriflamas, su *Libro rojo* y sus histéricos lemas los guardias rojos de Mao. El disco se paró cuando la gran Amalia cantaba: «Una casa portuguesa con certeza.» El gobernador bajó la cerviz. Después, la ciudad de 21 kilómetros y 250.000 habitantes (hoy tiene casi el doble) recuperó su pulso, su placidez en torno a los cañones oxidados e hileras de tamarindos, las carreras de caballos y de galgos traídos de Australia, el tráfico ilegal de oro, la fabricación de fuegos artificiales, cerillas e incienso, flores de plástico y juguetes, el desgarro del fado.

Yo lo paso bien en Macao. ¿Será por la malsana, enfermiza, gozosa atracción de la tristeza lusitana?

Al descender del aerodeslizador leía las primeras advertencias: «Cuidado con los carteristas.» «No cuspir [escupir] bajo multa de quinientas patacas.» La pataca es la moneda local equivalente al escudo. Poco queda por hacer en Macao, si ya se conoce la ciudad. Unas copas de vino Dao y *bacalhau guizado* en Riqueixo, avenida Sidonio Pais, un paseo por las tiendas del casino-hotel Oriental, unos minutos de descanso en la escalinata de San Pablo o a la sombra de los conventos e iglesias. Ya que en Hong Kong están prohibidos los casinos, Macao es el pulmón de los juegos de azar, «¿Para qué llamar caminos a los surcos de azar?». Las chicas del Crazy Paris Show («Bailarinas traídas expresamente de París», aseguraban los anuncios) paseaban por el salón con sus fragancias de perfumes caros. El casino fragante. Ian Fleming, el creador de James Bond, pasó por el Lisboa en visita de inspección. Un amigo lo llevó a almorzar al restaurante Fat Sirlau famoso por el pichón asado en la estrecha calle de la Felicidad en el centro del que fue el barrio de las casas de té. El anfitrión quiso ofrecerle al padre del agente 007 un buen puesto en medio del comedor, pero Fleming prefirió una mesa en la esquina: «Éste es un sitio para dar la espalda a la pared», dijo precavido. El gran novelista Eça de Queiroz se refería en el último capítulo de *El crimen del padre Amaro* a la «apatía china» de Lisboa entre fados y sotanas, levitas de patricio y la estatua de bronce de Camoens. En Macao, donde tan sólo el 2 por ciento de la población habla portugués, esa apatía es, o era, doblemente china.

«Macao está visto para sentencia –se sinceraba Lourenço, un viejo portugués que trabajaba como guía alrededor de A Ma Kwok (de ahí Macao), el templo de la diosa del mar. Hizo sus cuentas–: Hemos resistido durante 430 años, pero el 20 de diciembre de 1999 esta ciudad volverá a China. Los pasaportes portugueses –añadía con un guiño de complicidad– se cotizan caros. Un marido feo y pobre pero con pasaporte portugués es oro molido para una señorita china, que podría de este modo escapar de aquí para refugiarse en Europa.»

Hasta hacía unos años, el pasaporte portugués se podía comprar por cinco mil dólares de Hong Kong (un dólar americano equivalía entonces a 7,81 dólares de la colonia), pero ya en 1987 los maridos portugueses se cotizaban por las nubes. Me recordaba la situación a los desconsolados padres vietnamitas que en 1975 a punto de caer Saigón en manos de los comunistas nos ofrecían fortunas si nos casábamos con sus hijas. Lourenço me contó en 1987 que tres compatriotas suyos recibieron una oferta de cien mil dólares por aceptar en matrimonio a tres señoritas originarias de la China continental y residentes en Macao. Los portugueses han condescendido a todas las exigencias de los chinos. Su gobernador, el general Vasco Rocha Vieira tiene poco que ver con el levantisco Chris Patten. A cambio de tanta docilidad Beijing se comprometió a mantener la Asamblea Legislativa durante el período de transición. «Aquí –aseguró Stanley Ho–, funcionará bien lo de "una nación, dos sistemas". Si fracasan los dirigentes chinos perderán la cara.» El dinero del juego no irá ya a parar a una fundación lisboeta. «Los ciudadanos de Macao han aprendido a no comer carne de perro en la pagoda», lo que traducido al roman paladino quiere decir que si desean vivir como hasta ahora deberán decir que sí a todo. El 90 por ciento de la población se muestra favorable a la transferencia de soberanía a China. El producto interior bruto de Macao es veinte veces menor que el de Hong Kong. Van a quedar vacíos unos 40.000 apartamentos pese a las propuestas chinas sobre una amplia autonomía a partir de 1999, «sin cambios apreciables en sus características políticas, jurídicas y económicas, así como en el estilo de vida». Es una transición suave, a la portuguesa. A los chinos, que lo dominan todo desde hace tiempo, les tocará apechugar con la violencia y la crisis. Se acabó el sopor mediterráneo, el encanto de Disneylandia antigua y señorial. Macao no volverá a ser la novia del mar.

El poeta W. H. Auden, uno de los mejores del siglo, escribió sobre la colonia portuguesa:

Imágenes rococó del Salvador
que promete a los jugadores
fortunas cuando mueran,
iglesias junto a burdeles acreditan
que la fe perdona a la carne.

Auden añadía: «Nada serio puede ocurrir aquí, en la ciudad de la tolerancia.» Eso era antes. La amodorrada Macao empieza a suministrar noticias para las páginas de sucesos. Antes olía a ajo, incienso y sulfuro procedente de los talleres de petardos. Habrá que añadirle el olor a pólvora y a sebo de engrasar metralletas. Sobre las fachadas de estuco colores siena, pastel o limón, en la avenida de Almeida Ribeiro, que parte en dos la ciudad, junto a las tascas en que se lee «Hoje, porco asado, pastel de costaleta con presunto» se recorta la figura del gángster. A las procesiones de la Virgen de Fátima, a la trepidación del Grand Prix al trabajo de los jesuitas con los refugiados, a las emociones de la rueda de la fortuna en los casinos o a la lotería local, el *pa ka pio,* que es como el bingo, viene a sumarse el tableteo de la metralleta Ingram o la Uzi israelí. Al teniente coronel Apolinario le dispararon desde una moto. Salvó la vida de puro milagro cuando estaba a punto de volver a Lisboa. Por trescientos dólares los sicarios abren fuego contra cualquiera.

CUENTA ATRÁS

Andely Chan, más conocido como el Tigre de Wanchai, miembro de una de las *tríadas*, quedó segundo en el gran premio automovilístico del 20 de noviembre de 1993 en Macao, pero lo descalificaron por haber trucado ilegalmente el motor del coche. Esa misma noche, a las tres de la mañana cuando salía del hotel, fue tiroteado y herido de muerte por tres sicarios que llevaban la cabeza cubierta con cascos de motorista. No fue por manipular el motor. El Tigre formaba parte del mundo del cine. La brigada antimafia de Hong Kong relacionó el crimen con la lucha por el control de la industria del séptimo arte. Nada más conocerse el asesinato de Chan, treinta estrellas y personalidades del cine pidieron la protección de la policía. No era un reflejo de paranoia: en mayo de 1992 un conocido productor, Wong Longwai, fue asesinado por orden de Andely porque se atrevió a abofetear en público a la cantante y actriz Anita Mui, amiga del gran actor Jackie Chan y protegida del Tigre de Wanchai. Se sospecha que el Tigre fue asesinado por la *tríada* Gran Círculo, feroz y misteriosa, implantada en la China, lanzada a la conquista del cine de Hong Kong. De cine. «Nada escapa al I Ching –sentencia en la película de Jackie el adivino de barba de chivo–. Sólo veo peligro, muerte y traición.»

El cotarro se anima en Macao, cada vez más próximo al mundo descrito en la película del mismo nombre en que el yanqui errante, Robert Mitchum, ayuda a un detective a perseguir a un peligroso gángster. Macao es la mejor diversión a la sombra de Hong Kong. Empieza a no faltar de nada como en un filme de John Woo, coches bomba, el ametrallamiento de cristalería, el intercambio de disparos, los asaltos con barras de hierro o destornilladores, las bombas incendiarias caseras. En noviembre de 1996 se registraron en la morgue trece cadáveres de bandoleros. Uno de ellos se llamaba Chin Kin Bo, tiroteado delante de un cine. A los veintitrés años estaba considerado como el hombre con más futuro de la *tríada* Wo On Lok. Se vive una epidemia de muertes de jóvenes maleantes estos días. A Cheung lo mataron a la salida de una sauna. «Macao descubre el miedo», titulaba un semanario. Cuando los portugueses se aprestan a entregar las llaves de la «puerta del fondo» (es la traducción literal de Macao), después de casi cinco siglos, y no son tracas, empiezan a crepitar los revólveres. Estaba en marcha la guerra por el control de los casinos.

Desde su puesto de mando en el hotel Lisboa, el favorito de los jugadores chinos, el dueño y señor de Macao, Stanley Ho, que llegó a territorio portugués con diez dólares en el bolsillo durante la Segunda Guerra Mundial, contempla la inexorable cuenta atrás. ¿Qué será de su imperio? Uno de cada cinco ciudadanos del enclave trabaja para él, controla la televisión local y un banco importante, el 40 por ciento de las acciones del aeropuerto construido en 1995, y es uno de los hombres más ricos de Hong Kong. Ha caminado siempre en el filo de la legalidad: donde hay juego hay putas y gángsters. Es el Gran Hermano Sun, que así lo apodan, el padrino, el rey de Macao, amante de los Rolls-Royce –tiene doce– y de los cigarrillos más caros. A los trece años era pobre, «ni siquiera me atrevía a mirar a una chica»; a los veintiuno ganaba su primer millón. Si mira hacia atrás en el espejo retrovisor de la historia verá a su padre arruinado por el *crac* de los años treinta, y en 1962, de nuevo recompensado por los dioses, obtuvo las concesiones del juego. En Hong Kong invirtió en la industria textil, en oro y diamantes, en negocios inmobiliarios. A los setenta y cinco años, sin heredero directo, Stanley Ho se pregunta qué pasará en el 2001 cuando acabe el plazo de su monopolio. La lucha por la sucesión ha empezado ya a tiros y a golpe de intrigas. Stanley Ho se inquieta por el futuro: «El pastel se reduce debido a la crisis económica –declaraba a *Le Nouvel Observateur*–. Hay demasiada gente entre la que repartir. Taiwan persigue a las *tríadas* que se repliegan sobre Macao. Los británicos se van de Hong Kong y los malhechores se instalan entre nosotros. Para abrirse camino, estas bandas juegan fuerte y abren fuego. Las *tríadas* de Macao responden. Me temo que la situación en el interior de los casinos se degradará todavía más en el futuro, porque Macao será durante dos años y medio la última ciudad libre de Asia.»

Mientras espera el futuro con aprensión y con melancolía –su hijo murió en un accidente de tráfico y su hija ¡ay! toca en un grupo rockero en Estados Unidos–, Stanley Ho convierte el hotel Lisboa en un fuerte contra los apaches. Ha alistado en su ejército privado a cincuenta *gurkas* desmovilizados por el gobierno de Hong Kong. Los agentes de Ho, sus guardaespaldas, hormiguean por salas y pasillos del Lisboa mientras suenan las fichas y baila la bola de la ruleta. Visten chalecos antibalas, y tienen el dedo en el gatillo. La *tríada*, el sagrado triángulo chino –cielo, tierra y hombre–, acecha con sus arcángeles del mal.

Los hermanos Ma, respetados miembros de la ciudad de Hong Kong, y luego huidos a Taiwan, hace tiempo que pusieron el ojo en Macao: queda aún tiempo para forrarse con la heroína. El mayor de los hermanos es conocido como White Powder Ma, «Ma el del polvo blanco». Es uno de los que han enviado alijos de heroína a Estados Unidos y Europa por todos los medios imaginables: en el interior de pelotas de golf, neumáticos, estatuas de la diosa del mar, frigoríficos, estómagos africanos. Es la *China white*, la heroína más pura (99 por ciento), la número 4, que viene por el río Salwin de Birmania a través de Tailandia. Desde 1986 la producción de opio en el Triángulo de Oro ha crecido más del doble. Al norte de Tailandia, en Chiengmai, por donde yo vendía píldoras en 1966, un kilogramo de *China white* cuesta 4.500 dólares; en la Chinatown de Los Ángeles o en cualquiera de sus calles se vende por medio millón.

La larga mano de las *tríadas* alcanzó hace tiempo el corazón de Europa. La 14K asesinó en 1985 al dueño del restaurante Hong Kong de Amberes en Bélgica. Su cadáver apareció cerca de la frontera holandesa. Tenía los brazos atados a las piernas y las manos sobre las rodillas. Así castigan a los delatores y a los desertores. En los Países Bajos se calcula que hay 2.600 restaurantes chinos. Según la Interpol, el 95 por ciento de ellos pagan un canon de protección a las *tríadas*. Desde Amsterdam el hombre de la 14K en Europa, Chung Mon, alias el Unicornio, instaló una red de distribución de heroína que llegaba hasta España; reinó sin rivales durante muchos años, parecía invencible, resolvía a su favor todos los pleitos con las bandas adversarias, hasta que un día lo mataron a tiros frente a su casa de Amsterdam.

Mi amiga, la china norteamericana Lu Murray, se quejaba de la imagen que las *tríadas* daban de China y Hong Kong, y de la explotación enfermiza que de ellas hacían la prensa, el cine y los medios electrónicos. «Se olvida con facilidad que fueron los "diablos rojos" de nariz larga, barba roja y ojos verdes, que es como se les veía por aquellos años, los que empezaron con el tráfico del opio. Dejaron exangüe a China. Durante los siglos XVII y XVIII los occidentales idealizaron el imperio celeste, entre otros Voltaire y los jesuitas; después, durante los siglos XIX y XX, lo demonizaron. Mao quiso romper con esa imagen y la explotación y la humillación; pero ahora el cine y la televisión propagan de nuevo el tópico de Fu Manchú. Los chinos que construían las líneas del ferrocarril en América eran sobrios, trabajadores, hábiles, tranquilos y dóciles, pero cuando la locomotora de vapor llegó al océano se convirtieron de pronto en ladinos, misteriosos, opiómanos, pederastas y repugnantes.»

BIBLIOGRAFÍA

Entre los libros leídos y consultados se cuentan los siguientes:

BIRCH, Alan, *The colony that never was*, Hong Kong, 1991.

BLASCO IBÁÑEZ, Vicente, *La vuelta al mundo de un novelista*, Barcelona, 1956.

Book of the best, Londres, 1986.

BURE, Jean-Remy, *Hong Kong*, París, 1977.

CAMERON, Nigel, *An illustrated history of Hong Kong*, Nueva York, 1991.

CHENG, Joseph, *Hong Kong in transition*, Oxford, 1986.

CLAVELL, James, *Casa Noble*, Barcelona, 1966.

CRISWELL, Colin N., *The Taipans*, Nueva York, 1991.

DAWSON, Raymond, *El camaleón chino*, Madrid, 1967.

ELEGANT, Robert, *Pacific Destiny*, Londres, 1990.

Hong Kong, Barcelona, 1994.

Hong Kong 1997, edición de David Bonavia, Hong Kong, 1985.

Hong Kong 1997, edición de Jean-Philippe Beja, París, 1993.

Hong Kong goes back, Index, Londres, 1997.

HUGHES, Richard, *Borrowed place, borrowed times*, Londres, 1976.

JAMES, E. O., *Historia de las religiones*, Madrid, 1975.

KIRKUP, James, *Streets of Asia*, Londres, 1969.

LAU, Theodora, *Horóscopos chinos*, Barcelona, 1982.

LEGUINECHE, Manuel, *Apocalipsis Mao*, Madrid, 1993 y *el Camino más corto*, Barcelona, 1996.

MILLS, James, *The underground Empire*, Nueva York, 1974.

MORRIS, Jan, *Hong Kong*, Londres, 1985.

PEARY, Danny, *Guide the Film Fanatic*, Nueva York, 1986.

RAFFERTY, Ken, *City on the rocks*, Nueva York, 1989.

ROTH, Jurgen, y FERRY, Marc, *Europa en las garras de la mafia*, Madrid, 1995.

SCHNELL, Orville, *To get rich is glorious*, Nueva York, 1984.

SEGAL, Gerard, *The fate of Hong Kong*, Londres, 1993.

SINCLAIR, Kevin, y WONG, Iris, *Culture Shock!*, Oregón (EE.UU.), 1990.

Suplicios orientales del siglo XIX, Madrid, 1970.

WINCHESTER, Simon, *Pacific Rising*, Nueva York, 1990.

YAHUDA, Michael, *Hong Kong, China's Challenge*, Londres, 1995.

ESTE LIBRO HA SIDO IMPRESO
EN LOS TALLERES DE
HUROPE, S. L.
RECARED, 2-4. BARCELONA